위조된 각인

위조된 간인

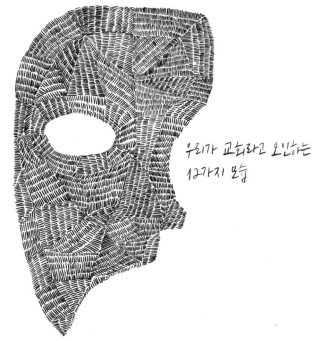

우리가 교회라고 오인하는
12가지 모습

김형국 지음

비아
토르
viator

"부끄러운 교회 모습에 등 돌리려는 당신에게…"

"안타까운 교회 모습을 부여안고
원래 모습을 새롭게 각인하려 몸부림치는 당신에게…"

위조된 각인?

회색 기러기를 관찰하며 연구하던 한 학자는 신기한 경험을 합니다. 알에서 막 부화한 새끼 새가 느닷없이 머리를 들고 자신에게 무언가를 종알거리는 것 때문입니다. 꼭 '인사'를 하는 듯했는데 그때부터 새끼 새는 한시도 떨어지지 않고 학자를 졸졸 쫓아다닙니다. 새끼 새를 어미 품으로 돌려보내려는 학자의 노력은 모두 수포가 되었고, 할 수 없이 그는 회색 새끼 기러기를 양녀로 받아들여 '마티나'라는 이름까지 지어 줍니다. 마티나 덕분에 '각인 imprinting' 이론이 탄생합니다. 동물은 '결정적 시기'에 처음으로 감각하고 경험한 것에 영향을 받는다는 이론입니다.

새끼 기러기가 태어나서 처음 본 대상을 어미로 따르는 현상이 인간에게도 유사하게 일어납니다. 인간도 처음 보고 경험한 것들이나 결정적인 시기에 발생한 외부 자극이 마음에 각인되는 경험을 합니다. 출생 직후 얼마간의 환경이 평생 영향을 끼치고, 당연하게 여기는 세계관과 가치관도 이미 각인된 무언가의 결과일 때가 많습니다. 특정 사회적 이슈에 대한 시각도 이미 형성된 선입관이나 편견에 영향을 받는데, 이 역시 우리 속에 각인된 무엇 때문일 가능성이 큽니다.

이러한 각인이 건강하고 진실한 것이라면 얼마나 좋을까요? 건강한 부모의 사랑이 진실하게 아이들에게 전달되어 부모의 무조건적 지지가 아이들 마음에 각인되면, 아이들은 인생의 가장 중요한 자산을 마련한 셈입니다. 어떤 어려움이 와도 자신을 지지해 주는 사람이 있고, 언제든 돌아가 기댈 사람이 있다는 의식은 무엇과도 바꿀 수 없는 귀한 복입니다. 물론 그 반대도 슬프지만 가능합니다. 어린아이의 마음에 무엇이 각인되는지가 얼마나 중요한지요. 결정적 시기에 깊이 영향을 준 친구, 선생님, 연인, 세상은 우정, 배움, 사랑, 세계관에 관한 그의 생각에 평생 영향을 끼칩니다.

원형이 사라지다

오늘날 사람들은 교회를 어떻게 생각할까요? "이것이 교회다!"라는 생각은 개인적으로, 사회적으로 반복되면서 그들 속에 각인됩니다. 어릴 때부터 교회를 다녔든, 철들어 교회를 찾았든, 그들이 보았던 교회가 그들이 생각하는 교회입니다. 특히 결정적 시기나 결정적 사건을 통해 경험한 교회는 그들에게 깊이 각인됩니다. 이렇게 교회에 대한 각인은 그리스도인 각자에게 강력하게 존재하며, 그들은 그것을 당연하게 여기며 그에 기초해 교회 안에서 행동하고 생활합니다. 그런데 최근에 무언가 잘못된 것 같다는 느낌을 지우기가 힘듭니다.

평소 비그리스도인들에게 사실 교회는 별 관심의 대상이 아닙니다. 그러나 특별한 시기에 특정한 사건을 통해 보고 경험한 교회 모습은 그들에게 각인됩니다. 그리스도인들은 자신에게 각인된 '교회상'에 기초해 교회 생활을 하고, 그 결과로 드러난 모습이 일반인들에게 각인됩니다. 한국 교회는 1970-1980년대 교회 성장기부터 한국 사회에 쌓아 온 부정적 이미지를 점차 강화하고 있습니다. 1980년대 한국 사회 전체가 군부독재를 극복하려고 민주화로 몸살을 앓던 중에도 많은 교회가 기복 신앙을 추구하며 눈살을 찌푸리게 했고, 2000년대에는 그간 침묵하던 정치 영역에서 소리를 높이며 광장에 대규모로 등장하여 놀라게 하더니, 2020년에는 코로나바이러스감염증-19(이하 코로나19) 확산의 진원지라는 전 사회의 비난을 받고 있습니다. 그렇게 교회는 한국 사회에 각인되고 있습니다. 교회에 대한 사회의 부정적 평가와 신뢰도 하락은 이제 새삼스럽지도 않습니다.

그리스도인들에게 교회라고 각인된 모습, 그로 말미암아 일반인들이 교회 하면 으레 떠올리는 모습, 그 각인된 모습들이 원래 교회라면 기독교는 사회와 역사에서 사라져야 할지 모릅니다. 하

지만 그 각인이 원형에서 아주 멀어진, 더 나아가 만약 위조된 것
이라면 어떨까요?

사실로 굳어지다

가장 끔찍한 고통은 진실이 왜곡되어 사람들에게 각인될 때입
니다. 교회에 대한 '위조된 각인'은 그래서 무척 고통스럽습니다.
성경에서 가르치는 바가 아닌 것을 믿고, 이를 당연하게 여기는
모습이 안타까워 이 책의 전작인《교회 안의 거짓말》(비아토르)을
썼습니다. 우리가 신앙이라고 오해하는 12가지 거짓 믿음을 다루
었습니다. 그 '헛된' 알맹이는 실제 모습으로 나타나기 마련입니
다. 진리에 대한 부족하고 왜곡된 이해는 부족하고 왜곡된 교회
를 만들어 냈고, 이제는 교회 안팎에서 '사실'로 굳어지고 있습
니다.

2000년대 초에 이미 많은 사람이 교회를 꺼린다는 사실을 발
견하고는《나, 이것만 아니면 교회 간다》(IVP)라는 작은 책을 썼습
니다. 첫 책은 '담배'와 '술'을 다루었고, 관련한 주제들을 계속 이
어서 강연하고 글을 썼습니다. 원래는 그 강연과 글을 조금 더 정
돈하여《교회 안의 거짓말》의 다음 책으로《교회 안의 걸림돌》을
내려고 원고를 다듬기 시작했습니다. 그런데 얼마 안 되는 시간
이 흘렀는데도 상황은 급변했습니다. 교회 밖 사람들에게 걸림돌
이 될 만한 주제를 잘 설명해서 교회를 찾게 하기는커녕, 납득하
기 어려운 교회 모습에 신물이 나 이탈하는 교회 안 사람들을 붙

들기에도 벅찰 지경이 되었습니다. 엎친 데 덮친 격으로 코로나 19가 극심해지고 한국 교회 이미지는 최악으로 치달았습니다. 교회 밖 사람들에게는 선명해 보이는 문제를 교회 안 사람들은 제대로 파악조차 못 하고, 현실 교회는 어쩔 수 없다는 식의 변명과 합리화에만 급급해하는 모습을 반복해서 노출하고 있습니다.

　이제 문제는 단지 교회에 들어오지 못하게 하거나 교회를 떠나게 만드는 걸림돌 정도가 아닙니다. 교회 안팎을 불문하고 한국 사회에는 교회에 대해 각인된 이미지, 원형과는 상당히 다른 위조된 이미지가 존재합니다. 그래서 책 제목을 《교회 안의 걸림돌》에서 《위조된 각인》으로 바꾸었습니다.

　상황이 심각합니다. 스스로 그리스도인이라고 진지하게 고백하는 이들 중에 적지 않은 이들이 자신이 교회라고 생각하는 모습과 자신이 철석같이 붙들고 있는 성경의 가르침이 얼마나 멀리 떨어져 있는지 깨닫지 못합니다. 이미 그들 마음에 각인된 교회, 그들이 오인하고 있는 교회의 모습이 존재하기 때문입니다. 더 심각한 문제는, 그들이 오인한 교회로 인해 그 교회를 바라보고 있는 일반인도 교회를 잘못 파악하는 것입니다. 그야말로 오인이 오해를 낳고, 오해가 쌓여 거스를 수 없는 흐름을 만들었습니다. 더군다나 코로나19 같은 위기 상황은 지금까지 쌓인 불신과 오해를 더욱 확실하고 깊게 각인시킵니다. 이제는 교회의 현재 모습이 원래 모습과 얼마나 다른지조차 알 수 없을 지경입니다. 그리스도인들이 주장하는 내용이 아니라 그리스도인들이 살아가는 모습이 '사실'로 다가오기 때문입니다.

눈물로 새로 각인하라

불행하게도, 또 고통스럽게도 오늘날 교회 안에는 '속박', '위선', '광신', '헌신' 같은 숨 막히는 모습이 있습니다. '제사 거부', '배제와 혐오', '정교분리', '남성 중심' 같은 시대와 동떨어진 모습도 있습니다. 오랫동안 해 온 교회의 '전도', '헌금', '선행', '교회 운영'이 비상식적으로 보입니다. 교회에 속한 사람이든 교회 밖의 사람이든 거의 누구에게나 각인된 교회의 12가지 모습입니다.

상황이 절대 쉽지 않습니다. 이미 각인된 사실을 바꾸기란 무척 어렵고, 게다가 속칭 교인이라 불리는 사람들과 더 나아가 목회자 중에도 잘못 각인된 사실을 인식하지 못하거나, 인식한다 해도 어쩔 수 없다고 여기는 사람이 적지 않기 때문입니다. 그럴수록 위조된 각인은 교회 안에서 더욱 강화될 것이고, 숨 막히고 시대와 동떨어지고 비상식적인 교회 모습에 실망한 사람들은 더 빠르게 교회를 떠날 것입니다. 이렇게 교회가 위조된 각인을 방치하고 스스로 강화하면, 교회 밖의 사람들에게는 그 모습이 '사실'이 되어 버립니다. 이는 교회에 대한 냉소와 혐오로 이어지고, 얼마 지나지 않아 교회의 존재 자체를 제쳐 버리는 무시가 대세가 될 것입니다. 아니, 이미 대세인지도 모릅니다.

이 책은 고발하는 책이 아닙니다. 책상머리에서 쓰인 비평서는 이미 차고 넘칩니다. 교회 안팎에 존재하는 이 각인이 위조임을 드러내고, 이를 극복하기 위해 교회의 원래 모습을 면밀히 살펴보고, 원래 모습이 어떻게 현실 교회와 그리스도인의 삶에서 가능한지를 모색하는 것이 이 책의 최종 관심입니다. 대안 없는 고발은 자포자기적 자학에 불과합니다. 한국 교회를 아직 포기하지 않은 이들과 함께 오늘날 우리 교회에 새겨진 위조된 각인을 안타깝게 확인하고 뼈아프게 제거하여, 그 위에 성경이 알려 주는 원래 모습을 어렵더라도 새롭게 각인하고 싶습니다.

오랜 시간에 걸쳐 각인된 모습이라면 오랜 시간 깎아 내야 합니다. 특정한 시기에 급작스럽게 각인된 모습이라면, 위기의 상황에서 허리를 곧추세우고 진실하게 살면서 새로운 각인을 다시 새겨 넣어야 합니다. 힘들 거라고, 불가능하다고 말하는 사람이 많습니다. 그러나 성경에 기록된 교회를 발견한 사람이라면, 힘들거나 불가능해 보인다고 포기할 권리가 우리에게 없음을 압니다. 인류 전체의 구원이 요원하던 때, 팔레스타인의 식민지, 사분오열한 사회, 소망이라고는 찾아볼 수 없던 땅에 자신을 던져 겨자씨를 심으신 분이 오늘도 자신을 따라 눈물로 씨를 뿌리라고 말씀하십니다.

새로운 각인을 이미 시작한 이들에게

새로운 각인, 그 가능성을 현실로 확인시켜 준 나들목네트워크 식구들에 감사를 표합니다. 그들은 이미 시작된 하나님나라가 교회를 통해 드러나고 있다는 가장 확실한 증거입니다. 그들을 통해

이 책에 쓰인 모든 내용이 머릿속 이론이 아니라 지금도 살아서 움직이는 이야기임이 증명되었습니다. 이렇게 살아 내려고 애쓰고 있는 모든 성도에게 감사를 드립니다. 특히 앞서서, 사실은 뒤에서와 아래에서 수고하고 있는 섬김이들에게 감사의 마음을 전합니다. 먼저, 이미 고인이 되신 김정철·이정호 명예목자님, 김계봉·신은희 명예목자님, 김영복 명예목자님, 그리고 이 선배들의 뒤를 따라 자신에게 주어진 사람들을 섬기며 작은 공동체 안에서 새로운 각인을 만들어 가고 있는 나들목네트워크교회의 모든 목자님에게 감사드립니다. 또한 하나의 나들목교회에서 다섯 교회로 분교한 교회의 지도자, 즉 목자들의 목자로 섬기고 있는 박주영, 소의섭, 최호남(이상 나들목꿈꾸는교회), 김동신, 손병기, 이지일(이상 나들목동행교회), 박경일, 서지성, 조재국(이상 나들목양평교회), 김수형, 김은영, 노혜영, 신혜경, 심재인, 유석진, 이종선, 장우석(이상 더불어함께교회), 김창동, 윤민정, 진영록, 황병구(이상 서로교회)에게 특별한 감사를 드립니다.

나들목네트워크의 목자와 지도자뿐 아니라, 자신의 작은 공동체를 섬기며 예수의 따르미로, 자신을 따라오는 이들에게는 이끄미로 '풍성한 삶'을 살아 내고 있는, 한국 교회의 모든 성도에게 감사드립니다. 한국 교회에 문제가 많다지만, 교회의 진정한 계승자들은 위조된 각인을 걷어 내고 새로운 각인을 만들어 내고 있는 여러분들입니다. 훗날 주님으로부터 멋진 축하를 받으시겠지만, 제가 먼저 감히 감사의 마음을 전합니다.

속박 · 자유가 없고 옭아맨다
위선 · 자신마저 속이고 꾸민다
광신 · 아무것도 묻지 않고 무조건 믿는다
헌신 · 시간과 에너지를 끊임없이 요구한다

첫 번째 각인

숨이 막히는

속박

자유가 없고
옭아맨다

"사는 게 힘들어서, 이런저런 구속이 너무 많아서, 하나
님을 믿으면 이런 억압과 구속에서 벗어날 것으로 생각
해서 교회를 찾았어요. 성경을 읽고 예배를 드리면, 마음
도 편해지고 자유로워질 것이라고 기대했지요. 그런데
처음에는 예배를 통해 그런 위안이 좀 있는 듯했는데,
시간이 지나 교회에 등록하고 좀 더 신앙생활을 제대로
해 보려고 하니, 점점 또 다른 구속이 생겨났어요. 주일
성수도 해야 하고, 십일조도 해야 하고, 구역 모임에도
나가야 하고…. 시간이 가면 갈수록 더 구속되는 느낌이
었어요. 교회 오래 다닌 친구들이 교회는 불가근불가원
이라고 말한 이유가 뭔지 저도 알겠더라고요. 그래서 저
도 요즘은 주일 예배 말고는 하지 않으려고 해요."

"어릴 적부터 신앙생활을 해 왔어요. 교회에는 가족들도 친구들도 많았으니까요. 교회에서 이 런저런 신앙생활에 관한 요구들이야 할 수 있는 데, 청년이 되어서 생긴 고민과 질문을 털어놓아 도 교회에서는 늘 정답만 이야기해 주고 그런 방 식을 따라야 한다고 하니까 답답하죠. 기독교가 정말 나를 구속한다는 생각이 들어서, 점점 교회 에서 멀어지고 있어요."

"신앙 성장을 위해서 구역 모임에 들어갔는데, 교회 어른들이 기도 해 주시고 조언해 주시는 것이야 감사하지만, 갈수록 제 개인 생활에 대해 지시하고 판단하시는 것이 많아졌어요. 시어머니와의 관계에 대 해 이러쿵저러쿵 이야기하며 좀 심한 참견을 하셔서, 결국 구역 모임 에 나가지 않게 되었고, 저를 향한 싸한 눈초리 때문에 교회도 싫어지 고 있어요."

"교회요? 그 구닥다리 윤리가 저는 싫어요. 사랑하는 사람이 생기면, 스킨십도 하고, 그러다가 여행도 같이 가고, 그러면 잠자리도 같이하 는 것이 자연스러운데, 지금이 어느 시대라고 혼전순결 타령을 하니 …. 그런 구속을 왜 자기 발로 들어가서 당해요?"

숨이 막히는 / 속박

자유, 자유, 자유

/

많은 영화가 사랑을 이야기합니다. 사랑을 빼고 나면 몇 가지 주요한 주제가 남는데 그중에서 중요한 것이 탈옥입니다. 고전 영화 〈빠삐용〉부터 알카트라즈 교도소를 배경으로 한 〈알카트라즈 탈출〉과 〈더록〉, 많은 분이 좋아하시는 〈쇼생크 탈출〉, 미국 드라마인 〈프리즌 브레이크〉도 있습니다. 이처럼 목숨을 걸고 감옥에서 빠져나오는 영화나 드라마가 참 많습니다. 감옥에 가본 적도 없고 갈 일도 없는 사람들이 왜 이런 영화를 좋아할까요? 삶이 감옥 같다고 느끼는 사람이 많아서인 것 같습니다. 사는 게 너무 답답하고 우리를 구속하는 게 너무나 많습니다. 다들 거기서 탈출하고 싶어 합니다. 자유로워지고 싶어 합니다. 그래서 탈옥 관련 이야기가 주는 대리만족과 쾌감이 상당합니다.

우리가 사는 세상에는 수많은 억압이 존재합니다. 가정에도 억압이 있습니다. 부모에게 짓눌린 채 자라나는 아이들이 많습니다. 부부끼리 억압을 주고받는 경우도 적지 않습니다. 가정이 그렇다면 일반 사회는 두말할 필요도 없습니다. 갑질로 불리는 갑의 억압부터 권력을 가진 이들의 일방적 요구 등 이루 열거하기 힘들 정도의 억압이 사방에 널려 있습니다. 외부에서 들어오는 압력 못지않게 내면의 억압도 만연합니다. 자기가 자기를 옥죕니다. 열등의식, 불행한 과거, 안 좋은 기억 등이 똬리를 틀고 내면을 갉아먹습니다. 또 다양한 욕망에 사로잡혀 휘둘리는 사람도 많습니다.

그 욕망은 좀체 충족되지 않고 만에 하나 이루어지더라도 더 큰 욕망이 입을 벌리고 기다립니다. 욕망이 우리의 자유를 부추기고 더 자유롭게 만드는 것 같아도 욕망에 사로잡히면 벗어나지 못하 므로 또 다른 형태의 억압이라고 볼 수 있습니다. 또 어떤 사람들 은 일어나지 않은 일을 끊임없이 걱정하며 오지 않은 미래에 사 로잡혀 있습니다. 우리 인생을 가만히 들여다보면 우리를 얽어매 는 것들이 너무나 많습니다.

종교가 자유를 준다고 하나…

/

종교도 그래서 생겨납니다. 자신을 억압하는 것에서 자유를 얻기 위해 인류가 오랜 문명을 축적하면서 찾아낸 방법 중 하나가 종 교입니다. 그래서 어떤 종교는 늘 자유를 준다고 강조합니다. 그 런데 적지 않은 사람이 종교를 가지면 오히려 더 자유롭지 않다 고, 또 다른 구속이 아니냐고 질문합니다. 교회나 사찰에 나가야 하고 여러 가지 따라야 할 지침도 생깁니다. 그래서 종교에 심취 한 이들을 보면 그다지 자유로워 보이지 않습니다. 자유를 찾으 려 종교를 가졌다는데 더 부자유해 보입니다.

여러 종교 가운데 특히 개신교가 신자를 가장 강하게 구속하 는 듯 보입니다. 주일마다 종교시설을 찾는 비율을 보면 불교 신 자는 약 10%, 가톨릭 신자는 약 60%인데 비해, 개신교는 80%에 가깝습니다. 여기에 개신교는 매주 헌금을 내고, 십일조까지 추가로 합니다. 마음의 위안을 얻고 옥죄는 삶에서 탈출하려고 종교를 가지는 건데, 상황이 이러다 보니 '교회는 아닌 것 같아, 다른 데보다 구속이 심해. 거기 들어갔다가는 못 빠져나와'라고 생각하는 분이 적지 않습니다.

교회에서 처음 뵙는 분이 계시면 제가 다가가서 인사를 합니다. "안녕하세요. 처음 오셨습니까?" 그러면 많은 분이 경직됩니다. 아마도 속으로 '교회에 등록하라는 거 아냐? 이러다 잡히겠는데'라고 생각하시는지도 모릅니다. 교회에 잡혀서 몸담기 시작하면 불편하고 얽매는 일이 생길 것으로 예상하기 때문입니다. 자유롭게 살기 원하는 사람이 교회를 멀리하는 이유가 정말 이해되지 않습니까. 그래서 교회에 나오면서도 불가근불가원을 원칙으로 삼는 신자들이 많습니다. 지나치게 가까이 가지도 않고, 그렇다고 아예 떨어져 나가지도 않겠다는 생각입니다. 세상의 여러 구속에서 벗어나고 싶어서 교회 생활을 해 볼까 하다가도 더 많은 구속을 당할 것 같아 교회를 떠나는 사람도 있습니다. 이런저런 종교적 계율 때문에 젊어서는 자유롭게 살고 나이가 들면 교회 출석을 한번 생각해 보겠다는 사람도 많습니다. 자유를 못 주는 종교이지만 죽은 다음의 구원을 약속한다니까, 사는 동안에 종교를 버리지는 않고 대신에 가까이는 하지 않겠다는 생각입니다. 이런 구속이 싫어서 아예 교회를 떠나기도 합니다. 이런 행동을 관찰한 비신자들은 기독교와 교회를 대안으로 여기지 않기도

합니다. 기독교가 정말 인간을 구속하는 종교일까요?

극복해야 할 구속

/

인간을 얽어매는 구속에 관해 한 걸음 더 들어가 생각해 봅시다. 먼저, "인간의 행복을 위해 구속은 극복되어야만 하는가"라는 근본적인 질문을 던질 필요가 있습니다. 우리를 구속하는 것 중에 부정적 요소를 지닌 것들이 너무나 많으므로 그것에서는 당연히 벗어나야 합니다. 인간이 극복해야 하는 구속은 참 많습니다.

단순하게는 가난이라는 구속이 있습니다. 생존 자체를 위협하는 구속이라서 우리에게 큰 두려움을 줍니다. 가난이라는 구속에서는 벗어나는 것이 맞습니다. 그런데 가난에서 벗어나기 위해 일주일에 60~70시간씩 일해야 한다면 노동이라는 다른 구속에 붙들리는 셈입니다. 인간이라면 적절하게 일하고 쉬어야 하므로 당연히 과도한 노동이라는 구속에서도 벗어나야 합니다.

종교적·정치적 신념을 말할 자유를 억압하는 구속에서도 벗어나야 합니다. 우리 사회는 이런 자유를 신장시켜 많은 진보를 이뤘지만, 교회 안에서는 이런 신념을 자유롭게 이야기하고 토론하는 것에 익숙하지 않습니다. 그래서 동의하지 못해도 억지로 믿고 고백하기도 합니다. 가정에서는 성인이 된 자녀에게 통제를 시도하는 부모도 있습니다. 부모의 통제에서 벗어나지 않으면 성인이 되어서도 미성숙한 상태로 살아갑니다. 부모가 성인이 된 자녀를 계속 통제할 때 얼마나 큰 고통을 주는지 모릅니다. 그리고 배우자가 물리적 힘이든 금전의 힘이든 가문의 힘이든 그런 것들을 내세워 다른 배우자를 억압하는 행태도 자주 목격됩니다.

질병으로 고통받는 이들에게는 그보다 더한 고통과 억압이 없습니다. 치료 가능한 질병이라면 당연히 치료를 받을 수 있어야 합니다. 질병 역시 인간이 벗어나야 할 구속입니다. 자신을 가치 없다고 여기는 정신적 고통도 벗어나야 할 억압입니다. 그런데 이를 누군가 방조하고 심지어 부추긴다면 어떻게 해야 할까요. 한국의 교육 제도에서 가장 안타까운 지점이 바로 이것입니다. 대다수 아이를 '패배자'로 만들고, 스스로 가치 없다고 느끼게 만듭니다. 싹이 나기 시작하는, 아직 꽃도 피우지 않은 아이를 "너는 실패자야"라며 짓밟아 버립니다. 이런 억압과 구속이야말로 반드시 사라져야 합니다. 섣부르게 재단된 아이는 열등의식에 빠져 "난 패배자야, 난 지질해"라며 자신을 비하하며 삽니다. 우리는 이런 종류의 구속에서 벗어나야 합니다.

이처럼 억압과 구속에는 부정적인 면이 많습니다. 그러므로 자유로워지려는 인간의 본능은 정당하며, 억압과 구속에서 벗어나 나다운 모습으로 살아가는 것은 인간의 기본권에 해당합니다.

필수 불가결한 구속?

/

구속의 또 다른 면도 생각해 볼 필요가 있습니다. 구속이 꼭 나쁜
것인지, 혹시 유익하거나 꼭 필요한 구속은 없는지 생각해 봐야
합니다. 가령, 배우자나 자녀가 "돈을 마음대로 쓸 자유를 주세
요"라고 하면 어떻게 해야 할까요. 그런 자유는 누구에게도 없습
니다. 예산과 지출 원칙에 따라 구속될 수밖에 없습니다. 마음대
로 하면 오히려 더 큰 문제가 생깁니다.

축구 이야기를 해 볼까요. 축구를 자유롭게 즐기려면 합의한
규칙을 따라야 합니다. 무조건 골만 많이 넣으면 좋을까요? 적어
도 자기 팀 골대가 어디인지는 알고 공을 차야 합니다. 규칙이 필
요합니다. 물론 그 규칙은 우리를 구속합니다. 공을 손으로 잡아
서 던질 수도 없고, 이기려면 상대편 골대에 공을 넣어야 합니다.
오프사이드도 하면 안 되고 상대를 걷어차도 안 됩니다. 하지만
이러한 규칙 때문에 축구는 아름다운 스포츠가 됩니다.

이런 예는 사방에 있습니다. 운전할 때 중앙선과 신호등을 무
시하면 엉망이 됩니다. 그런데 중앙선도 신호등도 없는 곳에서는
어떨까요. 자유롭게 운전할 수 있지 않을까요. 제가 오래전 미국
에서 사륜구동 자동차를 처음 몰았을 때 흥분해서 "이 차가 정말
대단하다던데"라며 실험정신이 발동했습니다. 그래서 해변으로
몰고 들어갔습니다. 처음에는 잘 갔습니다. 하지만 곧 멈췄습니
다. 다시 출발하려고 아무리 가속 페달을 밟아도 바퀴는 모래 속

숨이 막히는 / 속박

으로 빠져들었습니다. 결국, 경찰이 오고, 견인차를 불러서 차를 빼냈습니다. 아무런 구속이 없어 보이는 모래밭에서조차 마음대로 움직일 수 없었습니다. 정해진 한계를 넘지 않는 선에서만 운전은 가능했습니다. 음주 운전할 자유는 어떤가요. 그뿐만이 아닙니다. 사기 칠 자유, 무고할 자유, 거짓 계약을 할 자유 등 막아야할 자유는 수없이 많습니다. 그래서 민·형사법이 존재합니다. 이처럼 구속과 억압이 우리를 지켜 주고 우리의 자유를 보장해 주는 때도 분명 있습니다.

혹시 결혼 생활을 오래 하신 분 중에 이런 생각을 하는 분은 없으신가요. '결혼한 사람과 얼마나 오래 살아야 하나?' 한번은 동창끼리 모인 자리에서 한 친구가 농담처럼 진지하게 이야기했습니다. "20년씩이나 한 배우자한테 충실했으면 서로 놓아주는 게 맞지 않냐? 어떻게 평생을 한 사람하고만 살아. 20년 정도 살았으면 '리셋'하고 새로운 사람을 만나면 얼마나 좋아." 한 남자와, 한 여자와 평생을 사는 게 구속일까요? 지금 이 책을 읽는 분 중에도 과연 결혼이 꼭 필요한 구속인지, 아니면 벗어나야 할 구속인지 헷갈리는 분이 계실지 모릅니다. 필요한 구속과 벗어나야 할 구속을 가르는 기준은 무엇일까요?

인생에 필요한 기준

/

벗어나야 할 구속은 무엇이며, 받아들여야 할 구속은 무엇일까요? 이 둘을 구분하는 기준이 인생에는 필요합니다. 우리 인생이 얼마나 섬세하고 아름다운지요. 우리는 자유로우니까, 이 자유가 무엇보다 소중하니까, 무엇에도 매이지 않고 우리가 원하는 대로 움직이며 인생의 시간을 채워 나갈 수 있습니다. 하지만 그렇게 한다고 해서 참된 자유를 누릴지는 알 수 없습니다. 어떨 때는 과도한 자유가 한 사람을 망가뜨리기도 합니다. 인생에는 어떤 법도가 있는 듯합니다. 그게 정확히 무엇인지 잘 모르더라도 막연하게나마 지켜야 할 선과 넘으면 해로운 경계가 있는 듯합니다. 어쩌면 그것을 진리라고 말할 수 있을지 모릅니다. 진리는 우리가 사는 세상과 우리 인생 전체를 정직하게 설명해 주는 지식입니다. 동양에서는 '만물의 이치'나 '법도'라는 말을 많이 씁니다. 만물에는 이치가 있지 않을까요.

우리는 막연하게나마 그 이치를 습득하고 있습니다. 좀 불편해도 그 이치에 어긋나지 않게 살면서 자신을 보호하고 타인을 보호합니다. 어떤 기준이나 중심이 없는 자유는 존재하지 않습니다. 그러므로 모든 구속을 벗어던져야 한다고 하지 않고, 어떤 구속은 필요하다고 말합니다.

그런데 인간은 구속이라면 그것이 어떤 종류이든 벗어나려는 욕망이 있습니다. 그것을 자유라고 생각하는 경향이 있습니다. 술에 자유롭다고 술을 마음껏 마시면 몸과 마음이 망가지고, 심하면 알콜중독에 빠져 술에 완전히 장악됩니다. 말에 자유롭다고 마음대로 말하면 사람들이 그 사람을 멀리하게 되고 결국 주변에 진정한 관계는 사라질 것입니다. 성에 자유롭다고 마음 가는 대로 행동하다가는 다른 사람들에게 치명적인 상처를 주고, 결국 그 대가는 자신이 치러야 합니다. 오히려 자유롭다고 어떤 영역에서 그것을 계속 추구하면 그것에 오히려 구속되어 헤어나오지 못하는 경우를 우리는 주변에서 자주 목격합니다. 이런 예는 무한합니다.

인간은 완전히 자유로울 수 있는 존재가 아닙니다. 비록 인간은 모든 구속에서 완전히 자유롭기를 바라지만, 그 자유를 간절히 추구할수록 거기서 멀어지는 모순에 빠집니다. 많은 사람이 자유를 이야기하면서 오해하는 점이 이 부분입니다. 인간은 절대 완벽한 자유에 이를 수 없습니다. 그런 면에서 자유와 방종은 분명히 다릅니다. 자유는 경계 안에서의 자유로움입니다. 경계조차 다 없어져 버리는 이른바 완벽한 자유는 방종으로 흐릅니다. 우리의 과제는 그 경계를 찾는 것입니다. 경계를 허물고 깨부수고 나니, 오히려 다른 무언가에 끌려가는 자신을 우리는 너무나 자주 목격합니다.

인간은 끊임없이 이 질문을 던져 왔습니다. "자유로워지고 싶다. 성적으로 아주 자유롭게 살아 보자. 성적 자유가 인간에게 자유를 가져다주는가? 아니구나. 더 큰 고통과 아픔이 오는구나. 정치적으로도 자유로워지고 싶다. 모든 사람이 하고 싶은 이야기를 다 해 보자. 아! 다 맞을 수는 없구나. 무정부 상태에 이르는구나. 도대체 어떤 범위 안에서 자유를 부과할 것인가?" 경계 없는 완전한 자유가 진정한 자유가 아니라면, 건강하고 바람직하며 사람을 살리는 경계는 어디에 그을 수 있을까요? 그 한계는 누가 정할 수 있을까요? 앞에서도 잠시 말했지만, 그 경계와 한계를 사람들은 진리라고 여기는 듯합니다. 우리가 사는 세상과 우리 자신을 규정해 주는, '이것이 인간입니다. 이렇게 살 때 인간답게 살 수 있습니다. 그게 바로 인간사회가 추구해야 할 바입니다'라고 알려 주는 진리가 있다고 생각합니다.

그 진리를 찾기 위해 많은 학문과 여러 종교가 애를 썼습니다. 공자는 "아침에 도를 깨달으면, 저녁에 죽어도 괜찮다^{朝聞道, 夕死可矣}"라고 했습니다. 삼라만상의 이치를 포괄하는 도를 깨달으면 좋겠다고 합니다. 인간이 그 도 안에서 진정으로 자유로워질 수 있으니까, 자신과 다른 사람을 파괴하지 않으며 자유로울 수 있는 그 도를 찾고자 했습니다. 불교에서는 "득도하면 모두가 부처가 될 수 있다"라고 합니다. "원래 우리가 가진 본성은 깨끗하며, 우리 안에 있는 이 마음을 알면 깨달음에 이른 것이니, 모두 도를 이룰 것이다^{我本元自性淸淨, 若識自心見性, 皆成佛道}"라는 말입니다. 이 말을 남긴 혜능선사는 우리가 모두 불성을 가지고 있으므로 부처가 될 수 있는 도는 누구나 깨우칠 수 있다고 가르칩니다.

이렇게 진리를 깨달을 수 있다면 얼마나 좋을까요? 다양한 철학과 종교가 제각기 다양한 설명을 하고 방법론을 제시합니다. 저는 유교나 불교의 전문가는 아닙니다. 옆에서 보고 배운 정도입니다. 제 전문 분야는 예수 그리스도입니다. 그래서 이 예수가 가르치시는 진리와 자유에 관해 이야기해 보려 합니다.

진리를 알면 자유로워진다

/

예수라는 분은 만물의 이치, 진리에 대해 뭐라고 얘기했을까요? 예수는 진리가 우리를 자유롭게 한다고 했습니다.

> 그리고 너희는 진리를 알게 될 것이며, 진리가 너희를 자유롭게 할 것이다(요 8:32).

예수는 진리를 알려 주겠다고 했으며, 우리가 그 진리를 알게 될 것이라고 했습니다. 그런데 우리가 그 진리를 알면 어떻게 된다고 했습니까? 자유롭게 된다고 합니다. 달리 말하면, 모든 구속에서 벗어나 자유롭게 된다는 뜻입니다. 진리가 무엇인지요? 만물을 붙들고 있는, 만물의 이치입니다. 그런데 진리가 무엇이길래, 우리를 자유롭게 할까요? 진리가 우리에게 무슨 일을 하길래, 우리가 자유롭게 될까요? 진정한 진리라면 우리가 사는 세상의 중심과 한계를 알 수 있게 도와줄 것입니다. 중심과 한계를 알게 되면, 그 경계 안에서 자유를 누리는 법을 배울 수 있을 것입니다. 그것이 내면화되면, 다시 말해 몸에 밴 습관이 되면 자유로워집니다.

예를 들어봅시다. 종교는 단순한 관념이 아닙니다. 일상과 밀접하게 관계 맺고 있습니다. 가령 돈에 대해 자유로운 사람이 있습니다. 그는 돈이 많은 사람이 아닙니다. 돈을 쌓아 놓고도 늘 돈 걱정하며 전전긍긍하는 사람도 있습니다. 그런데 그는 돈이 그리 많지도 않은데 돈에 대해 자유롭습니다. 어떻게 돈에 대해 자유로울 수 있을까요? 자신이 가진 돈에 대한 개념과 한계가 정확하게 정리되어 있으면 가능합니다. 돈을 쓰는 중심에 분명한 철학이 있으면, 정해진 한계 안에서 그 철학에 따라 돈을 씁니다. 그 경계 안에서 자유를 누리는 방법을 배웁니다. '과도하게 지출하면 안 돼. 쓸데없는 것은 사지 않겠어'라며 필요한 것에만 지출하는 철학과 경계가 분명합니다. 이러한 태도가 몸에 배면 돈 쓰는 문제와 관련한 걱정을 별로 하지 않게 됩니다. 그냥 그 범위 안에서 경제생활을 하면서 자유롭게 살게 됩니다.

성sex도 마찬가지입니다. 사랑하면 누구와도 잘 수 있는 것이 자유일까요? 그렇지 않습니다. 성이 도대체 무엇이며, 성에 담긴 핵심 철학이 무엇인지가 분명해야 합니다. 성을 두 동물의 생식기 결합 정도로 이해해서는 성에서 자유로울 수 없습니다. 그에 관한 철학이 있어야 그에 따라 경계도 생기고, '아, 그렇다면 성은 이런 경계 안에서 쓰는 것이 맞는구나'라는 판단도 생깁니다. 그렇게 잘 사용하는 법을 배우면, 자신의 내면적 철학이 형성되고 성에서도 자유로워집니다.

권력은 어떨까요? 권력이 없는 세상은 없습니다. 교회에도 권력이 있습니다. 없으면 안 됩니다. 그렇다면 권력은 무엇일까요? 권력의 핵심은 무엇이며, 어떤 철학으로 사용해야 하며, 권력의 한계는 무엇일까요? 그 경계 안에서 살아가는 방법을 배우고, 자신이 권력을 가지면 타인을 해치지 않고 선하게 쓰는 방법도 습득합니다. 그렇게 되면, 그 사람은 권력에서 자유로워집니다.

예수께서 "진리가 너희를 자유롭게 할 것이다"라고 했을 때의 진리는 다음과 같은 과정을 밟습니다. 첫째로 우리가 사는 세상 만물의 이치를 알고 그 중심을 알고 그 경계를 알면, 둘째로 그 경계 안에서 자유를 누리는 법을 배웁니다. 셋째로 배운 대로 살아가면서 습관화하면 자기 것으로 내면화되면서 자유로워집니다.

수영을 생각해 봅시다. 먼저 수영의 원리가 무엇인지 알아야 합니다. 수영할 때 넘지 말아야 할 경계 같은 게 있습니다. 모두가 아는 이야기이지만 물의 저항을 받는 방식으로 수영을 하면 안 됩니다. 힘이 아무리 세도 서서는 수영을 절대 못 합니다. 물의 저항을 줄이려면 몸을 눕혀야 하고 물에 떠야 합니다. 누워서도 어떻게 해서 물의 저항을 줄일지를, 손동작을 어떻게 해서 물을 가장 많이 밀어낼지를 궁리해야 합니다. 이런 것들을 다 배웁니다. 처음에는 무엇부터 시작하나요? 물에 뜨는 연습을 하고 발차기를 합니다. 그다음에 손동작을 한참 연습합니다. 그렇게 해야 동작이 몸에 뱁니다. 그제야 자유형이 되고, 자유형이 몸에 익으면 비로소 물속에서 자유롭게 놀 수 있게 됩니다.

모든 진리를 포괄하는 진리

/

앞서 예수께서는 진리의 속성을 다음처럼 이야기했습니다. "세상 모든 만물에는 이치가 있는데, 그 이치와 그로 인한 경계를 깨닫고 익혀서, 그대로 살면 자기 것이 되고 결국은 거기로부터 자유로워질 거야." 그렇다면 진리가 단지 수영하는 법, 돈 쓰는 법, 성을 다루는 법, 권력을 사용하는 법 같은 세부적인 각론만 가리키는 것일까요? 예수께서 말한 진리는 그 모두를 포괄하는 진리입니다. 그래서 예수께서 주장한 진리가 무엇인지를 좀 더 자세히 살펴봐야 하는데, 앞서 살펴본 성경 구절의 바로 앞 절에 그 내용이 나옵니다.

> 예수께서 자기를 믿은 유대 사람들에게 말씀하셨다. "너희가 나의 말에 머물러 있으면, 너희는 참으로 나의 제자들이다(요 8:31).

이 말을 한 다음에 "너희는 진리를 알게 될 것이며, 진리가 너희를 자유롭게 할 것이다"라고 합니다. 예수는 진리를 알게 될 것이라고 말하기 바로 전에 진리가 무엇인지를 확실하게 밝힙니다. 자신의 말에 머물면 진리를 알게 될 것이라고 분명히 말합니다. 진리는 다른 것이 아니라 예수 자신의 말, 자신이 가르친 내용이라고 합니다. 그러면 어떻게 예수께서 가르친 내용이 진리가 될 수 있을까요? 그 앞의 성경 구절을 살펴보면 그 이유가 나옵니다.

> 그러므로 예수께서 [그들에게] 말씀하셨다. "너희는, 인자가 높이 들려 올려질 때에야, '내가 곧 나'라는 것과, 또 내가 아무것도 내 마음대로 하지 아니하고 아버지께서 나에게 가르쳐 주신 대로 말한다는 것을 알게 될 것이다. 나를 보내신 분이 나와 함께하신다. 그분은 나를 혼자 버려두지 않으셨다. 그것은, 내가 언제나 아버지께서 기뻐하시는 일을 하기 때문이다"(요 8:28-29).

예수께서 말한 "인자가 높이 들려 올려질 때"는 그가 죽고 부활하는 사건을 가리킵니다. 그리고 '내가 곧 나I'm who I am'라는 표현은 구약성경에서 모세가 하나님께 "당신의 이름이 무엇입니까?"라고 물었을 때 "나는 나다I'm who I am"라고 답했던 말씀과 같습니다. 예수께서 죽고 부활할 때 비로소 예수가 바로 그 하나님이라는 사실과, 예수께서 자기 마음대로 하지 않고 하나님께서 가르쳐 주신 대로 말했음을 알게 되리라는 내용입니다. 이어서 예수께서는 하나님과 특별한 관계, 늘 함께 하는 매우 친밀한 관계라고 주장합니다.

이 성경 구절이 이야기하는 바가 무엇입니까? 예수께서는 자신이 신적 기원을 가진 존재라고 말합니다. 앞서 살펴본 유교와 불교의 그 누구도 자신을 신적 기원을 가진 존재라고 칭하지 않았습니다. 공자도 진리를 찾아간다고 이야기합니다. "삶도 아직 알지 못했는데 어찌 죽음을 알 수 있겠느냐"라고 합니다. 석가모니도 마찬가지입니다. 깨달음을 얻어 부처가 되었으나 이런 깨달음은 누구나 얻을 수 있으며, 자신이 유일한 존재라고 하지 않습니다. 불교는 모두가 해탈해서 부처가 될 수 있다고 가르칩니다. 그런데 예수만이 자신을 신적 기원을 지닌 존재라고 이야기합니다. 자신이 죽고 부활했을 때 제자들이 그 사실을 알고 믿게 될 것이라고 말합니다.

그러니까 예수는 자신을 만물을 창조한 신과 동일시합니다. "나는 만물을 지은 자이다. 그러니 내가 가르치는 내용은 만물의 이치이다. 내가 가르치는 내용을 아는 것은 만물의 이치를 깨닫는 것이며, 그 이치가 너희를 자유롭게 할 것이다." 이것이 예수의 주장입니다. 여기서 멈추지 않습니다. 요한복음 14장에는 유명한 구절이 나옵니다.

예수께서 그에게 말씀하셨다. "나는 길이요, 진리요, 생명이다. 나를 거치지 않고서는, 아무도 아버지께로 갈 사람이 없다"(요 14:6).

예수는 자신을 가리켜 진리를 가르치는 자가 아니라, 진리 그
자체라고 이야기합니다. 이것이 예수 그리스도의 주장입니다.

처음에 우리는 진리를 알면 자유롭게 된다는 예수의 주장에서
시작했습니다. 그렇다면 진리가 무엇인지 궁금했습니다. 진리는
예수께서 가르친 내용, 그의 말이었습니다. 그런데 그 말이 진리
인지를 어떻게 믿을 수 있을까요? 그에 대한 예수의 대답은, 예수
자신이 하나님에게서 왔으며, 자신이 하나님이기 때문이라는 것
이었습니다. 그가 세상을 지었으며, 만물의 중심에 있다고 말합
니다. 그래서 예수의 가르침이 만물의 이치를 설명해 주며, 그것
을 제대로 알면 자유에 이른다고 강조합니다. 존 스토트는 "기독
교가 도대체 무엇입니까?"라는 질문을 받았을 때, 이렇게 대답
했습니다. "기독교는 그리스도입니다. 예수 그리스도, 그가 기독
교의 전부입니다." 존 스토트가 이렇게 답한 이유도 바로 이 때
문입니다.

예수가 전한 진리의 실체

/

이제 좀 더 구체적으로 이야기를 정리해야 할 것 같습니다. 진리
가 어떻게 자유를 주는지, 예수의 가르침이 왜 진리인지에 이어

서, 그렇다면 과연 예수의 진리가 무엇이길래 이토록 중요한지를 살펴봅시다. 앞서 살펴본 돈과 성과 권력 등 일상의 모든 각론에 영향을 미치는 핵심 진리가 있을까요? 있다면 무엇일까요?

기독교가 전하는 진리 체계는 통합적이고 폭넓습니다. 인생의 모든 분야를 포괄합니다. 그 모두를 포괄하는 핵심 진리, 한가운 데 있는 가장 중요한 진리를 지금 말씀드려야 할 것 같습니다. 왜 냐하면 이를 중심으로 나머지 각론을 깨달아 가며 배워 가는 과 정이 우리 인생이기 때문입니다.

그 핵심이 무엇일까요? 첫째는 신에 관한 것입니다. 예수의 가 르침 근저에 깔려 있는 것은, 하나님이 세상을 창조하셨고 그 하 나님이 세상의 주인이라는 사상입니다. 세상은 아무것도 없는 무 에서 어쩌다 생겨난, 우연히 발생한 존재가 아니라, 인격적 하나 님이 손수 빚어낸 창조물입니다. 이 창조가 문자 그대로 6일 동안 이루어졌는지, 하나님께서 진화의 기제를 사용하셨는지에 관해 서는 다양한 논의와 제안이 있지만, 가장 중요한 진리는 하나님 이 창조주라는 사실입니다. 그리고 하나님은 세상을 창조한 후 그냥 던져 놓지 않고, 인간에게 주인의 역할과 책임을 위임하셨 습니다. 이것이 신에 관한 진리입니다.

둘째는 인간이 우주의 창조주이자 모든 생명의 근원인 하나님 을 떠났고, 그 결과 생명을 잃고 방황하고 헤매며 서로 고통을 줄 수밖에 없다는 것입니다. 이것이 인간의 실존이라고 예수는 가르 칩니다. 이를 신학적으로는 죄라고 합니다. 죄는 우주의 중심에 자신이 있는 것입니다. 죄라는 영어 단어 'SIN'의 한가운데 'I'가 있듯이, 하나님이 중심이신 세상에서 자신이 주인 노릇하는 것이 죄의 본질입니다. 성경은 죄를 도덕적·윤리적 죄에 국한하지 않습니다. 오히려 본질적 죄는 따로 있다고 말합니다. 하나님이 우주를 지으셨고 우주의 주인이므로 그분을 무시하고 존재하지 않는 것처럼 여기는 것이 죄이며, 이것이야말로 인간의 문제입니다. 예수는 이것을 지적하며, 인간의 죄가 무엇인지를 선명하게 끄집어냅니다.

셋째는 하나님을 무시하고 배신한 인간을 위해 예수께서 무언가를 하셨다는 것입니다. 첫째는 하나님이 어떤 분인지를 알려 주셨습니다. 그것을 계시라고 합니다. 우리는 성경을 통해 하나님이 어떤 분인지를 알게 됩니다. 더듬더듬 찾으면서 '이런 분이 아닐까? 이런 신이면 좋겠어'라며 자기 나름대로 신을 만들어 내는 것이 아니라, 예수의 인격과 삶과 그분의 말씀과 가르침을 통해 하나님이 어떤 분인지 알게 됩니다. 그리고 예수께서는 하나님이 어떤 분인지를 알려 줄 뿐만 아니라, 인간이 하나님과 화해하고 그분께로 돌아갈 수 있는 길을 열어 주셨습니다. 그것을 구원 또는 대속代贖이라고 합니다. 인간이 하나님을 무시하고 배신해 하나님과의 관계가 끊어졌을 때, 그 상태에 대한 책임을 대신 지는 것이 대속입니다. 그런데 인간은 자신의 죄로 죽을 수밖에 없었으므로, 살아 있는 채로 인간과 하나님을 다시 잇는 방법은 인간을 대신해 죽는 길밖에 없었습니다. 예수께서는 기꺼이 그 길을 선택합니다. 참 이상합니다. 신이 인간을 위해 대신 죽다니요. 네 복음서는 예수 그리스도가 죽기 위해 세상에 왔다는 듯 죽음을 향해 걸어가는 모습을 생생히 증언합니다. 그 죽음을 통해 인간이 하나님께로 돌아가는 길을 열었습니다. 그러므로 예수는 하나님이 어떤 분이시며, 하나님에게 어떻게 돌아갈 수 있는지를 몸소 가르쳐 주고 보여 주었습니다. 이것이 핵심 진리의 셋째 부분입니다.

넷째는 예수로 인해 하나님과의 관계가 회복된 이들은 새로운 삶, 자유로운 삶을 누린다는 것입니다. 여기서 분명히 짚고 가야 할 점은, "예수 믿고 하나님과 관계가 회복되면 천국 간다"라고 말하는 것은 기독교를 너무 얄팍하게 표현하는 것입니다. 오히려 핵심은 하나님과의 관계가 회복되었으므로, 하나님을 인생의 중심으로 삼고, 하나님이 가르치는 경계 안에서 자유롭게 살아가는 방법을 배우는 것입니다. 그것이 '크리스천 라이프'입니다. 하나님은 인간이 따라야 할 계명을 부과하여 인간을 억압하는 비인격적인 신도 아니며, 우리를 줄에 매달린 인형처럼 움직이며 생사화복을 주관하는 조작적인 신도 아닙니다. 인간이 어떤 범위 안에서 어떻게 살아갈 때 가장 인간다운지, 가장 아름답고 가치 있는지를 알고 그 경계를 정해 주신 분입니다. "그 안에서 살아라. 그걸 넘어서면 동물이 되는 거야. 비인격적인 삶이 되는 거야. 그 경계 안에서 창의적이고 자유롭게 살아라"라고 말씀하시는 분입니다.

모든 그리스도인이 가장 처음 누리는, 그리고 궁극적으로 누리는 자유는 하나님의 심판에서 벗어나는 자유입니다. 하나님을 무시하고 거절한 인간은 하나님의 심판에서 벗어날 수 없었습니다. 그런데 예수께서 그 심판을 대신 받으셔서 인간은 하나님의 심판에서 자유로워졌습니다. 하나님이 내가 감당해야 할 대가를 대신 지셨다는 것을 진심으로 받아들이면, "아! 하나님이 나를 받아 주셨구나. 하나님이 나를 안아 주셨구나"라는 감격으로 이어집니다. 인간은 그 사랑에 기초해서 인생을 사는 법을 배우기 시작합니다. 그러면서 삶의 모든 영역으로 확대되는 자유를 배우고 경험하는 것이 우리의 인생사입니다.

저는 열일곱 살 때 예수님을 만났습니다. 처음에는 기독교가 인생을 구속하는 종교인 줄 알았습니다. 아주 힘들게 살아야 하는 종교인 줄 알았습니다. 그런데 예수를 알아 가고, 더불어 하나님을 알아 가면서 '인간이 참으로 자유로워질 수 있는 길이 여기 있구나' 하고 깨닫습니다. 축구 규칙을 배우고 나서야 축구를 마음껏 즐길 수 있습니다. 하지만 규칙만 숙지한다고 축구를 잘할 수 있을까요? 가령 오프사이드를 피하는 방법도 연습을 많이 해야 합니다. 그래야 축구를 제대로 즐길 수 있습니다. 인생의 경계를 배우고 그 안에서 즐기는 법을 배우고 점점 내면화할수록 자유를 누리는 폭도 넓어지고 깊이도 깊어지겠죠. 하지만 저 역시 아직 먼 것 같습니다. 아직도 자유로워질 영역이 많이 남았습니다. 하나님께서 주신 첫 번째 자유, 하나님의 심판이라는 피할 수 없는 구속에서 벗어나는 자유에서 우리는 출발합니다. 그 사랑에 근거해 인생의 모든 영역으로 자유가 확장되는 삶, 이것이 진리가 너희를 자유롭게 하리라는 말씀에 담긴 본뜻이 아닐는지요.

자유를 줄여 더 큰 자유를 만들어 내는 기쁨

/

예수가 우리를 자유롭게 할 수 있는 이유는 무엇일까요? 예수를 알게 될 때 인생의 중심과 경계가 형성되기 때문입니다. '아, 내 인생의 중심은 내가 아니구나. 그 중심에 하나님이 계셔야 하고, 그분이 바로 예수님이구나. 그분이 우리 인생의 경계를 이 정도로 만들어 놓으셨구나. 그걸 넘어서면 인간이라 부를 수 없는 동물이 되는구나.' 예수를 통해 우리는 인생의 중심과 경계를 발견하게 됩니다.

우리는 하나님의 경계 안에서 자유를 누리는 법을 배웁니다. 오늘날은 기독교가 '이거 하지 마라, 저거 하지 마라'라고 온갖 것을 규정하는 목록처럼 유통되기도 하는데, 이는 예수의 자유 정신에 위배됩니다. 하나님은 경계 안에서 자유를 누리도록 하셨습니다. 우리는 그 자유를 어떻게 얻을 수 있을까요? 배워야 합니다. 수영을 배워 자유형에 이르는 것처럼 배워야 합니다. 술은 마셔도 괜찮습니다. 그렇다면 아무렇게나 마시고 취하면 될까요. 그건 자유를 모르는 겁니다. 술 마시는 법을 배우고, 성을 아름답게 누리는 법을 배워야 합니다. 권력을 잘 사용하는 법도 배워야 합니다. 이것들을 잘 배워 나갈 때 점점 그것들에서 자유로워지고, 그런 것들이 우리를 옭아매지 않게 됩니다. 술에 대해 자유롭다면서 마구 마시고 취해서 정신없이 흐느적대는 사람이 술에 대해 자유로운 사람일까요? 아닙니다. 오히려 술에 매인 사람입니다. 술에 구속되어 인간다움을 상실하기보다는 차라리 금주를 택하는 편이 더 인간다우며, 더 나은 자유를 누리는 방법입니다. 그래서 그리스도인 가운데는 금주를 택하는 사람도 다수 있습니다. 이처럼 세상의 모든 것에서 자유로워지는 법을 배워 가면, 그 자유를 누리는 법이 몸에 배어서 습관이 됩니다. 습관이 될 때 그 영역에서의 자유는 자신의 인격이 됩니다. 비로소 자유가 나 자신이 되는 것이지요. 그럼 자유로워지는 것입니다.

그런 사람들이 다른 사람에게 더 큰 자유를 주기 위해 자신이 마땅히 누릴 자유를 줄이는 사람으로 발전합니다. 어떤 그리스도인은 자신의 자유를 반납합니다. 자유에 관한 놀라운 비밀을 발견했기 때문에 그 자유에 이르지 못한 다른 사람을 위해, 자신의 자유를 제한할 자유가 생긴 것입니다. 자신의 에너지와 재물을, 심지어 생명까지도 다른 사람에게 내어줍니다. 그가 그렇게 하는 이유는 자신의 자유가 없어서가 아니라, 그렇게 해야 하나님이 이뻐해서가 아니라, 다른 사람에게 진정한 자유를 맛보게 하기 위해서입니다. 그들의 자유가 증진되고 깊어지는 모습을 보기 위해 자신의 자유를 제한하는 것입니다. 그것도 기꺼이 기쁘게 내려놓습니다. 이것이 '크리스천 라이프'입니다. 주위를 둘러보십시오. 자신의 자유를 즐겁고 기쁘게 제한하고 내려놓는 사람이 많은지요. 사실 인류는, 우리 모두는 이렇게 다른 사람들을 위해 자신의 자유를 내려놓은 사람들에게 빚지고 있습니다.

첫 장에서는 자유에 대해, 구속에서 벗어나는 방법에 대해 나눴습니다. 우리 인생의 영원한 질문입니다. 저도 자유를 배우면서 살아가니 예전에 비해 많은 영역에서 자유로워지고 있음을 발견합니다. 자유를 배워 가던 초기에는 저는 사람들의 평가에서 자유롭지 못했습니다. 제 마음을 힘들게 하는 말, 사실과 다른 말, 이런 말에서 벗어나지 못하고 억울해서 잠을 못 자기도 했습니다. 그렇지만 나에 대한 정확한 평가는 하나님이 하시며 누구보다 나를 정확히 아시는 분은 하나님뿐이라는 사실을 믿고 내면화하면서, 나를 붙들었던 그런 말들과 평가에서 점점 자유로워지는 경험을 했습니다. 당신도 그렇지 않은가요? 인생은 그 자유를 배워 가는 과정입니다. 그 자유가 확장되는 놀라운 경험을 하는 터전이 하나님이 인간에게 주신 인생입니다. 기도하다가 이상한 경험을 하고 나서 하루아침에 자유를 누리게 되었다고요? 거짓말입니다. 자유는 진리에 기초해 끊임없이 하나님 앞에 나아갈 때 우리 안에서 확장되는 것입니다.

우리 인생은 이렇게 자유가 심화되고 확장되는 과정입니다. 교회는 자유가 심화되도록 진리를 알아 가고 누리고, 그에 기초해 실제적인 자유를 배우고 익히는 훌륭한 장입니다. 그런데 교회가 진리를 알아 가지도 않고 오히려 진리가 아닌 여러 가지 규정에 매이면, 교회는 구속하는 장이 됩니다. 그러면 사람들은 구속에 속박당한 채 자유롭지도 자연스럽지도 않은 위선을 쓰게 되고, 부자유와 위선은 참된 자유를 찾는 이들에게 걸림돌이 될 뿐 아니라 교회를 떠나게 만듭니다.

우리 주변에 참된 자유를 배우고 누리는 사람이 많아지면 좋겠습니다. 그런 사람들이 가정과 교회의 리더가 되어 수많은 억압이 존재하는 세상에 들어가 자유를 확장시키는 역할을 감당했으면 좋겠습니다. 다른 누군가가 아니라, 이 책을 읽고 있는 당신이 그 자유를 누리고 나누는 사람이 되는 것이, 인생사 모든 것의 중심과 한계를 알려 주시는 그분의 뜻입니다.

[숨 막히는 속박에서 / 깊어지는 자유로]

1. 신앙생활이 구속처럼 다가올 때가 있었다면 언제였나요, 왜 그런 생각이 들었나요? 교회생활에서 속박으로 느껴지는 게 있었다면 무엇이며, 왜 그렇게 느꼈나요?

2. 인생의 기준을 어디서 찾으시나요? 성경적 세계관과 가치관 이 그 기준의 기초가 될 수 있을까요?

3. 예수가 전한 진리의 실체를 다시 한번 정리해 봅시다.

4. 예수가 전한 진리가 우리를 자유롭게 한다고 했는데, 이런 경험이 자신 속에서 이루어지고 있다면 어떤 영역에서 그런지 이야기해 봅시다. 아직 부족하다면 그 이유는 무엇일까요?

5. 특별히 자유롭고 싶은 영역은 무엇이며, 예수를 통해 모든 것의 중심과 한계를 알아 간다면 그 영역이 어떻게 변화할 수 있을지 이야기해 봅시다.

6. 교회 공동체 안에 있는 불필요하거나 비성경적인 속박을 어떻게 걸러 낼 수 있을까요? 이를 위해 당신은, 또 우리는 무엇을 할 수 있을까요?

자신마저 속이고
꾸민다

"청년부 성경공부반 조장으로 섬길 때, 조원이었던 동
생에게서 어느 날 전화가 왔습니다. 그는 대입 삼수 중
이었고, 어머니는 사이비 종교에 빠져 예수를 안 믿는
아버지와 이혼 위기에 있었습니다. 그런 어려움 속에서
도 밝고 명랑했으며, 하나님의 말씀을 배우려는 열정도
아주 컸습니다. 나 역시 비슷한 어려움을 겪었기에 우
리는 마음을 열고 서로 기도해 주는 친밀한 사이가 되
었습니다.

그런데 그 아이가 갑자기 교회 다니기 싫다며, 너무나
도 기막힌 이야기를 울면서 털어놓았습니다. 성가대 지
휘자이자 청년부장인 집사님이 그 아이가 공부하는 학
원까지 와서 저녁을 사 주고 차에 태운 뒤 강제로 끌어
안고 입을 맞추려 했다는 것입니다. 그 집사님은 두 아
이의 아버지이고, 품위 있고 예의 바르며, 청년들도 잘
챙기는 좋은 분이셨습니다. 그런 분이 딸 같은 교회 자
매에게 성폭력을 저질렀다는 것입니다. 착한 그 아이는
아무 말도 못 하고 지내다 전도사님과 목사님께 그 사
실을 말씀드렸는데, 목사님께서는 사람은 실수할 수 있
고 교회의 덕을 위해서는 아무에게도 말하지 말고 참으
라고 했답니다. 그 일 후에도 그 집사님은 아무 일 없이
성가대를 계속 지휘했습니다. 그 아이는 하나님을 더는
찬양할 수 없었고, 결국 교회를 떠났습니다."

숨이 막히는 / 위선

교회의 치명적인 이중성

/

고통스러운 경험을 나누어 준 그 역시 보통 사람이 겪어 내기 어려운 삶의 여정을 걸어왔습니다. 그에게 소망을 주고, 힘이 될 만한 것은 아무것도 없었습니다. 그러다 어떻게 알게 된 하나님이 위로가 되었고, 교회가 유일한 회복의 자리였습니다. 그런데 사랑하는 여자 후배에게 상상할 수 없는 일이 일어났습니다. 그리고 이 친구도 교회에 계속 남아야 하는지 깊은 고민에 빠졌습니다.

교회의 이해할 수 없는 침묵은 많은 사람을 혼돈에 빠뜨립니다. 물론, 모든 교회가 이렇다고는 생각하지 않습니다. 하지만 교회 안에 이런 모습들이 없다고 쉽게 부인하기도 어렵습니다. 여기저기서 이와 유사한 이야기들이 들려올 때면 안타까운 마음을 금할 수가 없습니다.

교회와 그리스도인의 이중성에 대해 많은 사람이 문제를 제기합니다. 하나님에 관심을 보였던 사람도 교회의 이중성을 목격하고 마음을 접습니다. 앞뒤가 다르고 양심이 있는지조차 불분명하며, 상식을 무시하고 광신적 믿음으로 살아가는 상식 이하 집단이 교회라는 생각도 듭니다. 하나님을 믿고 따른다는 사람이 저렇다면, 과연 하나님에 대해 깊이 고민할 필요가 있을까 하는 생각이 들 정도입니다. 기독교 신앙이 깊지 않은 이들은 철저히 이중적인 선배 그리스도인의 삶을 목격하면서, '교회 다니더라도 깊이 들어가지는 말아야겠다. 나라고 저렇게 안 될까?'라고 생각합니다. 교회를 오래 다닌 사람들도 그런 일을 겪으면 당혹해하다가 그냥 침묵하며 지나가는 경우가 많습니다.

이런 문제는 대다수 사람을 곤란하게 만들고 혼돈에 빠뜨리지만, 특히 앞서 고백한 여성처럼 다른 데서는 삶의 소망을 찾지 못했던 이들에게, 교회가 유일한 희망이었던 이들에게 특히 치명적입니다. 그리고 삶의 여러 정황으로 고통스러운 시간을 보내면서 삶이 무엇인지 고민하는 사람에게, 혹시 하나님이라는 분이 계셔서 소망이 될까 하여 가능성을 타진하고 있는 이들에게 교회와 그리스도인의 이중성은 매우 치명적입니다.

위선은 선을 넘는 것

/

이러한 위선은 상당히 불쾌하고 어려운 주제입니다. 우리는 가끔 어떤 장로가 상상도 못할 일을 했다는, 어떤 목사가 기막힌 일을 저질렀다는 소식을 듣습니다. 또한 교회가 돈으로 움직이고, 세상 권력과 학벌과 성공에 따라 좌지우지되는 모습을 보면서, 그리스도인이든 아니든 혼돈에 빠집니다.

저는 이 심각한 주제를 열린 마음으로 다루고 싶습니다. 먼저 사람은 누구나 정도차가 있을 뿐 본능적으로 자신을 꾸미고 싶어 합니다. 다른 사람들에게 좋은 모습으로 비치기를 바랍니다. 교회 갈 때도 잘 차려입습니다. 하지만 그 모습을 위선이라고 하지는 않습니다. 여성들의 화장 역시 위선이라고 보지 않습니다. 남성들이 양복을 입고 넥타이를 하는 것도 마찬가지입니다. 누구나 자신이 잘 보였으면 합니다. 이런 태도는 좋은 것이며, 긍정적이기까지 합니다. 위선은 여기서 선을 넘는 것입니다. 진실이 아닌 것을 진실처럼 보이게 하는 것, 속에 있는 것을 겉으로 표현할 때 전혀 다른 모습으로 나타내는 것, 곧 겉과 속이 다른 것이 위선입니다.

위선이 두드러져 보이는 사람들

/

그리스도인의 위선이 두드러져 보이는 데는 이유가 있습니다. 먼저, 삶의 기준이 분명하기 때문입니다. 그리스도인에게는 어떻게 살아야 한다는 분명한 기준이 있습니다. 술 담배 금지같이 외형으로 드러나는 것에 집중한 적도 있었지만, 중요한 것은 외형이 아니라 내면이며, 그리스도인에게는 이를 위해 지키는 분명한 선이 있습니다. 그뿐만 아니라 그리스도인은 전도할 때, 어떻게 살아야 한다는 기준을 자주 언급합니다. 참 위험하게도 "나는 이렇게 살려고 한다. 이것이 나의 목표이다"라는 이야기를 자꾸 합니다. 차라리 그 말을 하지 않으면 괜찮을 텐데, 그 말로 인해 말과 삶의 차이가 더욱 확연해지고 위선적이라는 평가를 종종 받습니다.

저는 때로 의아합니다. 기준을 아예 낮추어 화날 때 화내고 느끼는 대로 말하는 사람은 "참 솔직하고 인간적이다"라는 말을 듣습니다. 기준을 높이고 그에 맞춰 살려고 노력하는 것이 인간의 특징이며 특권인데, 이상하게도 기준을 낮추고 "난 원래 이래, 있는 그대로를 보여 줄 거야"라며 인간 이하의 존재와 유사한 모습을 보일 때 오히려 '인간적이다'라는 평가를 받습니다. 아마도 사람들은 있는 모습 그대로 보여 주는 것을 옳다고 느끼는 것 같습니다.

그래서인지 기준을 한껏 높인 다음에 그대로 살지 못하면 위선이라고 느낍니다. 그리스도인에게는 세상 사람과 구별돼야 한다는 잘못된 개념과 세상 사람보다 완벽해야 한다는 강박관념이 있습니다. 이 때문에 실제 모습은 그렇지 않은데도 그런 척하려고 애쓰기도 합니다. 예수께서 "너희는 세상의 소금과 빛"이라고 말씀하셨으므로, 그리스도인에게는 그처럼 살아야 한다는 기준이 생겼고, 그렇게 살려는 욕구 또한 강합니다. 하지만 실제 삶은 그 기준에 닿지 못하므로, 기준과 실제 사이에서 어찌할 수 없는 틈이 생깁니다.

위선은 그리스도인만이 아니라, 자신의 사상과 신념을 말로 표현하는 사람에게서 자주 나타나기 마련입니다. 교사나 정치인이 그렇습니다. 정치인은 늘 조국과 민족을 앞세우지만, 그와 차이 나는 삶을 보여 줄 때가 허다하고, 그럴 때마다 우리는 위선을 느낍니다. 이처럼 말로써 신념을 표현하는 사람은 항상 위험에 노출돼 있습니다.

이를 피하고자 그리스도인이 취하는 전략이 몇 가지 있습니다. 그중 하나가 은폐입니다. 그리스도인임을 드러내지 않으면 편합니다. 10년 동안 함께 직장 생활한 직원에게서 "어, 부장님도 교회 다니세요?"라는 말을 듣기도 합니다. 적당히 타협하며 정체를 숨기며 살아가는 이들과 반대로, 힘들 때도 힘들다고 이야기하지 않고 슬플 때도 슬프다고 내색하지 않으며 완벽한 신앙인의 모습을 추구하는 이들도 있습니다. 하지만 이 같은 모습에도 문제가 있습니다. 자신의 어떤 부분을 억압해야 하므로 전인적으로 건강할 수 없습니다. 그래도 은폐나 완벽함을 추구하는 자기 억압은 그나마 이해할 수 있는 수준의 위선입니다. 심각한 문제는 도덕의 영역에서 발생합니다. 도덕적으로 잘못된 행동을 반복해서 저지르는 교회와 그리스도인을 볼 때 우리는 강한 혐오를 느낍니다. 앞서 자신의 이야기를 들려주었던 여성이 겪은 위선은 위선 중에서도 질이 몹시 나쁜 위선입니다.

누구나 두 얼굴로 산다

/

그런데 먼저 짚고 넘어가야 할 문제는 겉과 속이 다른 위선이 정도 차이만 있을 뿐 우리 모두에게 일어나는 보편적 현상이라는 점입니다. 위선을 잘 들여다보면 우리가 지닌 두 얼굴을 발견합니다. 추구하려는 가치가 있고, 그에 미치지 못하는 실제 모습이 항상 있기 마련입니다. 우리 속마음과 행동 사이에는 늘 차이가 존재합니다. 많은 이들이 이 둘 사이에서 갈등하고 고민합니다.

이럴 때 우리는 종종 자기 합리화로 반응합니다. 아예 이중 잣대를 들이대기도 합니다. 자신이 할 때는 괜찮아도, 다른 사람이 하면 잘못이라고 합니다. 우리는 이미 이렇게 위선에 익숙해져 있는지 모릅니다. 그런데 가만히 생각해 보면 겉과 속이 다른 행동과 결정임을 부인할 수 없습니다.

저는 가끔 이런 생각을 합니다. 우리 이마에 화면이 있어서 마음속 생각이 그대로 보이면 어떻게 될까, 하고요. 정말 끔찍할 겁니다. 짐 캐리가 변호사로 나오는 〈라이어 라이어〉라는 코미디 영화가 있습니다. 주인공은 아들의 기도로 거짓말을 못 하게 됩니다. 미국에서는 농담처럼 "변호사는 거짓말쟁이Lawyer Liar"라고 하고, "변호사가 언제 거짓말을 합니까?"라는 질문에는 "입을 벌릴 때마다"라고 농담합니다. 영화 속 짐 캐리 역시 만나는 사람마다 거짓말을 하는데, 어느 날 자신도 모르게 진실을 말해 버리자, 여기저기서 놀라운 반응이 나옵니다. 이런 일이 실제로 일어나면 정말 큰일 나지 않을까요? 교회에서 한 여성에게 "자매님, 참 날씬하고 멋있어요"라면서 속으로는 '삐쩍 말라 가지고는'이라고 생각하거나, "목사님 참 듬직하세요"라고 하면서 속으로는 '운동 좀 하세요'라고 할 때가 있지는 않습니까? 교회 밖에서도 어떤 거래를 마치고 상대와 악수하면서 "이번 건은 참 성공적인 거래입니다."라고 말하면서도 속으로는 '이 사람아, 자네 엄청나게 손해 본 거야'라고 할 때는 없을까요? 또한 많은 남자가 거의 본능적으로 성적 상상을 합니다. 잘 훈련하지 않으면 그 상상이 마구 현실을 침범하고, 다른 사람에게 숨길 수만 있다면 실제 행동으로 이어지기도 합니다. 이런 마음들이 이마에 그대로 보이는데 곤란하지 않을 사람이 있을까요?

동서고금을 막론하고 성숙한 사람을 언급할 때 공통으로 나오는 항목이 있습니다. 그것은 '아무도 보지 않을 때의 내가 진정한 나'라는 것입니다. 속에 있는 것을 무언가로 막지 않고 그대로 놓아둘 때, 그때 나오는 사람이 진짜 그 사람입니다. 하지만 대다수 사람은 속에 있는 자신을 그대로 드러내 보이지 못합니다.

그러므로 위선은 우리와 무관할 수 없는 문제입니다. 솔직한 사람이라면 자신이 위선과는 관계가 없다고 말할 수 없습니다. 우리는 속에 있는 생각을 가능하면 감추고, 그것들을 예절이나 사회 제도 등으로 꼭꼭 싸매어 놓음으로 세상이 제대로 돌아가게끔 합니다. 실제로 법과 규칙 같은 사회 제도가 제 마음대로 행동하는 우리를 막아 줍니다. 10년 전만 해도 교통사고가 나면 길 위에서 싸우는 사람들이 제법 많았습니다. 그런데 요즘은 보기 드문 풍경이 되었습니다. 상대가 내 차를 들이받았다고 해서 상대 멱살이라도 잡고 물리력을 행사하면 바로 처벌받기 때문입니다. 예전에는 이런 일이 길거리에서 일어나곤 했는데 요즘은 법적 제도가 견고해서 예외가 없습니다. 이제 길거리에서 교통사고로 인한 주먹질은 많이 사라졌습니다. 그러나 가만히 생각해 보십시오. 속마음은 그렇지 않지만 법에 따른 제재 때문에 하지 않게 되는 일이 많지 않습니까?

구약성경의 시편 저자는 "내 원수가 나를 죽이려 합니다"라는 말을 자주 합니다(참고. 56:2; 143:3). 성경을 잘 모르는 이들은 '성경은 과장이 너무 심해'라고 할지 모릅니다. 하지만 3,000-3,500년 전 사회에서는 여러 법적 제도가 미비해서 서로를 공격하는 일이 허다했습니다. 언제라도 벌어지는 일이었습니다. 실제로 신체적 위협을 느꼈습니다. 오늘날에는 여러 제도가 촘촘하게 시민을 보호하므로 신체적 위협을 직접 느끼는 일은 많지 않습니다. 하지만 상대에게 복수하고 싶은 우리 속은 그대로입니다. 겉으로만 하지 못할 뿐입니다. 마음대로 하면 손해라는 걸 알기 때문에 행동으로 옮기지 못할 뿐입니다. 문명이 발달한 결과이며 긍정적인 영향입니다. 하지만 문제는 여전히 남아 있습니다.

예수의 폭로

/

예수께서도 위선 문제를 아주 신랄하게 지적하셨습니다. 예수께서는 무엇이 문제인지를 명확하게 알고 계셨습니다.

또 그들에게 말씀하셨다. "사람에게서 나오는 것, 그것이 사람을 더럽힌다. 나쁜 생각은 사람의 마음에서 나오는데, 곧 음행과 도둑질과 살인과 간음과 탐욕과 악의와 사기와 방탕과 악한 시선과 모독과 교만과 어리석음이다. 이런 악한 것이 모두 속에서 나와서 사람을 더럽힌다"(막 7:20-23).

예수께서는, 당시에 외형을 매우 중시해 이에 집착하는 바리새인과 이야기를 나누고 있었습니다. 종교적 형식, 곧 겉으로 드러나는 행동으로 자신을 규정하고, 이를 바탕으로 자신을 의롭다고 여기는 것은 잘못이라고 지적합니다. 그러면서 문제는 겉을 어떻게 하느냐가 아니라 마음에 있다고 말씀하십니다. 예수께서 열거한 음행과 도둑질과 살인과 간음과 탐욕과 악의와 사기와 방탕과 악한 시선과 모독과 교만과 어리석음은 모두 마음속에서 흘러나오는 것이므로, 겉을 아무리 매만져도 해결되지 않습니다. 예수께서는 인간의 근본적 문제를 파고들고 계십니다.

그래서 성경은 거듭해서 내적 성찰을 강조합니다. 그런데 기독교를 잘못 이해한 사람들이 내면을 성찰하는 종교를 외형을 치장하는 종교로 바꾸어 버렸습니다. 그 결과 사람들은 겉으로 어떻게 보이는지에 관심을 두게 되었습니다. 하지만 예수께서는 그때나 지금이나 우리의 내면세계가 어떤지를 관심 있게 보십니다.

위선을 벗어나는 첫걸음

/

위선이 다른 사람의 문제가 아니라 우리 모두의 문제라면, 무엇보다 먼저 진실해져야 합니다. 자신을 정직하게 대면해야 합니다. 그리스도인이든 아니든 자기 성찰은 중요합니다. 인격의 성숙은 자신이 누구인지 아는 데서 시작합니다. 자신의 문제가 무엇인지를 마주하는 데서부터 시작합니다. 성숙한 사람은 자신에 대해 솔직하며, 자신을 꾸미지 않습니다. 완벽한 척하는 사람에게 호감을 느끼기는 어렵습니다. 완벽한 사람이 아니라 완벽한 척하는 사람인 줄 누구나 알기 때문입니다. 저는 어릴 때 완벽한 사람이 있는 줄 알았습니다. 나이가 들면서 인간은 완벽할 수 없고, 부족할 수밖에 없으며, 흠과 약한 부분이 있을 수밖에 없음을 알아 갔습니다.

부부 관계에 금이 간 분들이 제게 가끔 상담하러 옵니다. 제일 어려운 경우는 양쪽 다 자기에게 잘못이 없다고 하는 때입니다. 둘 중 한 명이 자기 잘못 때문이 아니라고 하면, 대부분 그 사람이 문제이기 때문에 그 사람에 집중해서 문제를 풀어 갑니다. 하지만 둘 다 그러면 정말 어렵습니다. 부부 관계를 잘 들여다보면 대개는 양쪽 다 문제가 있습니다. 문제의 비율이 3대7 또는 4대6으로 기울기는 해도 대개는 남편과 아내 각각에게 문제가 있습니다. 그런데 자기 자신에게는 문제가 없다는 사람은 도와주기가 정말 힘듭니다. 인간은 자신을 직시할 때 성숙하기 시작합니다.

위선적인 그리스도인에게

/

그럼 조금 더 구체적으로 해결책을 찾아보겠습니다. 저는 위선의 문제를 그리스도인과 '찾는이'(아직 그리스도인은 아니나 진리를 찾는 사람)로 나누어 살펴보려 합니다. 먼저 그리스도인입니다. 여기서 제가 말하는 그리스도인은 단지 교회에 출석하는 사람이 아닙니다. 그리스도인이란, 자기 내면의 생각과 겉모습의 불일치를 절감한 사람입니다. 속으로 추구하는 가치와 겉으로 드러나는 행동의 현격한 차이를 보면서 고민하는 사람입니다. 그리고 그 격차를 줄이려 아무리 애를 쓰고 발버둥을 쳐도 자기 힘으로는 불가능함을 통감하는 사람입니다. 자신에게 근본적 문제가 있고, 동시에 이를 해결할 방도가 없는 줄 아는 사람입니다. 한 걸음 더 나아가, 그리스도인은 인간을 헤매게 만드는 근본적 문제가 하나님과 인간의 관계가 깨어진 데서 비롯되었음을 깨달은 사람입니다. 자신의 인생에 하나님이 계시지 않아서 인생과 자신에 대한 통제력을 상실했음을 뼈저리게 경험한 사람입니다.

요즘 인간 유전체 연구가 활발해지면서 몸이 어떻게 구성되어 있는지, 질병이 어떻게 생겨나는지에 관한 새로운 사실들이 밝혀지고 있습니다. 유전자 중 어느 하나가 잘못되면 암세포 발생 가능성이 커지기도 하고, 당뇨나 여러 유전병이 생긴다고 합니다. 눈에 보이지 않는 작은 한 부분에 문제가 생겼을 뿐인데도 병이 생기기도 하고 우리 모습이 변하기도 합니다. 몸의 아주 작은 부분에 문제가 생겨도 이런 일이 일어나는데, 인간을 당신 자신의 형상대로 만드시고 자신의 생명과 연결되어 살아가도록 창조하신 하나님과의 관계가 끊어진다면, 어떤 결과가 올까요? 하나님과의 관계가 단절되었기 때문에 자기 내면의 생각과 겉모습의 불일치가 발생하고 점점 심해집니다. 그 사실을 깨닫고 하나님과의 관계 회복을 위해 예수 그리스도가 필요하다고 고백하는 사람, 그가 바로 그리스도인입니다. 예수를 통해 하나님과의 관계가 회복되고, 하나님이 주시는 힘을 통해 자신의 통제력을 회복해 나가면서 점점 성숙해 가는 사람이 그리스도인입니다. 그리스도인에게도 불일치하는 부분이 여전히 남아 있으며, 이것은 성숙해야 할 부분이 남아 있다는 뜻입니다.

완벽하지 않아도 괜찮습니다

그러므로 그리스도인이 위선의 문제를 다룰 때 첫째 중요한 점은, 자신이 완벽하지 않다는 사실을 아는 것입니다. 그러니 제발 완벽한 척하지 마십시오. 세상 사람들과 다른 척하지 마십시오. 있는 그대로를 나타내십시오. 완벽한 척하는 모습은 목회자와 임직자 같은 교회 지도자에게 많이 나타나는데, 교회의 어른들이 이런 자세를 취하면 교인 전부가 위선의 가면을 쓰게 됩니다. 하지만 진정한 그리스도인은 속과 겉의 벌어진 간격이 조금씩 좁아지는 사람입니다. 다시 말해 점진적으로 성장하는 사람입니다. 그러므로 자기 모습을 있는 그대로 다른 사람들에게 드러내야 합니다.

당연히 이런 태도는 "난 이런 사람이야, 어쩔래?" 하는 것과는 다릅니다. 있는 모습 그대로 드러낸다는 것은 목표를 향해 가고 있는 자신을 보이는 것입니다. 자신이 어느 지점까지 와 있고 지금 고민은 여기까지라는 것, 아직 다 해결되지 않았으나 지금도 애쓰며 노력하고 있다고 보여 주는 것입니다. 성숙은 단계가 아니라 과정입니다. 우리는 모두 성숙의 과정을 거칩니다. 그리스도인이라면 이에 관해 스스럼없이 이야기해야 합니다. 저는 이것을 '자유'라 부르고 싶습니다. 성숙의 과정은 목적지가 없는 방황이 아니라, 목적지를 향해 가며 누리는 자유입니다.

문제는 '그리스도인은 완벽해야 한다'라는 이상한 고정관념 때문에 자기 모습을 있는 그대로 보여 주지 못하는 데 있습니다. 그것은 성장하고 있지 않아서 지금 모습을 있는 그대로 보여 주지 못하는 탓도 큽니다. 밤낮 그 모습이 그 모습이라서 사람들에게 자기 모습을 그대로 보여 주지 못합니다. 하지만 진정한 그리스도인은 성장하고 있어서, 변화하는 제 모습을 그대로 드러내는 데 주저함이 없고, 두려워하지도 않습니다.

더 나은 방향으로 돌이키십시오

그래서 둘째로 중요한 점이 회개입니다. 회개란 "하나님, 제가 하나님이 보여 주신 목표와 기준에 이르지 못하고 머물러 있습니다. 죄송합니다. 제가 하나님 쪽으로 더 가겠습니다. 도와주세요"

라고 이야기하는 것입니다. 그리스도인의 삶에서 회개는 아주 중요합니다. 회개하지 않는 사람은 자기 모습을 인정하지 않습니다. 또는, 아무런 방향 없이 '난 이런 사람이니까 알아서 하세요'라고 합니다. 갈 곳도 알고 그곳으로 가기도 해야 하는데 현재 그 지점에서 너무 멀리 있거나 반대 방향으로 향하는 사람은 그 상황에서 회개합니다. "하나님, 도와주세요. 제가 여기까지밖에 안 됩니다. 조금 더 좋은 남편이 되고 싶은데 여기까지밖에 안 됩니다." "제가 좀 더 나은 엄마가 되고 싶은데 오늘도 신경질 내고 할퀴는 말을 했습니다. 도와주세요." 이렇게 회개합니다.

이러한 회개는 하나님만이 아니라 사람들 앞에서도 해야 합니다. 아내에게 "여보, 내가 좀 더 잘하고 싶은데 여전히 이기적인 데가 있어. 도와줘, 그리고 좀 기다려 줘"라고 이야기할 수 있어야 합니다. 아이에게 "OO아, 오늘 내가 안 해도 될 말을 했구나. 엄마가 잘못했어"라고 말을 꺼낼 수 있어야 합니다. 이것이 회개입니다. 회개하는 사람은 자기가 어디 있는 줄 알기 때문에 가야 할 방향도 아는 사람입니다.

침묵 대신에 회복을 택하십시오

회개는 공동체 차원에서도 이루어져야 합니다. 맨 앞에 소개한 사건이 교회에 발생했을 때, 교회가 침묵하는 것은 완전히 잘못된 결정이었습니다. 그렇다고 전 교인이 모인 자리에서 집사의 잘못을 공개하고 교회에서 내쫓는 것도 바람직하지 않습니다. 하나님은 이러한 문제를 처리하는 법을 이미 다 가르쳐 주셨습니다. 이와 같은 일이 교회에서 일어나면, 먼저 목사나 교회 지도자가 그 일과 연관된 여성과 집사를 불러서 자초지종을 듣고, 집사에게 회개할 기회를 주어야 합니다. 그리고 집사는 하나님 앞에서 회개하고 피해당한 여성에게 용서를 구하고, 근신하는 시간을 가져야 합니다. 이 같은 사실을 굳이 모두에게, 더 나아가 외부에 알릴 필요는 없습니다. 이런 과정의 목적은 징벌이 아니라 회복이기 때문입니다. 개인적 이유로 성가대 지휘를 6개월간 쉬기로 했다고만 알리면 됩니다. 집사는 조용히 금식하거나 기도하면서 회복하는 시간을 거쳐야 합니다. 무엇보다 피해 여성이 회복할 수 있는 길을 구체적으로 찾고, 교회는 이를 모든 면에서 사려 깊게 지원해야 합니다. 만약 집사가 그 같은 결정을 받아들이지 않는다면 교회는 그 집사를 내보내야 합니다. 그가 아무리 헌금을 많이 하고 교회 내에서 영향력이 있다 해도 아무런 조치 없이 넘어가는 것은 기독교의 기본 가치, 죄에 대한 실제적 회개와 약자 보호, 처벌이 아닌 회복 등의 가치를 위배하기 때문입니다. 조용히 도우려는 교회의 권면을 거절하고 아무렇지 않은 듯 지낸다면 그 집사의 영적 상태는 더욱 악화할 것입니다. 만약 아무런 제재나 권면 없이 지나간다면 이런 말도 안 되는 일들이 교회 내에서 반복될 것입니다.

슬프게도 오늘날 한국 교회의 문제가 바로 이것입니다. 문제가 분명한데도 아무런 문제가 아니라며 그냥 넘어갑니다. 문제를 제

위조된 각인

62

기하면 당사자가 대부분 그냥 다른 교회로 가 버리기 때문입니다. 그러나 문제를 일으킨 사람을 위해서도, 무엇보다 피해당한 사람을 위해서도 잘못을 그냥 묻으면 안 됩니다. 잘못을 바로잡는 일은 공동체로 한 몸을 이룬 교회에게 매주 중요합니다. 개인과 공동체, 더 넓게는 우리가 속한 사회가 건강할 수 있는 길이기 때문입니다. 교회의 침묵은 하나님을 침묵시키는 것입니다. 하지만 하나님은 절대 침묵하지 않으십니다. 문제를 일으킨 당사자와 피해자의 인격과 사생활을 충분히 고려하면서 그의 회복을 끌어낼 수 있습니다. 고통스러운 직면과 진실한 회복이 일어나는 곳이 진정한 교회입니다. 안타깝게도 아직도 이러한 바로잡음에 미숙한 교회가 많아서 걸려 넘어지는 사람이 적지 않습니다. 성경은 구체적인 방법과 이를 위한 진리의 기반을 함께 가르치고 있으며, 그 가르침을 따라서 아프게 성장해가는 공동체가 실제로도 적지 않습니다.

교회에서 위선을 발견한 이들에게

/

그렇다면 '찾는이'나 신앙생활을 오래 하지 않은 이들이 교회 안의 위선을 발견하면 어떻게 해야 할까요? 그리스도인의 위선이나 이중성 또는 미성숙을 보면서, "교회 다니는 사람들 보니까 별 볼 일 없고, 다 거기서 거기야. 나 정도면 오히려 괜찮은 편이야"라며, 자신을 직면하지 않는 핑계로 삼지 말아야 합니다. 하나님을 믿든 믿지 않든 인간의 성숙은 자신을 직시하고 있는 그대로 보는 데서부터 시작합니다. 그러므로 타인의 위선을 보더라도 이를 핑계 삼아 자신을 직면하는 데서 후퇴하지 마십시오. 이는 한 인간으로 성숙하는 길을 포기하는 것입니다. 당신이 아직 그리스도인이 아니라면, 저는 물론 당신이 하나님을 알기 바라지만, 그러하든 않든 간에 자신에게 진실할 수 있기를 바랍니다. 그것이 성장하는 길이기 때문입니다.

한 가지 더 말씀드리고 싶은 것은 자신을 직시하면서 한번 생각해 보라는 것입니다. 속으로 옳다고 생각하는 가치와 겉으로 드러나는 삶의 모습에 차이가 있을 때, 과연 내 힘으로, 통제력으로, 의지력으로 그 둘을 통일시킬 수 있을지 고민해 보십시오. 기독교는 그렇게 하는 것이 불가능하다고 인정한 사람들의 종교입니다. 어떤 사람은 "기독교는 의지박약한 사람만 모으네"라고 이야기합니다. 하지만 저 자신을 보아도 인간적으로 의지가 그렇게 약한 편은 아닙니다. 계획한 것은 밀어붙이는 스타일이고, 의지가 강하다는 이야기를 많이 듣습니다. 그런데 공부나 일처럼 의지대로 되는 일도 있지만, 아무리 의지를 앞세워도 속과 겉을 통일하는 일처럼 안 되는 일도 있습니다. 이것은 의지박약의 문제가 아닙니다. 이것은 우리 인간의 본질적 문제입니다.

만약 당신 생각에 사람이 스스로 속과 겉을 통일시키면서 성숙한 인간으로 나아갈 수 있다는 판단이 들면, 하나님을 찾지 않아도 괜찮습니다. 당신에게는 하나님이 필요하지 않습니다. 하지만 그렇게는 안 되는구나 하고 절감할 때, 그때가 하나님이 필요한 때입니다. 그러기 전까지는 비록 교회를 다닐지라도 하나님은 액세서리이며 없어도 무방한 장식품입니다. 있는 모습 그대로와 겉으로 드러나는 모습 사이에 괴리가 분명하며, 이를 자신의 힘으로는 좁힐 수 없다고 인정하기 전까지는, 본질적으로 내게 문제가 있으며 이를 해결할 힘이 없음을 알기 전까지는, 기독교 신앙에 들어섰다고 말할 수 없습니다.

마지막으로 당신은 혹시 하나님이 계실 수도 있으나 하나님 없이 살아도 괜찮다고 생각하지는 않습니까? 그냥 착하게만 살아도 괜찮다고 생각한다면, 그 생각에 관해 진실해지기를 바랍니다. 굳이 지금까지 인류가 걸어온 길을 살펴볼 필요도 없이, 현재 세계가 직면한 모든 문제가 그냥 착하게 살면 해결될 텐데, 왜 그 쉬운 일을 사람들이 못 할까요? 당신은 당신의 이익이나 손해가 달린 문제에 착하게 대응하기가 쉽던가요? 그 일이 가능하다면 당신에게는 하나님이 꼭 필요 없을지 모릅니다.

하나님이 정말 안 계신다고 생각하시는지요? 천지 만물을 보면서, 하나하나 독특하고 나름의 가치를 지닌 인간을 보면서 이것이 다 우연의 결과라는 생각이 드시는지요? '그래도 하나님은 없어'라고 생각하신다면, 굳이 없다고 생각하는 하나님을 존재한다고 믿으려 할 필요는 없습니다. 하지만 살다가 '삶은 이렇게 살아야 해. 아름다움이 있고, 선이 있고, 정의가 있고, 자유라는 게

있지. 모든 게 우연일까? 삶에는 법칙이 있고, 바른길들이 있지'
라는 생각이 들면, 그분을 추구하십시오. 그리스도인은 없는 하나
님을 믿는 사람들이 아닙니다. '이렇게 사는 게 전부는 아닐 텐데
…. 분명 어떤 목적이나 방향이 있고 흔들리지 않는 가치가 있을
텐데…'라며 고민하다가 그것을 하나님께서 이미 만들어 놓았음
을 발견한 사람들입니다. 그래서 그 방향으로 삶을 추구하면서
이 땅에서 해야 할 일을 감당합니다. 적당히 예수 믿다가 천국 가
겠다는 사람이 아닙니다. 당신이 직접 하나님을 추구하면 알 수
있는 사실들입니다. 그러니 하나님을 추구하고 있다면 멈추지 마
시고 지속해 나가십시오. 기독교 신앙은 다른 누구를 위한 것이
아니라 자신을 위한 것입니다. 자신의 성장과 성숙을 위한 것입
니다. 그럴 때 이 땅에서 무엇을 하며 살아갈지가 선명해지기 때
문입니다.

우리는 진짜일까요

/

깨끗한 이미지의 배우가 충격적인 사건에 연루돼 깜짝 놀랄 때가
가끔 있습니다. 상업적으로 만들어진 이미지와 그의 본모습은 너
무나 달랐습니다. 우리가 그런 배우들의 겉모습, 깨끗하고 밝고
맑은 이미지에 속아 넘어가고 있다면, 껍데기만 꾸미는 이 시대
의 흐름에 별생각 없이 따라가고 있는 것입니다. 그런데 하나님

은 겉을 보지 않으십니다. 하나님은 속을 중요하게 보십니다. 혼자 있을 때의 우리 모습을 보십니다. 그러므로 위선의 문제는 어떻게 있는 모습 그대로 살지의 문제입니다. 이는 다른 사람의 문제가 아니라 당신의 문제일지 모릅니다.

물건을 살 때 세계 각국 사람이 다른 반응을 보인다고 합니다. 독일 사람은 물건이 튼튼한지 묻고, 프랑스 사람은 누가 디자인했는지, 영국 사람은 자신의 품위에 어울리는지, 미국 사람은 미국에서 만들었는지 묻는다고 합니다. 한국 사람은 뭐라고 할까요? "이거 진짜예요?"라고 한답니다. 우리 사회에는 가짜가 넘칩니다. 물건뿐만 아니라 정치인도, 종교인도, 심지어 교회도 가짜인 것 같고, 선생님도 진짜가 아닌 것 같습니다.

진짜 그리스도인이 필요한 때입니다. 진짜 그리스도인은 완벽한 사람이 아닙니다. 진짜 그리스도인은 성장하는 사람, 변화하는 사람입니다. 자신을 있는 그대로 내보이면서 "나는 저쪽을 향해 가고 있습니다. 아직 부족하지만 그 길을 가고 있습니다"라고 이야기합니다. 이들이 진짜 그리스도인입니다.

그리스도인들에게 말씀드립니다. 우리는 모두 진짜 그리스도인이 되기 원합니다. 그러면 다른 척하지 마십시오. 있는 그대로 드러내십시오. 그래야 하나님이 드러납니다. 그리고 '찾는이'들에게 말씀드립니다. 진짜로 찾는이가 되면 좋겠습니다. 정말 하나님을 찾아보십시오. 그리스도인의 위선, 종교 단체의 이중성을 보면서 하나님 따위는 찾지 않겠다고 말하지 마십시오. 그것은 변명입니다. 그것은 당신의 문제가 아닙니다. 그들의 문제입니다.

우리는 모두 겉과 속이 다른 존재입니다. 이를 스스로 해결할 수 없어 하나님을 의지해서 둘 사이의 간격을 좁혀 나가는 것이 그리스도인이라는 사실을 진정으로 믿는다면, 교회야말로 우리가 위선의 가면을 벗을 수 있는 곳입니다. 진정한 성숙에 이르도록 서로 도울 수 있는 곳입니다. 자신을 직면하는 것을 넘어서서 겉과 속이 점점 더 일치하도록 도와주는 공동체는 절대 불가능하지 않습니다. 하나님이 인간의 성숙을 원하시고, 도우시며, 이를 위해 당신의 공동체를 세우셨기 때문입니다. 자기에게서, 우리 곁 누군가에게서, 우리가 속한 공동체에서 위선을 발견했을 때, 이에 걸려 넘어져 자신과 누군가의 성장과 공동체의 성숙을 포기하는 대신에 위선을 디딤돌로 삼을 수 있습니다. 우리의 민낯을 보는 것은 괴롭지만, 그 모습을 직시할 때야 다음 과정으로 넘어갈 수 있습니다. 우리가 진정으로 원하는 것이 이러한 성숙이며, 누구보다 하나님이 이런 성숙을 원하십니다.

[숨 막히는 위선에서 / 솔직한 회복으로]

1. 그리스도인이나 교회의 위선 때문에 곤혹스러웠던 적이 있었나요? 어떤 '사건'이었나요?

2. 동료나 선배 그리스도인 중에 자기 부족함을 솔직하게 인정하면서도 성숙의 길을 걷는 사람이 있나요? 그에 관해 이야기를 나누어 볼까요.

3. 지금 혹시 내면의 위선으로 괴롭나요? 어떤 위선이 당신을 어렵게 하나요? 당신의 진정한 성숙을 위해 진실한 직면, 회개, 공동체의 바로잡음 중에서 무엇을 적용할 수 있을까요?

4. 교회와 그리스도인의 위선으로 인해 교회를 부정적으로 평가하고, 하나님을 찾는 일에 어려움을 겪는 이를 어떻게 도울 수 있을까요?

5. 가까운 친구가 위선적으로 살고 있다면, 당신은 이 문제를 어떻게 다루겠습니까?

6. 교회 공동체 내에 심각한 위선이 있다면, 우리는 이 문제를 어떻게 다루어야 할까요?

광신

아무것도 묻지 않고
무조건 믿는다

"이상한 그리스도인이 좀 많아요? 그 사람들처럼 될까
봐 교회 못 다니겠어요. 친척 중에 한 분은 집을 팔아서
교회에 헌금했어요. 또 주변에 어떤 분은 무슨 교회 일
이 그리 많은지 애들도 잘 안 챙기면서 맨날 교회만 가
있어요."

"제사 안 지내는 것도 이해가 안 가지만, 제사 음식 준비도 안 돕고
다 마친 다음에 나타나서 밥만 먹고 가요. 그래도 그건 나아요. 병원
가서 치료받으면 충분히 나을 병인데도 기도만 해요. 자신은 그렇다
치고 자식이 무슨 죄예요. 자식까지 안 해도 될 고생하는 걸 보면, 복
장이 터져요. 지난번 애가 수능 볼 때는 점수를 딱 정해 놓고 기도를
하더라고요. 그러면 누가 공부 열심히 해요. 기도나 열심히 하면 다
될걸."

위조된 각인

"교회 다니는 사람도 다 똑같아요. 어디 가면 병이 잘 낫는다더라, 어디 가면 영험하게 장래를 잘 맞춘다더라 하면서 여기저기 찾아다닙니다. 교회 안 다니는 내가 보면 교회가 꼭 무당집 같아요."

　　　　"OO는 맨날 꾹 참아요. 너무나도 참기 어려운 일을 겪으면서도, 마음은 안 그러면서도, 겉으로는 매번 감사하대요. 기독교가 저렇게 비인간적인 건가 싶어요. 그런데 OO를 교회 사람들이 위로한답시고 찾아와서는 '믿음이 없어서 그런 일이 생기는 거야'라고 합니다. 무슨 일이든 기독교와 얽어맵니다. 정말이지 신물이 나요, 신물이."

　　"300명 정도 모이는 교회가 1,500명 들어가는 교회를 짓겠다고 수단과 방법을 안 가리고 헌금을 모으더라고요. 저 교회를 꼭 지어야 하나, 나도 교회 다니면 저렇게 뜯기겠구나 싶었어요. 그러다가 무슨 싸움이 났는지 서로 고발하고 데모하고 아주 난리가 났어요."

숨이 막히는 / 광신　　　　　　　　　　　　　　　　　　　　　　　　　　　—

광신도의 탄생

/

주변 분들에게 기독교에 관해 설명하거나 기독교 신앙을 권할 때 이와 같은 이야기를 듣습니다. 교회가 듣기에는 굉장히 불쾌한 이야기이지만, 너무나 많은 이들이 비슷한 이야기를 합니다. "뭔가 이상한 것을 믿는 것 같다. 거의 광신에 가깝다. 나도 저렇게 될까 봐 무서워서 그리스도인이 되고 싶지 않다"라고 합니다. 제가 목사라고 하면, '당신도 그중 하나이겠군'이라는 눈초리로 쳐다봅니다. 정말 그리스도인은 광신도가 될 수밖에 없을까요? 물론 아닙니다. 그런데 왜 이런 광신도가 생길까요? 왜 적지 않은 그리스도인이 광신도 같은 모습을 보일까요? 원래 기독교가 그런 것일까요? 그렇지 않습니다. 그들은 '광신도'입니다. 정상적 신앙이 아니라서 미칠 광狂자를 붙입니다. 그렇다면 그들은 왜 그렇게 되었을까요? 세 가지 정도 이유를 꼽을 수 있습니다.

지성이면 감천

첫째는 한국인의 심성 자체에 광신도의 가능성이 있습니다. 기독교는 지난 2천 년간 세계 곳곳으로 파고들었습니다. 여기서 기독교의 특징이 드러납니다. 기독교는 현지 문화와 융합합니다. 현지의 문화적 옷을 입습니다. 모든 종교가 이런 특성을 다소 보이지만, 대개는 자신을 속세에서 격리합니다. 이에 반해 기독교는 탈속하는 종교가 아니라, 세속으로 들어가는 종교입니다. 시장 바닥 한가운데로 들어가는 종교입니다. 그 때문에 발생하는 문제가 있습니다. 현지 문화와 융합하면서 기독교의 메시지가 종종 변질됩니다. 이를 세속화라고도 하는데 기독교 역사는 세속화로부터 그 진리를 회복하고 보존하려는 싸움이 끊임없이 이어지는 역사이기도 합니다.

기독교가 한국 사회에 들어왔을 때, 한국인의 심성에 딱 맞아떨어진 것이 바로 '복福'이었습니다. 한국인은 기독교 전래 이전부터 복이라는 글자를 생활 공간 곳곳에 새겼습니다. 베개, 수저, 옷, 떡, 문 어디든 눈에 띄는 곳에 복을 붙여 놓고 복을 구했습니다. 그런데 한국인이 복 받는 방법은 "지성이면 감천이다"라는 말로 요약됩니다. 새벽이면 정화수를 떠 놓고 빌었습니다. 심지어 정성을 더 들이기 위해 목욕 재개하고 빌기도 했습니다. 이런 문화적 맥락을 자신도 모르게 이어받은 일부 한국 그리스도인은 기도할 때 그렇게 기도합니다. 그렇게 해야 하나님이 감동해 안 줄 떡도 준다고 생각합니다. 이러한 한국인의 심성에 "하나님을 믿으면 복 받는다"라는 기독교의 가르침이 섞이면서 광신적 양상이 나타납니다.

"하나님을 믿으면 복 받는다"라는 말이 틀린 말은 아닙니다. 하나님을 믿으면 복을 받습니다. 하지만 한국인들이 오래전부터 빌고 바랐던 그 복은 아닙니다. 그런데 두 복이 섞이면서 이상한 신앙이 탄생했습니다. 그리스도인들마저 '자기가 원하는 것, 자기가 갖고 싶은 것, 자기에게 필요한 것'을 지성으로 기도하면 하나님께서 들어주신다며, 사십일 기도, 금식기도, 철야 기도를 합니다. 다른 나라에는 없는 이런 기도들은 결국 우리 문화에서 파생한 것들입니다. 물론 긍정적 면도 있습니다. 신실하게 정성을 다해 하나님을 믿고 따르겠다는 태도는 괜찮습니다. 하지만 그렇게 함으로써 하나님에게서 뭔가 원하는 것을 얻어 낼 수 있을 거라는 기대는 어긋난 것입니다. 한국 그리스도인의 머릿속에는 이런 '거룩한 거래'가 아주 깊이 박혀 있습니다. 심지어 목회자들도 그렇게 설교해서 성도들을 혼돈에 빠뜨립니다.

자기 암시와 세뇌

여기에 심리적 접근이 더해져 문제를 더 복잡하게 만듭니다. 대표적인 심리적 접근이 '자기 암시'입니다. 1960-1970년대부터 심리학을 배경으로 발전한 방법입니다. 간단히 말하면 다음과 같습니다. 우리에게는 자기 암시 능력이 있습니다. 자신을 세뇌하는 능력이 있습니다. 당장 한번 해 보세요. 어디 갔다가 집으로 돌아오는 길에 눈을 아래로 깔고 땅을 바라보면서 '내 인생 왜 이리 힘드냐. 왜 이렇게 재미가 없고, 꼬이기만 하냐. 집에 들어가면 분명 무슨 일이 또 있을 거야. 참 괴롭다'라고 5분 동안 해 보세요. 정말 그렇게 되뇌며 믿으면서 걸으면 정말 살맛 안 납니다. 반대로, 다음 날 집을 나가면서 어깨를 펴고 하늘을 쳐다보면서 '야, 좋은 날이다. 오늘 신나는 일이 생길 거야. 인생은 정말 재밌고 신기해'라고 5분 동안 해 보세요. 그러면 힘이 솟아나는 기분이 듭니다. 이처럼 인간은 정신적 동물입니다. 어떻게 세뇌하느냐에 따라 표정이 바뀌고 인격이 바뀝니다. 그 결과, 크게는 인생이 변화합니다. 스스로 세뇌하는 이 방법은 작동합니다. 심리학적 방법입니다.

실제로 이 방법을 쓰는 사람들이 있습니다. 언젠가 한 사무실을 지나가는데 잘 차려입은 사람들이 소리를 치며 구호를 외치고 있었습니다. 보험 영업하는 분들이었습니다. 아침에 다 같이 사기충천해서 사무실을 박차고 나가는 겁니다. 왜 그렇게 할까요? 심리적 기법을 사용하는 겁니다. 성공학에서는 '자기 암시'라고 부르는 중요한 방법입니다. 전문가들은 자기 암시를 구체적으로 하라고 가르칩니다. '부자가 되면 좋겠어요'가 아니라, '나는 2025년까지 1억 원을 벌어서 하와이에 놀러 가 낮에는 서핑하고 밤에는 춤을 추며 친구를 사귈 것이다'라고 구체적으로 암시하라고 합니다. 그러고는 아침마다 스무 번씩 외우라고 합니다. '나는 2025년까지 1억 원을 벌어서 하와이로 놀러 간다.……' 마음이 처질 때마다 꺼내서 외우고 또 외우라고 합니다. 어떤 사람은 구체적으로 미래 일기를 쓰라는 사람까지 있습니다. '좋은 성격을 가진 사람이 되면 좋겠다'가 아니라, '나는 모든 사람에게 친절하고 예의 바르며 품위 있는 인격의 소유자이다'라고 하라는 겁니다. 그러면서 효과가 있다고 이야기합니다.

이것이 자기 암시 능력입니다. 자기가 믿고 싶은 것, 되고 싶은 것, 얻고 싶은 것을 꾸준히 세뇌해서 자기도 모르게 그것들을 성

취하는 능력이 자기 속에서 나오도록 하는 것입니다. 적극적 사고방식이라고도 하고, 자기 세뇌라고도 합니다. 어떤 이들은 이런 방법과 기독교의 믿음이 같은 줄 압니다. 그래서 '내가 믿었더니 그대로 되었다'라고 간증하는 사람도 있습니다. 하지만 이는 기독교의 믿음과는 상관없으며, 단지 자기 암시 능력이 발현된 예에 불과합니다. 그리스도인들조차 둘을 구분하지 못하고 종종 혼돈에 빠집니다.

성경의 믿음으로 착각

그런데 더욱 심각한 문제는, 앞서 살펴본 한국인의 심성에다가 자기 암시로 성공하는 사례까지 뒤범벅된 그 무언가가 성경이 이야기하는 믿음과 비슷하게 보인다는 점입니다. 믿음과 관련해 일반인도 익히 들어보았을 성경 구절이 많습니다. 다음 두 구절이 대표적입니다. "내게 능력 주시는 자 안에서 내가 모든 것을 할 수 있느니라"(빌 4:13, 개역개정). "예수께서 그에게 말씀하셨다. '할 수 있으면'이 무슨 말이냐? 믿는 사람에게는 모든 일이 가능하다"(막 9:23). 그래서 많은 그리스도인이 '예수님도 믿으면 된다고 하지 않았냐. 그러니까 믿으면 된다'라고 생각합니다. 그리고 예수께서 나병 환자를 고치고 눈먼 자를 눈뜨게 하신 다음에 "네 믿음이 너를 구원하였다"라고 한 말씀을 예로 듭니다. "병이 낫고 눈을 뜬 것도 믿음 때문이었다. 나도 믿고 나을 수 있다"라고 합니다. 그래서 결론적으로 '성경도, 열심히 믿고 지성을 다하면 이루어진다고 가르친다'라고 생각합니다.

저는 단호하게 그렇지 않다고 말씀드리고 싶습니다. 성경은 자신이 원하는 바, 믿고 싶은 것을 지성을 다해 비는 것과 자기 암시를 믿음이라 부르지 않습니다. 적지 않은 그리스도인이 자신의 믿음과 정성이 부족해서 일이 잘 안 풀리고 인생이 꼬인다고, 하나님이 복을 안 주신다고 생각합니다. 이렇게 믿고 신앙생활 해온 분들에게 그것은 성경이 가르치는 믿음이 아니라고 하면 당황스러울지도 모릅니다. 그렇다면 성경이 말하는 믿음은 무엇일까요? 성경이 말하는 믿음이 무엇인지 알면, 광신을 구분할 수 있습니다. 많은 분이 오해하는 성경 구절을 통해 살펴보겠습니다.

믿음은 강도가 아니라 내용이 중요하다

/

첫째, 믿음에서 중요한 것은 강도強度가 아니라 내용입니다. 얼마나 절실하고 세게 믿느냐는 중요하지 않고, 무엇을 믿느냐가 중요합니다. 계속 강조하지만 성경은 한 구절만 뽑아서 읽으면 안 됩니다. 믿음의 근거로 삼는 마가복음 9장 23절, "'할 수 있으면' 이 무슨 말이냐? 믿는 사람에게는 모든 일이 가능하다"도 제대로 이해하려면, 그 앞뒤를 함께 봐야 합니다.

그 전후를 잠시 살펴보겠습니다. 제자 셋이 예수와 함께 산에 올라가서 예수의 모습이 변하는 특별한 사건을 목격합니다. 이른

바 변화산^{Mount of Transfiguration} 사건입니다. 그런데 이들이 산에 올라가 있을 때 문제가 생깁니다. 산 아래 있던 제자 아홉 명 앞으로 어떤 사람이 심각한 병에 걸린 아들을 데리고 옵니다. 성경은 그 아들이 귀신에 들렸다고 표현하는데, 아무 때나 불이나 물로 뛰어들고 자해합니다. 아버지가 그 아들을 제자들 앞에 데려와서 고쳐 달라고 합니다. 그런데 제자 아홉 명이 달려들었지만 못 고칩니다. 그때 예수께서 산에서 내려옵니다. 아버지가 자초지종을 예수께 이야기합니다. "귀신이 그 아이를 죽이려고, 여러 번, 불 속에도 던지고, 물 속에도 던졌습니다. 하실 수 있으면, 우리를 불쌍히 여기시고, 도와주십시오"(막 9:22). 그러자 예수께서 대답하십니다. "'할 수 있으면'이 무슨 말이냐? 믿는 사람에게는 모든 일이 가능하다"(막 9:23).

여기서 중요한 말은 "'할 수 있으면'이 무슨 말이냐?"입니다. 이 말씀은 많은 의미를 내포합니다. 병자의 아버지는 제자들이 아들의 병을 못 고쳤으므로 그 스승이라고 해서 딱히 뾰족한 수가 있겠나 싶었던 모양입니다. 그래서 "하실 수 있으면" 고쳐 달라고 아주 실낱같은 믿음으로 다소 체념한 듯 예수께 부탁합니다. 그러자 예수께서는 "'할 수 있으면'이 무슨 말이냐?"라고 반문합니다. 이 말은 '당신은 내가 누구인지를 모르는군요'라는 뜻을 함축합니다. 예수께서는 자신이 누구인지를 계속 알리셨습니다. 랍비나 스승 정도가 아니라 하나님의 아들이며, 세상을 다스리고 움직인다고 말씀하셨습니다. 그런 그에게 아들의 병을 고치는 일 정도는 어려운 일이 아니었습니다. 그러므로 이 성경 이야기가 전하려는 주된 내용은 예수께서 누구신가입니다. '예수는 세상을 지으신 하나님의 아들이시며, 우리 문제를 해결하기에 충분한 분이다'라는 메시지를 담고 있습니다. 그다음에 "믿는 사람에게는 모든 일이 가능하다"라는 말을 붙이십니다.

이 말을 듣고 병자의 아버지가 놀라서 소리를 지릅니다. "그 아이 아버지는 큰소리로 외쳐 말했다. '내가 믿습니다. 믿음 없는 나를 도와주십시오.'"(막 9:24). 아들의 병을 고칠 수도 있겠다는 생각에 믿겠다고 크게 소리칩니다. 여기까지는 누구나 할 수 있는 행동입니다. 복권 긁는 심정으로 아이가 나을지도 모르니까 일단 믿는다고 소리치는 겁니다. 그런데 이 아버지의 훌륭한 점은 이어지는 말에 있습니다. 믿는다고 해 놓고 믿음이 없다고 바로 고백합니다. 매우 중요한 발언입니다. 이 아버지는 적어도 진실합니다. '내가 믿는다고 하면 예수님이 어떻게 해 주시겠지'라며, 믿음을 수단으로 여기는 행위를 하지 않았습니다. 도리어 뭘 믿어야 하는지 모르겠고, 믿음도 없다고 고백합니다. 예수께서 응답하지 않을 수 없는 고백이었습니다. 뿌리칠 수 없는 요청이었습니다. 이 아버지가 무엇을 도와 달라고 했나요? 자신의 믿음 없음을 도와 달라고 했습니다. 믿을 수 있게 도와 달라고 합니다.

여기서 중요한 것은 무엇입니까? 성경 전체를 보십시오. 하나님께서 주지 않으시려는 것을 인간이 믿어서 얻어 내는 예가 있습니까? 없습니다. "네 믿음이 너를 구원하였다"라는 표현도 마찬가지입니다. 성경이 가르치는 바는 '하나님이 어떤 분인지를 믿는 것'이 중요하지, '인간이 얼마나 세게, 간절하게 믿는지'는 중요하지 않다는 것입니다. 중요한 것은 믿음의 강도가 아니라, 믿음의 내용입니다. 아이의 병을 고치려는 아버지의 간청과 믿음이 없다는 외침은 자신이 무엇을 믿어야 할지 모르겠다고, 자신의 믿음의 내용이 비어 있다는 고백입니다. 하나님은 이러한 진실한 고백을 외면하실 수 없습니다. 하나님을 하나님으로 모시려는 마음을 하나님은 기뻐하십니다. "네 믿음이 너를 구원하였다"라는 말씀은 단지 그들의 기도가 응답받았다는 게 아니라, 하나님의 구원, 즉 하나님이 함께하시는 선물을 주시겠다는 뜻입니다. 하나님의 자리에 하나님을 모신 삶은 삶의 여러 문제를 그분의 통치 아래 두는 것을 뜻하며, 그 결과 병이 나을 수도, 시험에 붙을 수도, 일이 잘 풀릴 수도 있습니다. 설혹 그렇지 않더라도 결국 하나님의 뜻을 선하게 이루시는 하나님을 인정하고, 삶의 여러 문제에 함몰되지 않고 하나님을 의지하여 풍성한 삶을 누리게 됩니다. [성경이 가르치는 믿음에 관한 자세한 내용은 《만남은 멈추지 않는다》(생명의말씀사) 3장 '열심히 믿었지만'과 《교회 안의 거짓말》(비아토르) 1장 '예수 믿으면 복 받아요'에서 보실 수 있습니다.]

성경 전체에서, 특히 마태복음, 마가복음, 누가복음에서 반복해서 강조하는 바가 무엇입니까? 예수께서 하나님의 아들이자 메시아라는 사실입니다. 그러므로 믿음은 성경이 가르치는 그 내용을 믿는 것이지, 내가 믿고 싶은 것, 가령 수능에서 높은 점수를 받거나 좋은 집을 시세보다 저렴하게 사는 것을 믿는 것이 아닙니다. 오늘날 한국 기독교는 대한민국이라는 문화적 토양에서 자라면서 성공주의에 물들었고, 믿음도 성공을 보증하는 수단으로 변질했습니다. 그래서 교회는 아주 쉽게 믿음만 있으면 다 된다고 이야기합니다. 그 결과, 사람들은 너나없이 죄책감에 빠집니다. '내가 믿음이 없어서 병이 안 낫는구나. 내가 잘 안 믿어서 일이 계속 꼬이는구나.' 거기에 더해서, 세상에서 원하는 바를 얻지 못하는 사람에게 믿음이 없어서 그렇다고 합니다. 기독교는 우리의 믿음으로 하나님을 조작할 수 있다고 말하지 않습니다. 하나님은 우리 믿음의 강도를 재고 있다가 기준을 통과하면 그제야 뭔가를 하사하는 괴팍한 존재가 아닙니다. 그러므로 믿음은 하나님을 우리 마음대로 주무르게 해 주는 도구가 아닙니다. 하나님께서 원하시는 바를 먼저 알고 그 뜻에 따르겠다는 태도가 믿음입니다.

성경에서 가르치는 믿음은 자기가 원하는 바를 지성으로 빌어서 얻어 내는 것이 아니라, 하나님께서 하신 일과 지금 하고 계신 일과 앞으로 하실 일을 믿는 것입니다. 그 모든 일에 진실하게, 인격적으로 반응하는 것이 믿음입니다. 그러므로 믿음은 하나님의 복을 얻어 내는 수단이 아니라, 하나님이 주시는 복에 대한 반응입니다. 떡을 주실 마음이 없는 하나님에게서 떡을 얻어 내는 수단이 아니라, 떡이든 무엇이든 가장 좋은 것을 주시는 하나님께 감사하는 반응입니다. 그런데 많은 한국 그리스도인들은 믿음을 수단으로 생각해서 점점 강도를 높입니다. 집도 팔고 보통 사람은 생각하지도 못하는 일을 곧잘 합니다. 그래야 하나님께서 감동하셔서 '저놈이 믿긴 믿는구나' 하고 생각하실 것 같아서입니다. 하지만 그것은 믿음이 아닙니다. 성경이 가르치는 믿음이 아닙니다. 한국적 광신, 일종의 미신에 불과합니다.

믿음은 일생에 걸친 배움이다

/

앞서 보았듯 "내게 능력 주시는 자 안에서 내가 모든 것을 할 수 있느니라"(빌 4:13, 개역개정)도 잘못된 믿음의 근거로 쓰이는 성경 구절 중 하나입니다. 이 구절 역시 전후 맥락을 함께 살펴야 합니다. 바로 앞 12절은 다음과 같습니다. "나는 비천하게 살 줄도 알고, 풍족하게 살 줄도 압니다. 배부르거나, 굶주리거나, 풍족하거나, 궁핍하거나, 그 어떤 경우에도 적응할 수 있는 비결을 배웠습니다." 그전 11절에서는 "내가 궁핍해서 이렇게 말하는 것이 아닙니다. 나는 어떤 처지에서도 스스로 만족하는 법을 배웠습니다"라고 합니다. 바울 사도는 상황이 좋든 나쁘든 어떤 상황에서도 자족하는 법을 배웠다고 말합니다. 자족하는 법을 어떻게 해서 얻었다고 말합니까? 이 말이 중요합니다. "배웠습니다"라고 합니다. 바로 이어서 "배부르거나, 굶주리거나, 풍족하거나, 궁핍하거나, 그 어떤 경우에도 적응할 수 있는 비결을 배웠습니다"라고 합니다. 여기서도 "배웠습니다"라고 합니다. 바울 사도가 그러한 비결을 어떻게 알았을까요? 그는 배웠다고 이야기합니다. 그가 "나에게 능력을 주시는 분 안에서, 나는 모든 것을 할 수 있습니다"라고 말하기까지는 일체의 비결을 배우는 과정이 있었습니다. 맞습니다. 믿음은 삶의 여러 정황 가운데서 하나님이 하신 일에 반응하면서, 하나님을 의지하며 따라가는 법을 배우는 것입니다. 그분을 의지하며 따라가므로 힘들고 어려운 상황 속에서도 자족할 수 있습니다. 스스로 만족하는 법을 배웁니다.

"내게 능력 주시는 자 안에서 내가 모든 것을 할 수 있느니라"라는 성경 구절을 한국식으로 읽는다면, 당시 감옥에 갇혀 있던 바울은 당장 출옥해야 합니다. 뭐든 할 수 있는 사람이 왜 감옥에 있어야 할까요? 그리고 바울은 안질 때문에 눈에서 늘 고름이 나왔다고 합니다. 다른 사람들 병은 고쳐 주는데, 자기 병은 어찌지 못합니다. 뭐든 할 수 있다는 사람이 왜 그럴까요? 다시 한번 강조하지만, 믿음은 하나님을 자기 마음대로 움직이기 위한 것이 아닙니다. 오히려 삶의 다양한 상황 속에서 하나님을 알아 가고 신뢰하는 것입니다. 그런 사람들에게서 나타나는 특징이 자족입니다. 어떤 상황에서도 스스로 만족합니다. 일생에 걸쳐 그걸 배웁니다. 이처럼 믿음은 자족하는 것이며, 배워 가는 것입니다. 그렇다고 공덕을 많이 쌓아서 이를 빌미로 나중에 하나님께 뭔가를 얻어 내려는 것도 아닙니다. 믿음은 과정이며, 그 자체로 하나님과의 인격적 만남이며, 그분에 대한 신뢰이며 선물입니다.

그렇다면 바울 사도가 어떤 처지에서도 스스로 만족하는 법을 배웠다고 하면서, 능력을 주시는 분 안에서 모든 것을 할 수 있다고 쓴 때는 언제였을까요? 예순이 넘은 때였습니다. 언젠가 빌립보서 4장 13절이 자기 인생의 말씀이라고 한 사람을 만난 적 있는데, 열아홉 살이었습니다. 참 기특했지만, 인생을 배우고 나중에 정말로 그렇게 고백하기를 바란다는 마음도 들었습니다. 능력 주시는 분 안에서 모든 것을 할 수 있다는 말을 십대도 할 수 있겠지만, 육십 인생을 산 사람이 하는 것과는 분명 다릅니다. 인생의 여러 굴곡을 겪고, 고통과 외로움과 실패를 다 경험한 후에 이제 자족할 수 있다고 바울 사도는 고백하고 있습니다. 이것이 기독교입니다. 어떤 사람은 평생 하나님께 뭔가를 달라고 합니다. "하나님, 이게 부족합니다. 이것은 꼭 주셔야 합니다." 처음에는 자기 것만 구하다가 점점 자녀의 것을 구하고, 나중에는 손자 손녀 것을 구합니다. "우리 아이, 어떻게 좀 해 주세요. 우리 손자, 뒤처지지 않게 해 주세요." 이렇게 평생 기도한 사람과 어떤 상황에서도 하나님을 의존하며 힘들 때도 자족하고 넉넉할 때도 교만하지 않는 법을 평생 배운 사람과 같을까요? 두 사람의 인격이 같을까요? 성경이 말하는 성숙한 그리스도인은 후자입니다. 바울 사도가 그랬습니다. 그래서 바울은 추운 감옥에 갇혀 안질로 힘들어하면서도 "나에게 능력 주시는 분 안에서, 나는 모든 것을 할 수 있습니다. 내가 궁핍해서 이렇게 말하는 것이 아닙니다. 나는 어떤 처지에서도 스스로 만족하는 법을 배웠습니다"라고 쓸 수 있

위조된 각인

었습니다. 이것이 기독교의 믿음입니다.

광표신도에서 광光신도로

/

성경적 믿음을 가지면 우리는 진짜 광신도가 됩니다. '미친 신도狂信徒'가 아니라 '빛나는 신도光信徒' 말입니다. 예수께서도 "너희 빛을 사람에게 비추어서, 그들이 너희의 착한 행실을 보고, 하늘에 계신 너희 아버지께 영광을 돌리게 하여라"(마 5:16)라고 하셨습니다. 그러면 어떻게 해야 미친 신도가 아니라 빛나는 신도가 될 수 있을까요?

무엇을 믿어야 하는지 먼저 알고

첫째는 무턱대고 믿지 말고, 무엇을 믿어야 하는지 먼저 알아야 합니다. "덥석덥석 믿지 말자. 무엇을 믿어야 하는지 알고 믿자." 이것이 제일 중요합니다. 목회자가 이야기하는 것도, 책에 나오는 내용도, 제 이야기도 무조건 다 믿지 마십시오. 우리가 믿어야 하는 것은 원전입니다. 근원을 믿어야 합니다. 그래서 저는 요한복음을 반복해서 읽습니다. 신앙생활을 오래 한 분 중에는 "허, 참 나보고 요한복음을 읽으라니. 내가 신앙생활한 지가 몇 년짼데"라고 하는 분도 계십니다. 하지만 잘 모르시는 말씀입니다. 요한복음은 가장 쉬운 헬라어로 쓰인 성경책입니다. 그래서 헬라어를 공부하면 요한복음부터 읽습니다. 이에 비해 히브리서의 헬라어는 고난도입니다. 이처럼 학자들이 볼 때 요한복음은 무척 간단한 텍스트입니다. 그런데 그 학자들이 이렇게 말합니다. "내 인생의 마지막에 요한복음 해설서를 쓸 수 있으면 좋겠습니다. 내가 공부를 마치고 신앙이 깊어진 다음에 생을 마칠 때쯤 요한복음 해설서를 쓰겠습니다." 왜 그럴까요? 기독교의 진리는 단순하지만 심오합니다. 그래서 기독교에 입문할 때도 요한복음으로 시작하지만, 생의 마지막에 기독교를 마무리할 때도 요한복음으로 끝납니다. 들어가면 들어갈수록 깊은 책입니다. 신앙생활 오래 하셨다고 가벼이 여기지 마시고, 요한복음을 다시 읽으십시오. 읽으면 내가 무엇을 믿어야 하는지가 보입니다. 최소한 열 번은 읽으십시오. 제발 부탁입니다.

요한복음을 읽으면서 무엇을 발견해야 할까요? 요한복음이 끊임없이 강조하는 내용이 무엇입니까? 예수라는 분은 과연 누구인가입니다. 예수께서 자신에 관해 말한 내용, 그 주변 사람들이 예수에 관해 말한 내용, 그리고 예수께서 무엇 때문에 와서, 왜 죽었는지에 관한 내용이 모두 나옵니다. 당시 예수께서 무슨 일을 하셨는지뿐만 아니라, 앞으로 하실 일과 먼 미래에 하실 일까지 요한복음은 알려 줍니다. 그러므로 우리가 믿어야 할 것은 요한복음이 알려 주는 내용, 그것입니다. [요한복음의 가르침에 관심 있는 분은 《요한과 함께 예수 찾기》(생명의말씀사)를 보셔도 좋습니다. 요한과 함께 예수를 탐구해 나가는 과정을 돕는 안내서입니다.]

그런데 놀랍게도 교회 다니시는 분들이 아들이 대학 가는 것은 믿어도, 성경에서 그렇게 확실하다고 강조하는 내용은 잘 안 믿습니다. 무엇일까요? 가령, 하나님께서 "너희는 이제 나와 친구가 되었다. 이제 내가 너를 사랑한다. 나는 너를 영원히 떠나지 않는다"라고 하셨는데도, 하나님께 이렇게 기도합니다. "하나님, 저와 좀 함께해 주세요." 예배드릴 때도 "하나님, 우리에게 오시옵소서"라고 합니다. 늘 함께 있겠다고 했는데도 늘 같이 있어 달라고 하니, 하나님께서는 정말 답답하실지 모릅니다. 우리가 못 느낄 뿐이지 하나님은 우리와 함께 계십니다. 그런데 그 사실은 믿지 않습니다. 우리가 드려야 할 기도는 "하나님, 제 눈을 열어 주셔서 당신께서 함께 계신 것을 깨닫게 해 주십시오"입니다. 이런 종류의 믿음 없는 모습은 많습니다. 예수께서 다시 오신다는 말씀은 믿으시는지요? 많은 그리스도인이 이런 건 잘 안 믿습니다. 저는 주님께서 다시 오신다는 사실 없이는 신앙생활을 할 수 없습니다. 무엇이 옳은지 그른지 알 수 없는 혼란한 세상을 살면서, 이 모든 것이 정리되고 계수되는 마지막 날이 없다고 생각하면, 당장 하루하루를 살기가 너무 힘듭니다. 제게는 주님이 다시 오신다는 사실이 매우 중요합니다. 깨진 세상을 회복하고, 눈물 많고 고통이 만연한 세상을 고치기 위해 새로운 세계를 가지고 주님이 다시 오신다는 약속은 소중합니다. 그리스도인이라면 이 사실을 믿어야 합니다. 그러면 이 땅에서의 삶이 더 분명해집니다. 중심을 지니고 살 수 있습니다. 좌우로 흔들리지 않습니다. 세상

욕심에 따라 이리 갔다 저리 갔다 하지 않습니다. 그 마지막을 보고 있기 때문입니다. 이 사실을 믿어야 합니다.

이처럼 요한복음에는 우리가 믿어야 할 내용이 무척 많습니다. 그 내용을 먼저 알아야 합니다. 빛나는 신도가 되려면 무엇을 믿어야 하는지부터 알아야 합니다. 주일 설교만으로는 불충분할 수 있습니다. 무엇을 믿어야 하는지 더 분명히 알기 원한다면, 개인적인 시간을 더 써야 합니다. 요한복음부터 시작하십시오. 신앙의 기본을 알려 주는 좋은 책들이 있지만, 그보다는 성경을 먼저 보십시오. 본질인 성경으로 가십시오. 개역성경은 읽어도 잘 이해가 안 된다면, 새번역성경을 읽어도 좋습니다. 성경 전체가 부담스럽다면 요한복음에서 시작하십시오. 믿기 전에 무엇을 믿어야 하는지 아는 것이 가장 먼저 할 일입니다.

믿음 없음을 고백하여 도움을 요청하고

빛나는 신도가 되기 위해서는 둘째로, 아들의 병을 고치려 했던 그 아버지처럼 "믿음 없는 저를 도와주세요"라고 기도해야 합니다. 하나님을 알려고 성경을 읽으면서 '이게 뭐야? 말이 돼?'라고 하면 아무런 도움이 되지 않습니다. 기도하면서 읽어야 합니다. "이 성경을 통해 하나님을 알게 해 주십시오. 믿음 없는 저를 도와주세요"라고 기도하며 읽으면 좋습니다. 성경을 읽는다는 것은 어떤 데이터나 정보를 다루는 게 아니라, 살아 계신 하나님에 대한 산 지식을 다루는 셈입니다. 그렇다면 하나님께 도움을 요청하는 것은 당연합니다. "하나님, 살아 계십니까? 그럼 저한테 알려 주세요. 깨닫게 해 주세요."

부부가 서로 사랑하려고 애쓰다 보면 이런 대화를 주고받습니다. "여보, 내가 당신을 사랑하고 싶은데 날 좀 도와줘. 당신이 잘 이해가 안 돼. 당신을 이해할 수 있게 도와줘. 당신과 제대로 소통하고 싶은데, 그 방법 좀 알려 줘. 당신이 뭘 싫어하는지 알려 줘. 날 좀 도와줘." 이와 같습니다. 하나님을 알려면 그분은 인격이시므로 그분께 도움을 요청해야 합니다. "하나님, 도와주세요. 당신을 알고 싶습니다." 기도하며 하나님을 찾으십시오. 비인격적 태도로 데이터를 받아들이듯이 성경을 읽어서는 하나님을 만나지 못합니다. 하지만 성경 속 하나님이 누구신지 알아가려고 애쓰며 읽는다면, 어느 날 '나는 이분을 믿겠다. 이분을 따르겠다'라고 결단할 수 있을 것입니다. 빛나는 신도가 되기 위해 무엇을 믿어야 하는지 먼저 알려고 했다면, 그다음은 하나님께 무엇을 믿어야 하는지 알게 해 달라고 도움을 요청하는 것입니다. 이것이 빛나는 신도가 해야 할 두 번째 일입니다.

삶의 파도를 하나님과 함께 넘으며

빛나는 신도가 되기 위해 해야 할 마지막 세 번째 일은, 다양한 삶의 여건에서 하나님을 경험하는 것입니다. 혹시 지금, 인생에서 몹시 어려운 지점을 통과하고 있는지요? 하나님의 손을 붙잡고 함께 가십시오. 하나님은 당신이 그 과정에서 하나님을 배우고,

하나님으로 말미암아 자족하는 법을 배우기 원하십니다. 어쩌면 인생의 정점에 있는 분도 계실지 모릅니다. 너무너무 좋은 상황인지요? 저도 가끔 그럴 때가 있습니다. 몸 피곤한 거 빼고는 감사한 게 너무 많습니다. 이럴 때 '역시 내가 좀 열심히 살았더니 이렇게 되는구면. 이젠 좀 누리고 살자'라고 하면 곧 미끄러져 넘어집니다. 하나님께서 주신 복을 받고 주변 여러 여건이 좋다면, '이 모든 것을 주신 분은 누구실까? 왜 주셨을까?' 하고 돌아보아야 합니다. 넉넉함 속에서도 하나님 뜻을 발견하고 그에 따라 사는 법을 배워야 합니다.

이렇게 하나님과 함께 사는 이들은, 상황은 좋았다가 나빠지기를 반복하고 실패와 성공이 번갈아 찾아오겠지만, 40-50세를 넘어서면서부터는 바울과 비슷한 이야기를 하기 시작합니다. "음, 이제야 자족하는 게 뭔지 조금 알 거 같네. 이번은 괜찮아도 좀 지나면 또 어렵겠지. 그때 하나님 앞에서 좀 더 자족해 보자"라고 합니다. 진짜로 믿으면 사람이 조금씩 달라집니다. 그 믿음을 배우면 좋겠습니다. 믿음은 인생을 통과하며 점점 쌓입니다. 믿음은 과정입니다.

빛이 필요한 시대

/

저는 당신이 광신도, 빛나는 신도가 되기를 바랍니다. 오늘날 한국 사회는 빛나는 신도들이 필요합니다. 오래전에 장공 김재준 박사의 기념사업회가 주최한 기념강연회에 당시 한양대 석좌 교수였던 리영희 선생이 초대를 받아 강연을 한 적이 있습니다. 그때 주제가 '한국 기독교가 민족 사회 속에서 무엇을 해야 할 것인가'였습니다. 리영희 교수는 "종교 이상으로 한국 사회를 변화시키는 동력이 될 수 있는 단위는 없다. 교회가 행위적 차원에서 빛과 소금으로서의 자기 입증을 할 수 있을 때 민족 사회를 변화시킬 수 있다"라고 했습니다. 그러면서 "지금까지 잘 해왔지만, 걱정되는 부분도 있다. 한국 교회가 너무 보수적이고 너무 기득권층 중심이고, 그리고 너무 친미적인 것이 걱정된다"라고 했습니다. 리영희 교수의 주장에 모두 동의할 필요는 없습니다. 저 역시 다 동의하지는 않습니다. 하지만 중요한 것은 소위 지식인들이 보기에도 망가져 가는 한국 사회를 바르게 할 집단이 있다면 조직화하고 결집된 힘을 가진 교회밖에 없다는 사실입니다. 그런데 저는 이 말이 좋게만 들리지 않습니다. 그의 말을 뒤집으면 '한국 사회가 망가지는 건 당신들 책임입니다'가 됩니다. '음~ 역시 교회를 알아봐 주는군' 하고 기분 좋아할 이야기가 절대 아닙니다. 한국 사회에서 소금과 빛의 역할을 제대로 하지 못한다면, 그 책임을 한국 사회의 지식인들이 아니라 하나님께서 직접 물으실 것입니다.

지금 한국 사회에는 광신도들이 필요합니다. 빛나는 신앙을 가진 분들이 필요합니다. 자기가 믿고 싶은 것을 자기 마음대로 믿는, 그래서 이상한 행동을 서슴지 않는 사람이 아니라, 자기가 갖고 싶은 것을 얻어 내기 위해 믿음을 이용하는 사람이 아니라, 하나님의 복을 받는 수단으로 믿음을 사용하는 사람이 아니라, 하나님께서 하시는 일에 인격적으로 반응하는 사람, 그 사람이 필요합니다. 저는 당신이 '자기가 믿고 싶은 것을 믿어서 복을 받는 기독교'에서 벗어나기를 바랍니다. 그런 기독교는 버리기 바랍니다. 하나님께서는 우리에게 복을 주기 원하십니다. 우리가 상상하지도 못한 복을 주십니다. 빈곤할 때 자족할 줄 알고, 넉넉할 때도 자족할 줄 아는, 그런 복을 주기 원하십니다. 내가 믿고 싶은 하나님을 믿는 그리스도인이 아니라, 지금도 살아서 우리와 함께하시는 그 하나님을 믿는 우리가 되면 좋겠습니다.

더 나아가, 빛나는 신도를 키워 내는 교회가 많이 세워지기를 기대합니다. 더는 지성이면 감천이라는 식의 기복 신앙을 신자들에게 가르치면 안 됩니다. 성경에 담긴 진정한 믿음을 가르쳐야 합니다. 믿고 기도했더니 이런저런 응답을 받았다는 간증이 줄고, 어려운 가운데서 하나님 의지하는 법을 배워서 상황은 그리 달라지지 않아도 넉넉히 이기고 있다는 고백이 교회에 넘쳐나면 좋겠습니다. 세속적인 복을 받으려고 교회를 찾는 게 아니라, 악한 세상 속에서 선을 행하며 때로는 어려움을 겪으면서도 의연하고 자족하는 그리스도인을 보고 하나님이 궁금해져서 교회를 찾는 일이 생기기를 기대합니다. 우리가 모두 빛나는 신도, 광신도가 되기를 바랍니다. 한 교회 한 교회가 미친 광신도로 교회나 사회

의 걸림돌이 되지 않고, 빛나는 광신도로 세상 속에 빛이 되기를
기도합니다.

[숨 막히는 광신에서 / 어둠 속 빛으로]

1. 믿음에 관한 당신의 생각 중에 우리 민족의 전통적 개념이나 요즘 유행하는 자기 암시와 비슷한 점은 없었는지 되짚어 봅시다.

2. 성경이 가르치는 진정한 믿음의 핵심은 무엇이며, 당신이 생각하는 믿음과는 어떻게 다른가요?

3. 진정한 믿음을 가지려면 믿어야 할 내용을 먼저 정확하고 선명하게 알아야 합니다. 이를 위해 당신에게 필요한 것은 무엇일까요?

4. 성경의 가르침 중에서, 하나님께 나의 믿음 없음을 고백하고 도와 달라고 기도해야 할 내용은 어떤 것이 있을까요?

5. 특히 인생의 어려운 순간에 당신이 가져야 할 믿음의 내용은 무엇일까요? 그 믿음을 혹독한 시기에 어떻게 유지할 수 있을까요?

6. 교회가 광신도狂信徒가 아니라 광신도光信徒 집단이 되려면 어떤 부분을 먼저 고쳐야 할까요?

7. 교회가 세상에 빛을 비추는 공동체가 되기 위해 우리가 할
   수 있는 일은 무엇일까요?

헌신

시간과 에너지를
끊임없이 요구한다

"교회는 불가근불가원이죠. 일주일 동안 지친 마음에 위로받고 싶어 교회에 가지요. 얼굴이 좀 익으면, 구역이나 소그룹 같은 데 들어오라고 해요. 그러고 나면 교사, 성가대, 이런저런 봉사를 하라고 하지요. 처음에는 사람들이 반겨 주고, 함께하면서 재미도 좀 있고 해서 거절 잘 못하는 저는 결국 이런저런 활동에 참여합니다. 그런데 오히려 주일에 교회에 다녀오면 더 지치는 것을 발견했어요. 지금은 큰 교회에 나가요. 주일 예배만 드리고 빠져나와도 아무도 저를 성가시게 하지 않으니까요."

"교회에 가면 자꾸 옆 사람이랑 인사하라고 하고, 또 청년 때는 소그룹에 참여하라고 하고, 거기에서 자기 속 이야기를 하라고 하고…. 그다지 자기 속 이야기도 하지 않으면서 공동체한다는 게 시간 낭비라고 생각해요. 그냥 혼자 잘 지낼 수 있는데, 뭐하러 그런 불편함을 감내해야 하는지 모르겠어요."

위조된 각인

"아무리 교회에서 사랑을 이야기해도 결국 사람은 혼자 아닌가요? 사람들과 관계를 맺으면서 사는 것이 옳다고 생각한 적도 있었는데, 사람들과의 긴장 관계나 갈등이 없을 때가 없고, 결국 혼자가 훨씬 편하더라고요. 다른 사람들과 부대끼지 않으면서도 하나님을 잘 믿을 수 있잖아요. 혼자 성경 읽고, 혼자 기도하고. 요즘은 주일에 좋은 목사님 설교 찾아 듣기 시작하니까 꼭 교회 가야 할 필요도 못 느끼겠고요. 근데 혼자 예배를 드리니까 자세가 흐트러지기도 하고 빼먹긴 해도 혼자가 더 나아요."

"구질구질하게 사람들 밑바닥 보고 실망하고 싶지 않아서, 저는 주일 성수 딱 하나만 합니다!"

물먹는 하마?

/

많은 사람이 마음의 위로와 평안을 바라며 종교를 찾습니다. 고요한 성당이나 적막한 산사를 사람들이 많이 찾는 이유도 시끄럽고 복잡한 세속에 찌들고 지쳐서 쉼을 얻고 싶어서입니다. 그런데 이에 비해 교회 예배는 좋게 말하면 역동적이고, 좀 나쁘게 이야기하면 시끄럽습니다. 거기다가, 교회에 발을 들여놓기 시작하면 이것저것 해야 할 것이 많습니다. 일주일에 한 번씩 출석을 요구하는 종교도 많지 않은데, 주일을 꼭 지켜야 하는 '주일 성수'는 기본이고, 신앙이 성장하려면 교회 봉사도 하고 다양한 사역에 헌신해야 한다고 말합니다.

이런 종교적 활동이 나쁜 것은 아닙니다. 의미 있고 좋을 수도 있는데, 그 속에서 만나는 사람들이 '사랑의 종교'라는 기독교에 어울리지 않게 서로 험담하고, 물론 어디서나 사람들 사이에 긴장은 불가피하지만, 그 정도를 넘어 분파를 만들어 서로 견제하고 헐뜯습니다. 적지 않은 사람들이 그런 모습에 놀라 교회에 실망하고 교회를 떠나기도 합니다. 공동체를 이야기하나 정작 피상적 모임일 때가 많고, 의미도 재미도 없이 시간과 에너지만 끝없이 요구하니까 '물먹는 하마'가 따로 없다는 생각도 듭니다. 그러자 긴장과 갈등과 피곤이 만연한 교회 생활보다 홀로 신앙생활을 하는 게 훨씬 낫다는 사람이 늘어갑니다.

'나 홀로'가 더 좋고 유익해

/

홀로 신앙생활을 하는 편이 낫다는 생각은 교회에 오래 속한 사람한테서도 발견되지만, 요즘 더욱더 그렇습니다. '나 홀로' 문화가 대세로 자리 잡고 있기 때문입니다. 몇몇 통계를 보면 나 홀로 문화가 우리 삶에 상당히 깊숙이 파고들고 있음을 알 수 있습니다.

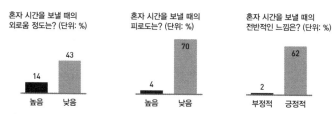

* 출처: 마크로밀엠브레인, "2018 나 홀로 활동(1인 체제) 관련 인식조사"

대개는 혼자 있으면 외롭고 힘들다고 생각하는데, 조사 결과는 '혼자여도 괜찮다'였습니다. 현대인은 나 홀로 문화를 불편해하지 않고, 이를 고독이나 고립, 은둔 같은 부정적 이미지로 받아들이지 않습니다. 그래서 굳이 혼자됨에서 탈출하고 싶어 하지 않습니다. 혼자 있어도 그리 외롭지 않고, 혼자 있어도 피로하지 않고, 혼자 있어도 긍정적 느낌을 받는다는 응답률이 굉장히 높습니다. 괜찮은 정도가 아니라 이제 혼자 있는 게 '좋다'고 말합니다.

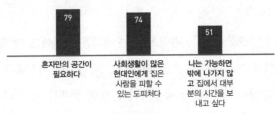

혼자만의 활동·공간 인식 (단위: %)

혼자만의 공간이 필요하다 — 79
사회생활이 많은 현대인에게 집은 사람을 피할 수 있는 도피처다 — 74
나는 가능하면 밖에 나가지 않고 집에서 대부분의 시간을 보내고 싶다 — 51

* 출처: 마크로밀엠브레인, "2018 나 홀로 활동, 나 홀로 공간 관련 니즈 및 인식 평가"

혼자만의 공간이 필요하며(79%), 집이라는 공간을 '사회생활이 많은 현대인의 피할 수 있는 안락한 도피처'(74%)라고 답한 사람이 압도적이었고, '가능하면 밖에 나가지 않고 집에서 대부분의 시간을 보내고 싶다'(51%)라는 사람도 절반이 넘었습니다.

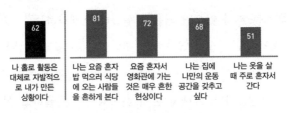

혼자만의 활동 인식 (단위: %)

나 홀로 활동은 대체로 자발적으로 내가 만든 상황이다 — 62
나는 요즘 혼자 밥 먹으러 식당에 오는 사람들을 흔하게 본다 — 81
요즘 혼자서 영화관에 가는 것은 매우 흔한 현상이다 — 72
나는 집에 나만의 운동 공간을 갖추고 싶다 — 68
나는 옷을 살 때 주로 혼자서 간다 — 51

* 출처: 마크로밀엠브레인, "2018 나 홀로 활동(1인 체제) 관련 인식조사", "일상생활 속 운동 경험 및 홈트(홈트레이닝) 관련 인식조사"

최근에는 '혼밥'(혼자 먹는 밥)이나 '혼술'(혼자 먹는 술) 같은 신조어가 생겨났는데, 과거에는 친구나 가족들과 함께했던 영화 관람이나 쇼핑 등을 홀로 하는 사람이 늘고 있습니다. 밥과 술은 물론이고 여가 생활을 홀로 합니다. 이제 사람들은 뭐든 혼자서도 잘합니다. 더욱 놀라운 사실은 이런 상황을 어쩔 수 없어서가 아니라 자발적으로 만들었다는 것입니다. 나 홀로 활동이 대체로 자발적으로 만든 상황이라는 사람이 3분의 2에 달합니다.

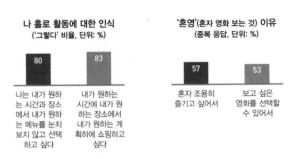

나 홀로 활동에 대한 인식
('그렇다' 비율, 단위: %)

80 — 나는 내가 원하는 시간과 장소에서 내가 원하는 메뉴를 눈치 보지 않고 선택하고 싶다

83 — 내가 원하는 시간에 내가 원하는 장소에서 내가 원하는 계획하에 쇼핑하고 싶다

'혼영'(혼자 영화 보는 것) 이유
(중복 응답, 단위: %)

57 — 혼자 조용히 즐기고 싶어서

53 — 보고 싶은 영화를 선택할 수 있어서

* 출처: 마크로밀엠브레인, "2018 나 홀로 활동(1인 체제) 관련 인식조사"

더 나아가 나 홀로 활동이 더 큰 유익과 즐거움을 준다고 생각합니다. 식사 메뉴를 정하거나 쇼핑하거나 영화 볼 때 타인에게 구속받지 않고 내가 원하는 것을 내가 원하는 때에 언제든지 선택할 수 있는데, 현대인은 이것을 큰 유익으로 봅니다. 큰 변화가 일어나고 있습니다. 그동안은 어쩔 수 없어서 혼자 활동했지만, 요즘은 스스로 선택해서 홀로 하며, 그렇게 할 때 오히려 삶의 질이 높아지고, 더 낫다는 인식이 확산하고 있습니다.

홀로 사는 삶은 가구 형태에도 반영됩니다. 1인 가구가 엄청난 속도로 증가하고 있습니다. 가장 눈에 띄는 건 60대 이상 노년층의 1인 가구 증가이지만, 20대 이하에서도 많이 증가했습니다.

1인 가구의 규모 및 성장 전망 (단위: 만 가구, 만 명, %)

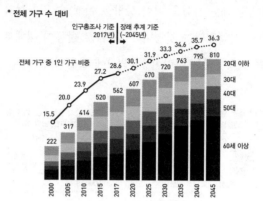

* 전체 가구 수 대비

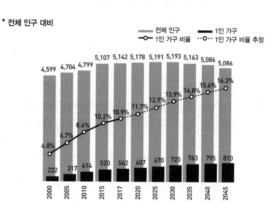

* 전체 인구 대비

* 출처: 통계청, "인구총조사 2018", "장래가구추계 2015", "장래인구특별추계 2019". 총인구 규모 예상은 중위 추계 기준.

2000년에 15.5%였던 1인 가구 비중이 2015년에 27.2%로 늘어
났으니, 15년 사이에 거의 두 배가 되었습니다. 이런 증가세는 멈
추지 않고 계속되어 2045년에는 1인 가구 비중이 전 가구의

위조된 각인

36.3%에 이를 것으로 추정됩니다. 그리고 전 인구 중 홀로 사는 사람이 2020년에는 11.7%였는데, 2045년에는 16.5%에 이를 것으로 예측됩니다. 이는 2045년이 되면 우리나라 사람 열 명 중에 한두 명은 혼자 살며, 열 집 중에 서너 집은 혼자 사는 집이라는 예측치입니다.

교회 공동체? 글쎄…

홀로 삶을 영위하는 방식이 일반화되면서 가구 형태까지 변하고 있고, 그 영향은 교회에까지 미치고 있습니다. "여러 사람이 한자리에 모이는 게 싫다", "예배를 비롯한 종교활동은 좀 간단하고 짧았으면 좋겠다", "잘 모르는 사람들과 소그룹에서 지지고 볶는 게 싫다"라는 사람이 점점 많아지는 듯합니다.

한 통계 조사에 따르면, 오프라인으로는 절대 모이지 않고 온라인으로만 신앙생활하는 온라인 교회가 생기면 27% 정도가 참여하겠다고 답했습니다. 그런데, 목사, 장로, 권사 등 교회의 중직자 중에서도 무려 21%가 온라인 교회에 참여하겠다고 답했습니다.

교회를 이탈하고 있는 가나안 성도의 통계도 뜻밖입니다. 그들이 교회를 이탈하는 이유를 조사한 다음 자료는 상당히 흥미롭습니다.

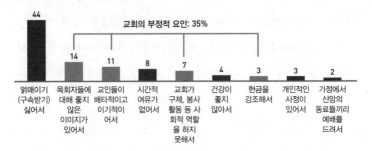

가나안 성도의 교회 이탈 이유 (단위: %)

교회의 부정적 요인: 35%

44 — 얽매이기 (구속받기) 싫어서
14 — 목회자들에 대해 좋지 않은 이미지가 있어서
11 — 교인들이 배타적이고 이기적이어서
8 — 시간적 여유가 없어서
7 — 교회가 구제, 봉사 활동 등 사회적 역할을 하지 못해서
4 — 건강이 좋지 않아서
3 — 헌금을 강조해서
3 — 개인적인 사정이 있어서
2 — 가정에서 신앙의 동료들끼리 예배를 드려서

* 출처: 한국기독교목회자협의회, "한국기독교분석리포트: 한국인의 종교 생활과 의식 조사 1998~2018"

흔히 교회를 떠나 가나안 성도가 되는 가장 큰 이유로 '교회의 문제'를 꼽습니다. 하지만 '목회자에 대한 부정적 평가', '교인들의 이기적이거나 배타적인 모습', '교회가 사회적 역할을 등한시', '헌금에 대한 지나친 강조' 같은 교회의 부정적 요소는 교회 이탈 요인의 35%에 불과했습니다. 반면, '얽매이기 싫어서'(44%), '시간적 여유가 없어서'(8%)가 더 높은 비율을 차지했습니다. 개인적 요인(52%)이 교회의 부정적인 요인(35%)보다 훨씬 높게 나타났습니다. 혼자 있고 싶고, 구속받기 싫고, 시간도 쓰기 싫고, 그냥 편하게 살고 싶은데, 교회가 자신을 너무 많이 구속해서 교회를 떠났다는 겁니다. 예수는 우리가 풍성하게 살기 원하셨습니다. "양들이 생명을 얻고 또 넘치게 얻게 하려고 왔다"(요 10:10)라고 말씀하셨습니다. 생명을 얻고 더 풍성히 누리는 것은 혼자서도 잘할 수 있는 일입니다. 굳이 예배당에 모여서 취향도 성격도 과거도 다른, 그래서 용납하기도 어려운 사람들과 피곤하게 부대껴야 하는지, 시간과 에너지를 엄청나게 투자하면서까지 왜 그렇게 해야 하는지, 도대체 그것이 풍성한 삶인지 질문할 수 있습니다. 결국 신앙생활도 내가 잘살고 싶어서 하는 건데, 그런 삶은 너무 피곤해 보입니다. 게다가 요즘은 공동체를 강조하는 교회가 늘어나서 주일의 예배와 다양한 활동보다 주중에 자주 만나서 공동체적 삶을 추구하기도 합니다. 이런 교회야말로 시대에 역행하는 듯 보입니다. 주일 예배만 간략히 드리거나 아예 온라인 교회를 선호하는 사람이 늘어나는 시대에 교인을 주중에까지 피곤하게 괴롭히는 공동체라니, 시대에 뒤떨어져도 한참 뒤떨어진 교회처럼 보입니다.

풍성한 삶과 위장된 풍성함

/

그렇다면 풍성하게 산다는 게 뭘까요? 우리가 그토록 원하는 행복한 삶, 잘 사는 삶은 뭘까요? 예수께서 풍성한 삶을 언급한 요한복음 10장 10절의 앞뒤 구절을 함께 살펴봅시다.

> 7예수께서 다시 말씀하셨다. "내가 진정으로 진정으로 너희에게 말한다. 나는 양이 드나드는 문이다. 8[나보다] 먼저 온 사람은 다 도둑이고 강도이다. 그래서 양들이 그들의 말을 듣지 않았다. 9나는 그 문이다. 누구든지 나를 통하여 들어오면,

구원을 얻고, 드나들면서 꼴을 얻을 것이다. [10]도둑은 다만 훔치고 죽이고 파괴하려고 오는 것뿐이다. 나는, 양들이 생명을 얻고 또 더 넘치게 얻게 하려고 왔다. [11]나는 선한 목자이다. 선한 목자는 양들을 위하여 자기 목숨을 버린다. [12]삯꾼은 목자가 아니요, 양들도 자기의 것이 아니므로, 이리가 오는 것을 보면, 양들을 버리고 달아난다.—그러면 이리가 양들을 물어가고, 양 떼를 흩어 버린다.— [13]그는 삯꾼이어서, 양들을 생각하지 않기 때문이다. [14]나는 선한 목자이다. 나는 내 양들을 알고, 내 양들은 나를 안다. [15]그것은 마치, 아버지께서 나를 아시고, 내가 아버지를 아는 것과 같다. 나는 양들을 위하여 내 목숨을 버린다. [16]나에게는 이 우리에 속하지 않은 다른 양들이 있다. 나는 그 양들도 이끌어 와야 한다. 그들도 내 목소리를 들을 것이며, 한 목자 아래에서 한 무리 양 떼가 될 것이다"(요 10:7-16).

이 본문에서 예수는 양들이 드나드는 문이 되어 꼴을 먹게 하고, 선한 목자가 되어 생명을 풍성히 주겠다고 약속하셨습니다. 그런데 풍성한 생명을 이야기하면서, 예수는 마치 '위장된' 생명이나 위장된 풍성함이 따로 있는 것처럼 말씀하십니다.

위장된 풍성함의 제공자

풍성함을 이야기하는 이 본문의 예수는 좀 옹졸해 보입니다.

예수 자신이 주는 것 말고는 다 틀렸다고, 매우 배타적이고 부정적인 선언을 하기 때문입니다. 그런 사람들을 예수 자신보다 먼저 온 자이고 도둑이며 강도라고 합니다(8절). 예수 자신이 문인데 그 문을 통하지 않고 불법적으로 들어왔다고 합니다. 그들을 삯꾼이라고도 합니다(12절). 우리는 자신만 옳고 다른 이들은 다 틀렸다는 독선적 인간을 싫어합니다. 모든 죄인을 품으시는, 온유함의 대명사이신 예수께서 이렇게 말씀하시다니, 당황스럽기까지 합니다. 왜 이렇게 말씀하셨을까요? 만약 그들이 주겠다는 풍성함이 가짜라면 이 정도 심한 말로도 부족합니다. 예를 들어, 전 세계적으로 대유행하는 바이러스로 많은 사람이 목숨을 잃는 엄중한 상황에서 백신 회사가 가짜 백신을, 그것도 아주 높은 가격에 판매하려 한다면, 이들을 뭐라고 불러야 할까요? 도둑이라고, 강도라고 해야 하지 않을까요? 예수께서도 마찬가지 심정이셨을 겁니다. 진짜 풍성함을 잘 알고 계신 그분이 보기에, 그들은 풍성한 듯 보이나 실제로는 전혀 풍성하지 않은 생명을 주는, '위장된 풍성함'을 주려는 자들이었습니다. 그래서 이렇게까지 배타적이고 극단적인 선언을 하셨습니다.

예수 당시에 위장된 풍성함의 '제공자'는 크게 두 부류였습니다. 한 부류는 율법을 잘 지키고 유대인 혈통을 잘 이어가면 하나님께서 복을 주신다고 주장한 율법주의자들입니다. 예수께서는 이들의 누룩, 곧 '바리새인의 누룩'을 조심하라고 하셨습니다. 다른 한 부류는 당시 세상을 지배했던 로마 권력에 적절하게 타협하면서 현실에 적응해야 한다고 주장한 자들인데, 이를 예수께서는 '사두개인의 누룩'이라고 불렀습니다(마 16:6).

요즘은 어떨까요? 오늘날 현대 문화를 통해서는 세 가지 메시지가 혼합되어 그 안에서 각자 살길을 찾으라고 강력하게 설득하는 것 같습니다. "결국 너는 혼자야", "물질적 풍요가 제일 중요해", "죽으면 끝나"가 그 메시지입니다.

나 홀로 문화가 무조건 나쁜 것은 아닙니다. 개인의 가치를 재발견하고 홀로 있을 때만 얻을 수 있는 유익을 잘 누리게 하는 문화라면, 좋을 뿐 아니라 바쁘고 정신없는 현대인에게 꼭 필요합니다. 그런데 이러한 경향이 사람들과 함께하는 게 피곤하고, 마음을 나누기도 어렵고, 희생하기도 싫고 도움도 받고 싶지 않다는 생각에서 비롯된 문화라면, 과연 옳을까요? 홀로 사는 게 편해서 혼자 사는 생활방식을 취하려 하면 그를 뒷받침할 물질적 풍요가 무엇보다 중요해집니다. 그런 풍요는 원한다고 해서 누구나 가질 수도 없지만, 비록 가진다 해도 결국은 혼자 살다가 혼자 죽음을 맞지 않을까요? 그런 사람 중 일부는 극단적 선택으로 생을 마감하기도 합니다. 여태까지 혼자 살아왔으니, 더 나이 들거나 몸이 약해져 남의 도움을 받을 수밖에 없는 상황이 오기 전에 '깔끔하게' 죽음을 맞이하고 싶어 하지 않을까요? 죽으면 모든 게 끝이라고 생각한다면 더욱더 이런 결정을 하기 쉽습니다. 점점 증가하는 자살률에 혹시라도 이런 문화가 기여하고 있지 않은지 염려됩니다.

홀로 사는 게 좋다는 사람이 늘어나는 이유는 이해할 만합니다. 가정과 친구 같은 공동체라고 볼 만한 것들이 거의 다 깨졌습니다. 그러니 이제 믿을 건 나뿐이라고 생각하는 겁니다. '결국 인간은 혼자'이고, 홀로인 삶을 지탱하려면 '물질적 풍요'가 필요하며, 그리 살다가 '결국 죽음으로 끝난다'라며 안위합니다.

현대의 위장된 풍성함을 제공하는 이들 중에 세속적 교회도 들어가지 않을까 염려됩니다. 세상 모든 게 그렇지만 진품과 유사품이 늘 있기 마련이어서 교회도 진짜보다 가짜 쪽에 가까운 교회가 있습니다. 이를 세속적 교회라고 부를 수 있습니다. 비도덕적이고 비윤리적인 일이 일어나는 교회는 세속적 교회 축에도 들지 못하는 병리적 교회입니다. 세속적 교회는 좋은 교회라고 세간의 평가를 받을지는 몰라도, 끊임없이 자기 행복을 위한 신앙생활을 강조합니다. 또는 하나님조차 우리 자신을 위해 존재하시는 것 같은 메시지를 전합니다. 이러저러한 것을 하면 하나님이 복 주신다고 말하는 교회도 이 범주에 들어갑니다. 그래서 교회 봉사가 중요하고 이를 가장 높은 수준의 헌신이라고 말합니다. 하나님이 당신을 위해 존재하고, 그런 하나님께 복을 받으려면 눈에 보이는 교회에 헌신해야 한다는 거죠. 놀랍게도 이런 교회에 사람들이 참 많이 몰려갑니다. 이런 위장된 풍성함과 그 제공자는 어느 시대에나 있었고, 안타깝게도 교회 안에도 침투해 있음을 언급하지 않을 수 없습니다.

위장된 풍성함의 진의

이러한 '제공자'들은 양들이 자기 것이 아니므로 위기가 오면 달아납니다(12절). 양들 자체가 목적이 아니라 수단이므로 그들은 책임지지 않습니다. 풍성함을 줄 것처럼 말하고 설득하지만, 자기 이익을 얻는 것이 진짜 목적이고 진의입니다. 위장된 풍성함인지 아닌지는 그 진의를 살펴보면 알 수 있습니다. 정치인들의 공약公約은 이제 공약空約이 된 지 오래입니다. 국가와 국민을 위한다고 하지만 잘 살펴보면 결국 당리당략에 의해 움직입니다. 수많은 기업이 우리의 유익과 만족감을 극대화할 것 같은 매력적인 상품을 광고합니다. 그 광고들은 참으로 매력적이고 재미있고 때로 감동적이기까지 합니다. 그 상품을 소유하지 못하면 불행해질 것 같은 느낌도 들게 합니다. 그런데 가만 생각해 보면 우리가 그 상품을 구매함으로써 이익을 얻는 자들은 따로 있습니다. 결국 우리는 그들의 이익을 위한 수단에 불과한 겁니다.

최근에 한 지인이 윤리경영 관련 논문 작성을 위해 여러 회사 사례를 조사 중이라며, 제가 일하는 회사도 한번 조사해 보고 싶다고 연락했습니다. 조사 과정 중에 지인이 불편해했던 지점이 있었는데, 윤리경영의 궁극적 목적이 윤리경영 자체가 아니라 결국은 더 많은 이익을 내기 위한 수단이라는 점이었습니다. 그래서 지인의 지도교수가 이 주제로 박사 논문을 쓰는 것에 동의하지 않아서 어려움을 겪기도 했습니다. 현대인에게 없어서는 안될, 우리 삶에 깊숙이 침투해 있는 소셜 미디어와 인터넷 포털 사업자들도 예외는 아닙니다. 세계적 기업들이 우리 삶을 유익하게 하려고 여러 새로운 앱과 플랫폼을 개발하는 듯 보여도, 접속 시간을 늘리기 위해 외부에 알려지지 않은 비윤리적 알고리즘을 쓰고, 접속한 사용자들의 데이터를 활용해 자신의 이익을 취하지는 않는지 살펴볼 필요가 있습니다. 소셜 미디어로 인해 정치적 양극화가 더욱 심각해지고 있다는 보고가 잇따르고 있습니다.

세속적 교회도 마찬가지입니다. 그들은 성도 한 사람과 교회 공동체를 향하신 하나님의 뜻이 무엇인지 분별하는 일에 진정한 관심을 두지 않습니다. 그래서 이런 교회는 성도 한 명 한 명이 균형 있게 성장하여 세상에서 자기 몫을 감당하도록 준비시키는 일에 별 노력을 기울이지 않습니다. 반대로 교회에만 충성하게 만들어 교회가 없으면 존재하지 못하는 영적 유아, 또는 종교적 소비자로 교인들을 전락시킵니다. 결국 세속적 교회의 진의는 교회의 외적·양적 성장입니다. 성도들은 목적이 아니라 수단이 됩니다.

위장된 풍성함의 결과

10절에는 위장된 풍성함의 결과가 나옵니다. 위장된 풍성함의 '제공자'에 의해 양들은 '도둑질당하고 죽임당하며 파괴'됩니다. 착취당하고 희생당합니다. 이리가 오면, 위기가 닥치면 그들은 양들을 두고 달아나고 양들은 이리에게 죽거나 흩어집니다(12절). 풍성한 삶을 주겠다고 말하던 제공자들이, 위기 상황에서는 자기만 살겠다고 양들을 버리고 떠나 버립니다. 그래서 예수는 그들을 가리켜 도둑이고 강도이며 삯꾼이라고 했습니다. 진의는 숨겨지기 마련이고 그래서 파악하기가 쉽지 않습니다. 그러나 결과를 보면 진의를 알아챌 가능성도 커집니다. 열매로 나무를 알 수 있습니다.

우리 삶을 돌아보며 위장된 생명과 풍성함에 기만당하고 있지 않은지 잘 살펴보아야 합니다. 인간은 자신이 즐겁고 행복할 수 있는 일, 중요하고 가치 있어 보이는 일에 더 많은 시간과 에너지를 들이기 마련입니다. 우리가 많은 시간과 에너지를 들이는 그 일의 열매는 무엇입니까? 진정한 풍성함입니까, 아니면 위장된 풍성함입니까? 그 풍성함을 제공하겠다는 존재가 우리 시간과 에너지를 이용해 자신의 이익을 얻어 가고 있지 않은지, 또는 결정적 순간에 우리를 버리지 않을지 한 번쯤은 생각해 보아야 합니다. 불행하게도 교회가 당신의 시간과 에너지를 빨아들여, 당신의 삶이 점점 더 균형을 잃고 피폐해져 간다면, 심각하게 질문해 보아야 합니다.

진짜와 가짜 풍성함을 구별하려면 가짜를 들여다보기보다는 진짜를 아는 것이 더 중요합니다. 이제 예수께서 주겠다고 약속하신 진짜 풍성함을 어떻게 더 제대로 누릴 수 있는지 이야기해 봅시다.

예수께서 주시려는 풍성한 삶

/

첫걸음: 생명으로 들어가기

진정한 풍성함을 누리려면 무엇보다 먼저 그 생명으로 들어가야 합니다. 양들의 문이 되시는 예수를 통해 참된 구원과 생명을 얻어야 합니다(7, 9, 10절). 자신이 '문' 밖에 있다는 자각이 없다면, 그 '문'으로 들어가야 구원을 얻는다(9절)는 말씀의 의미도 사라집니다. 바울 사도가 로마서에서 그리스도 안에서 얻는 구원(3:21-31)을 설명하기 전에 우리가 모두 죄인임을 논증하려고 거의 두 장(1:18-3:20)을 할애한 이유도 마찬가지입니다. 죄의 심각성을 깨닫지 못하면 문이신 그리스도를 통해 얻는 구원의 기쁨과 감격, 그 큰 복을 제대로 누릴 수 없습니다. 세상 풍조대로 삯꾼 목자를 따르며 위장된 풍성함에 속아 산 것을 절감할수록 우리를 위해 문이 되시고 목자가 되신 예수에 대한 감격은 깊어집니다.

우리의 문이 되신 예수는 우리를 살리기 위해서 목숨을 버리셨습니다(11, 15절). 예수는 이를 통해 참된 목자와 도둑·강도·삯꾼의 차이를 극명하게 보여 줍니다. 양들을 위해 자신을 희생하는가, 양들을 자신의 수단으로 삼는가? 풍성함을 주겠다며 다가오는 세상의 그 어떤 존재도 진정한 목자가 될 수 없는 이유는 우리를 목적이 아닌 수단으로 대하기 때문입니다. 그들의 동기는 결정적 순간에 드러납니다. 예수께서 대신 죽을 수밖에 없을 정도로 우리는 '문' 밖에 있을 때 세상에 속한 채로 처참했습니다.

이를 깨닫고 양들을 위해 자기 목숨마저 버리는 분이 계신다는 사실을 알고는 그 사실을 믿고 그를 통해 생명을 얻었습니다. 이렇게 그리스도인으로서 첫걸음을 내딛지 않으면 풍성함을 누릴 수 없습니다.

얼마나 많은 사람이 자기 죄의 심각성을 깨닫지도 않고, 예수의 죽음에 감격하지도 않고, 그 문으로 들어가는 결단도 하지 않고, 이러한 과정을 건너뛰거나 미룬 채 교회에 '다니면서' 종교 생활만 하는지 모릅니다. 기독교가 지난 2천 년간 세례를 중요시한 이유는 '결단'의 소중함과 거기서 오는 복이 무엇인지 알았기 때문입니다. 예수께서 주시는 복을 제대로 누리려면 진실하고 용기 있는 결단이 필요합니다. 생명을 얻기 전에는 진정한 풍성함(10절)에 이를 수 없기 때문입니다. 교회가 사람들에게 진정한 풍성함을 선사하길 원한다면, 자기 계발이나 심리 조사나 상담이 아니라, 그에 앞서 예수에 대한 소식을 선명하게 전하고 첫걸음을 분명하게 떼도록 도와야 합니다. 우리가 어떻게 이 놀라운 생명에 들어왔는지를 선명하게 가르치고, 그에 기초해 첫걸음을 떼게 하는 것보다 중요한 일은 없습니다.

풍성한 생명을 누리기

생명으로 들어왔다고 그것으로 끝이 아닙니다. 많은 그리스도인이 구원을 일종의 천국 입장권으로 생각하고, 사는 동안 그 입장권을 잘 보관하는 것을 신앙생활로 여기는 것 같습니다. 그러면 예수라는 문으로 들어와 생명을 얻은 사람과 그렇지 않은 사람의 차이는 구원을 확신하는 것과 몇 가지 종교 행사에 참여하는 것 말고는 별반 없게 됩니다. 예수께서는 단지 구원을 얻고(9절), 생명을 얻는다(10절)고 말씀하지 않으셨습니다. 구원을 얻고 그 문으로 드나들면서 꼴을 얻으며(9절), 생명을 얻고 더 풍성히 얻는다고 말씀하셨습니다(10절). 꼴은 양에게 가장 중요한 것을 가리킵니다. 그러면 인간에게 가장 중요한 것은 무엇일까요? 구원받은 사람이 그 생명을 더 풍성히 얻기 위해 본질적으로 중요한 것은 무엇일까요? 예수는 14-15절에서 매우 중요한 말씀을 하십니다. "나는 내 양들을 알고, 내 양들은 나를 안다"(14절). 양과 목자의 친밀도가 "마치 아버지께서 나를 아시고, 내가 아버지를 아는 것과 같다"(15절)라고 말씀하십니다. 양과 같은 인간이 선한 목자이신 예수와 얼마나 친밀해질 수 있는지, 그 한계가 어디까지인지 예수께서는 알려 주십니다.

인간이 이 세상을 살아가는 데 필요한 것은 많습니다. 물질적 자원, 사람들과의 관계 등이 모두 필요합니다. 그러나 그중에서 가장 중요한 것 하나만 택하라고 한다면 '하나님과의 관계'입니다. 하나님이 우주의 중심이며 우리 존재의 근원이라면, 우리에게 없어서는 안 될 존재입니다. 하나님과의 관계가 단순히 기도하고 성경 읽는 종교 행위를 뜻하는 것은 아닙니다. 기도, 성경 읽기, 예배 등은 모두 하나님을 더 깊이 알아 가고 그분과의 사귐으로 들어가기 위한 것입니다. 하나님과의 관계에서 누리는 즐거움을 경험할 때 꿀을 얻는다고, 생명을 얻되 풍성히 얻는다고 이야기할 수 있습니다.

세상은 "결국 너는 혼자야"라고 말합니다. 하지만 주님은 우리와 세상 끝날까지 함께하겠다고 하십니다. 세상은 "물질적 풍요가 제일이야"라고 말합니다. 하지만, 예수께서는 하나님과의 관계가 무엇보다도 중요하다고, 물질적 풍요와는 비교할 수 없는 풍성함이라고 말씀하십니다. 세상은 "죽으면 다 끝나"라고 말합니다. 하지만 주님은 영원한 생명과 삶이 있으며, 그것을 이미 우리가 누리기 시작했다고 말씀하십니다.

이렇게 하나님과의 관계가 깊어지면, 하나님과의 관계를 통해 자신과 자신이 속한 공동체, 그리고 자신이 살아가는 세상과 다른 관계를 맺습니다[네 가지 관계가 어떻게 깊어지는지는《풍성한 삶의 기초》(비아토르)에서 깊이 다루었으므로 참조하셔도 좋습니다]. 이러한 진정한 풍성함은 배우고 익히고 누려야 할 부분입니다. 제가 40년 넘게 신앙생활하면서 선한 목자이신 예수를 따라 살아 보니, 초기 20년은 예수를 통해 하나님을 알아 가며 하나님에 대한 오해가 걷히고, 그 하나님을 통해 나·사람들·공동체·세상을 보는 눈이 달라지고, 그래서 삶이 깊어지고 균형도 잡히며 풍성해지는 시간이었습니다. 다음 20년은 깊이와 균형과 풍성함이 더해지고, 다른 삶을 살게 하시는 선한 목자이신 예수께 더욱 감탄하고 더 깊은 감격을 누리며 살아가는 시기였습니다. 어려움이 없던 때는 별로 없었던 것 같습니다. 늘 위장된 풍성함을 들고 나타나는, 겉은 목자이지만 속은 삯꾼인 자들과 내 존재 자체를 무너뜨리려는 이리떼가 있었지만, 선한 목자가 늘 '사망의 음침한 골짜기'를 지나가게 하셨습니다. 그래서 그리스도인의 삶은 평생에 그 선하심과 인자하심을 맛보며 알아 가는 과정입니다(시 23편).

풍성한 생명을 공동체로 누리기

그런데 적지 않은 사람이 문이신 예수를 통해 구원을 얻고 생명을 얻었는데도, 풍성함을 제대로 누리지 못합니다. 그 이유가 무엇일까요? 이 성경 본문 전체가 전제하는 매우 중요한 사실을 간과하기 때문입니다. 10절을 개역개정성경은 "양으로 생명을 얻게 하고"라고 번역하고, 새번역성경은 "양들이 생명을 얻고"라고 번역합니다. 사실 원문은 '양'이라는 단어를 직접 언급하지 않고, 동사에 간접적으로 나타납니다. 10절을 직역하면 "내가 온 것은 그들로 생명을 얻고, 그들이 더욱 풍성히 얻게 하려 함이다"입니다. 각자가 한 마리 양으로서 생명을 얻고 더욱 풍성히 얻는다기보다는, 우리가 모두 한 양 떼로서 생명을 얻고 더욱 풍성해진다는 말씀입니다. 예수께서 주시는 풍성한 생명은 처음부터 공동체적이었습니다.

양은 한 마리씩 문을 통해 들어오지만, 들어와서는 한 양 떼를 이룹니다. 그처럼 우리도 예수라는 문을 통해 구원을 얻은 즉시 함께 꼴을 먹는 양 떼가 됩니다. 양들은 각각 예수의 음성을 알아듣고 목자를 압니다. 매우 개인적인 친밀함입니다. 그러나 양 떼는 다 함께 선한 목자의 돌봄 아래 있습니다. 선한 목자를 따르지 않는 인간은 갈등과 깨어진 관계를 피할 수 없습니다. 인류 공동체 역사를 들여다보면 깨어짐과 무너짐으로 가득합니다. 하나님은 이스라엘을 통해 깨어진 세상 속에 새로운 공동체를 만들어 내려 하셨으나, 그들은 하나님을 거절했고, 이스라엘은 심판을 당했습니다. 결국 선한 목자이신 예수께서 오셨고, 양 떼를 위해 목숨을 버리신 예수를 통해 새 이스라엘, 곧 새로운 공동체를 만드셨습니다. 그러니 풍성한 생명은 예수께서 처음 말씀하신 그때부터 공동체적이었습니다. 성부·성자·성령 안에서 인간을 공동체로 지으시고, 삼위 하나님이 서로를 아시고 사랑하시듯 우리도 서로를 알고 사랑하기를 원하셨습니다. 이것이 하나님의 뜻이며, 여기에 진정한 풍성함의 비밀이 있습니다.

하나님은 사람들이 더불어 살기 원하십니다. 공동체는 선택이 아니라, 우리가 메시아를 주로 모실 때 주어진 복입니다. 주님이 가르쳐 주신 기도도 '우리'라는 표현을 모두 사용하지 않습니까? 실인즉 그 기도는 나의 기도가 아니라 하나님나라 백성의 기도입니다. 이것이 기독교적 영성입니다. 모든 종교가 기도를 개인의 영적 활동으로 보지만, 그리스도인의 기도는 골방에 들어가 홀로 하나님을 독대해도 언제나 '우리'를 전제하고 드리는 것입니다. [주님이 가르쳐 주신 기도는 하나님나라 백성의 관점에서 드려야 합니다. 더 자세한 내용은 《풍성한 삶의 첫걸음》(비아토르) 6-7장과 《한국교회가 잃어버린 주기도문》(죠이선교회)에서 보실 수 있습니다.]

위조된 각인

사람이 가장 행복할 때가 언제일까요? 서로 연결되어 있음을 깨달을 때 아닐까요? 어려움과 고난을 겪으면서도 서로서로 지키고 있음을 느낄 때, 기쁨을 가장 먼저 알리고 싶은 사람이 있고 그 기쁨을 서로 나눌 때, 서로가 각각의 깊은 갈망과 슬픔을 이해하고 있다고 느낄 때, 그때 우리가 누리는 기쁨이 얼마나 크고 풍성한 기쁨입니까? 인간 사이의 연결은 하나님이 의도하신 것이며, 삼위 하나님 속에서 나타나는 친밀함에 근원합니다. 주님은 하나님과의 친밀함에 근원을 두고 우리가 함께 풍성함을 누리기를 원하십니다.

교회는 종교 활동을 하는 곳이 아닙니다. 서로 사랑하며 풍성함을 함께 배우고 누리는 사람들, 그 자체입니다. 거대한 교회와 화려한 예배에 빠지지 않고 참석해도 예수께서 약속하신 풍성한 생명을 누리지 못하는 이유는 양 떼로 살지 않고 나 홀로 양으로 살기 때문입니다. 하나님의 사랑은 서로를 통해서 드러나고 확인됩니다. 세상 가치를 따르지 않고 주님을 따르는 삶은 앞서서 본을 보이는 이들이 없이는 유지하기가 매우 어렵습니다. 끊임없이 우리를 속이는 강도와 도둑들을 경계하고 이리떼 같은 외부 공격에서 지켜 주는 양 떼 없이 나 홀로 버티기란 쉽지 않습니다. 서로를 책임지며 상대를 위해 자기 시간과 재정과 에너지를 내어주는 사람이 없다면, 홀로인 셈입니다. 예수께서 그토록 만들어 내려고 목숨까지 바쳤던 새로운 이스라엘, 공동체를 상실한 것입니다. 진정한 풍성함을 누리는 최적의 환경, 아니 필수적 환경을 잃어버린 것입니다.

풍성한 생명을 세상 속에서 나누기

문밖에 있던 우리를 살려서 풍성한 생명을 누리도록 이끄신 주님은 한 걸음 더 나아가십니다. 아직 문 안으로 들어오지 못한 이들에게 우리가 누리는 풍성함을 나누기 원하십니다. "이 우리에 속하지 않은 다른 양들이 있다"면서 "그 양들도 이끌어 와야 한다"(16절)라고 하십니다. 진정으로 풍성한 삶을 누리는 사람은 머지않아 그 풍성함을 누리지 못하는 사람에게 빚진 마음을 갖게 됩니다. 빚진 마음이 옅어지고 나 홀로의 편안함과 가치에 유혹을 받더라도, 문밖의 양들을 응시하고 계신 예수를 바라보면 자신의 과거가 떠오르면서 여전히 그 처지에 있는 이들에게 부담감을 느끼게 됩니다. 그리고 그들을 초대합니다. 양 떼 밖에서 하나님 없이 홀로 사는 것을 풍성함으로 속고 살아가는 사람들, 그래서 어쩌면 고독하게 죽음을 맞이할지도 모르는 인생들을 자신의 공동체로 들이려고 애를 씁니다.

그들에게 관심을 가지면 가질수록 겉은 번드르르하고 풍성한 생명을 주는 듯 보여도 정작 사람들을 속여서 넘어뜨리는, 세상의 부조리하고 악한 요소들이 보이기 시작합니다. 한 존재를 사랑하면 그가 사는 세상에도 관심이 가기 마련입니다. 그 세상에서 그가 기만당하고 고통받고 있음을 알면, 당연히 그 세상을 변화시키려 애쓰게 됩니다. 이것은 단순한 정의감, 그 이상입니다.

하나님 관점으로 세상을 바라보면서 그 속에서 자신이 해야 할 일을 찾게 됩니다. 더 나아가 양 떼로서 우리가 할 일이 있는지 찾기 시작합니다. 우리는 세상에 흩어져 살면서 사회생활을 합니다. 그 속에서 자신이 감당해 할 부분이 무엇인지, 자신의 노동과 직업을 통해 무엇을 할 수 있는지를 고민하고, 이를 자신이 속한 공동체에서 나눕니다. 또한 한 사회의 시민으로 살아가면서 맞닥뜨리는 여러 문제와 사회 이슈를 하나님 관점으로 어떻게 볼지, 어떻게 대응할지, 어떻게 대안을 만들어 낼지를 고민하게 됩니다.

선한 목자가 주시는 '꼴', 곧 '그 풍성한 생명'을 누리며 건강하게 성장하면, 깨어진 세상을 향한 하나님의 마음을 품게 됩니다. 그러면 개인적 차원의 복음 전도는 물론이고, 사회·문화·경제·정치 영역에서 자신과 자신이 속한 공동체가 감당해야 할 몫이 무엇인지 눈을 돌리게 됩니다. 자신만 복을 받고 자신의 가족이 '사대에 걸쳐 복 받기'를 기원하며, 개인의 탐욕을 당연하게 여기고 이를 위해 열렬히 신앙생활 하는 교회, 세상의 부조리와 깨어짐에는 무지하고 되레 이를 외면하고 침묵하는 교회, 이들을 보면서 수많은 사람이 교회를 떠납니다. 그런 오늘날에도 선한 목자의 다스림과 돌봄을 받는 진정한 양 떼는 양 떼 안에 있는 사람들이 성장하도록 돕고, 세상의 친구들과 그들이 살아가는 세상을 위해 시간과 에너지를 들이며, 세상이 알지 못하는 '풍성함'을 누립니다.

나 홀로 인생에서 풍성한 공동체로

/

"혼자여도 괜찮다, 혼자서도 잘한다. 아니 혼자가 좋다"라고 말하는 세상에서 우리는 살아갑니다. 나만을 위해 시간과 에너지를 쓰기에도 부족한데, 나와 맞지 않고 좋아할 만한 것도 없는 사람을 위해 시간과 에너지를 들이다니요? 세상이 어떻게 돌아가든 중요한 것은 나만의 '소소하지만 확실한 행복'이며, 그것을 추구하는 게 권리라고 생각합니다. 이런 세상에서는 일주일에 한 번 교회 가는 것도 큰일이며 그 이상은 무리입니다. 예배는 짧아야 하고, 봉사 같은 것은 광신도나 하는 것이며, 구역이나 소그룹은 할 일 없는 사람이나 가는 것처럼 보입니다. 교회에 일단 발을 들여놓으면 교회는 끊임없이 이런저런 활동과 봉사를 요구하므로 개인의 삶은 피폐해집니다. 이러니 현대인에게 교회는 시간과 에너지를 잡아먹는 '하마'처럼 취급당합니다.

그러나 그 문으로 들어가 구원을 얻고 함께하는 양들과 꼴을 먹으며 목자의 음성을 듣고 살아가는 사람의 삶은 달라질 수밖에 없습니다. 무엇보다 선한 목자의 음성을 듣고 그 얼굴을 구하는 삶이 얼마나 풍성한지를 맛봅니다. 한 목자를 따르며 인생길을 함께 걷는 양 떼와의 삶이 얼마나 풍성한지, 또 그 삶이 나 홀로 삶과는 비교할 수도 없이 얼마나 멋진지 알아 가며 또 누립니다. 다른 사람을 돌보며 사랑하고, 서로 본을 보이며 배우고, 갈등을 만나도 극복하면서 서로 사랑하는 공동체를 세워 나갑니다. 한

양 떼 안에서 살아가는 것이 시대착오적으로 보일지 몰라도 진정한 풍성함이 거기에 있음을 확인해 갑니다. 더 나아가 문밖의 사람들과 그들이 사는 세상을 위해 무언가를 한다는 것이 정의감이나 분노가 가득해서, 아니면 성공한 후에 여유가 많아서 하는 일이 아니라, 문 안에 들어와 풍성한 삶을 누리는 사람의 지극히 평범한 삶임을 배우고 누립니다. 그래서 자연스럽게 그렇게 살아갑니다.

개인적으로 생명을 얻는 것에 머물지 않고 풍성함을 함께 누리는 법을 배우고 살아가려면 당연히 시간과 에너지가 더 들어갑니다. 그러나 계산기를 두드려 손익계산서를 아무리 만들어 보아도, 시간과 에너지를 들여 위장된 풍성함이 아니라 진정한 풍성함을 누릴 수 있다면, 그 풍성함을 배우며 서로 본을 보이며 함께 걸어가는 양 떼, 곧 그분의 공동체가 있다면, 이를 마다할 사람이 얼마나 될까요? 이런 풍성함을 문밖에서 엿보다가 양무리에 합세하는 사람이 하나둘 늘어나고, 그들과 우리가 사는 세상이 조금은 덜 썩고 더 밝아진다면, 이것이야말로 진정한 풍성함이 아닐까요? 예수가 선한 목자이고, 그가 우리를 위해 생명까지 바치며 이룬 일이 진짜라면, 그 문으로 들어온 모든 사람이 누려야 할 진정한 풍성함은 바로 이런 삶입니다.

[숨 막히는 헌신에서 / 풍성한 나눔으로]

1. 당신은 우리 시대의 '위장된 풍성함'을 언제 느끼나요? 이 시대가 약속하는 풍성함에 솔깃해지는 때는 언제인가요?

2. 우리가 많은 시간과 에너지를 들이는 일은 생존에 필요하거나 더 나은 풍성함을 약속하는 것들입니다. 그렇게 노력해서 세상이 약속한 풍성함을 누리고 있는지 돌아봅시다.

3. 교회가 시간과 에너지를 먹는 '하마'처럼 여겨져서 가까이 가기 힘들었던 적이 있다면 이야기해 봅시다.

4. 양의 문으로 들어온 이후에 당신과 하나님과의 관계가 깊어지고 있나요? 삶 속에서 어떻게 깊어지고 있는지 나눠 볼까요.

5. 당신 자신·공동체·세상과의 관계에서 당신이 특히 풍성한 삶을 누려야 할 영역은 무엇이며, 이를 위해 당신은 무엇을 배우면 좋을까요? 그걸 누구에게 배울 수 있을까요?

6. 공동체에 들어와야 할 "우리에 속하지 않은 양들"을 위해 어떤 일을 할 수 있을까요? 이를 위해 우리는 어떻게 기도해야 할까요?

7. 진정한 풍성함이 무엇인지 다시 한번 정리해 봅시다. 풍성
한 삶을 약속하고 우리를 이끄시는 '선한 목자'를 의지하고
따르기 위해 우리에게 필요한 것은 무엇일까요?

제사 거부 · 조상을 무시하고 가족을 등진다
배제와 혐오 · 자기만 맞고 다 틀렸다며 강요한다
정교분리 · 현실 문제는 비겁하게 외면하거나 왜곡한다
남성 우위 · 여성이 아무리 많아도 남성이 지배한다

시대와 동떨어진

조상을 무시하고
가족을 등진다

"우리 집에는 제사가 참 많았습니다. 아버지가 장손이라 설날
과 추석 때는 친척들이 함께 모여 제사를 지냈고, 그것 말고
도 일 년에 네 번 이상 제사를 지냈습니다. 아버지는 집안 시
제나 벌초에도 빠지지 않고 꼭 참석하셨습니다. 그때마다 가
능하면 장남인 저를 데리고 다니셨고, 저도 아버지를 따라다
녔습니다. 그런데 문제는 어머니와 저희 삼 형제가 교회를 다
니면서 시작됐습니다.

교회에서는 제사를 우상숭배라고 가르쳤습니다. 집에서는 아
버지 때문에 제사를 안 지낼 수 없는데, 제사 때마다 절을 해
야 하는지부터 해서 고민이 커졌습니다. 그래서 제삿날 일부
러 늦게 들어오기도 하고, 아버지 뒤에서 절하는 척하다가 안

하고 일어서기도 했습니다. 어느 날은 배가 아프다며 화장실에 갔다가 다 끝나면 나오기도 했습니다. 하지만 이런 것들은 다 일회적인 방법에 불과했습니다. 어쩔 수 없이 제사 때마다 아버지 옆에서 절을 하게 됐습니다. 그러다가 어느 순간부터 기도하면서 절을 했습니다. "하나님, 아시죠? 아버지가 빨리 교회 나오면 좋겠습니다. 구원받으면 좋겠습니다."

그런데 제사가 나쁘기만 한 건가라는 생각이 들었습니다. 아버지 따라 벌초하러 가면, 교회 다니는 친척은 벌초에도 시제에도 안 오더라고요. 하지만 제사에는 조상을 생각하고 기념하는 좋은 취지도 있고, 그런 자리를 통해 친척들이 한자리에 모이는 좋은 면도 없지 않은 것 같았습니다. 나름 책도 찾아봤는데 기독교와 제사를 어떻게 해석하고 연결해야 할지 잘 모르겠더라고요.

아버지도 교회를 나쁘게만 생각하지는 않았어요. 긍정적으로 보시는 부분도 많았지만, 교회에 나올 수 없는 결정적 이유는 제사였습니다. 아버지는 장손의 책임인 제사를 포기할 수 없었고, 그래서 교회에 나올 수 없었습니다. 저는 그 마음을 잘 알았기 때문에 굉장히 안타까웠습니다.

그러다가 재작년인가 아버지께서 어머니께 이런 제안을 하셨어요. 어머니가 몸이 약해서 운동을 하셔야 하는데, 어머니가 새벽 운동을 하면 아버지가 새벽 기도를 가시겠다고 말씀하셨습니다. 아버지는 새벽 운동과 새벽 기도를 하시면서 조금씩 교회에 나오기 시작하셨고, 주일 예배까지 나오시면서 올해는 세례를 받으셨습니다.

아버지가 세례도 받고 교회도 나오시지만 제사만큼은 해결되지 않는 문제였습니다. 제게는 제사 때 절을 하지 않아도 된다고 하셨지만, 본인은 꼭 절을 하십니다. 최근에는 제사 때 예배를 드렸습니다. 물론 제사상은 그대로 차려놓고 같이 모여서 예배를 드렸습니다. 아버지는 마음에 걸리는 게 있으신지 예배 시작할 때 제사상에 가서 수저를 밥에 꽂아 놓고 술도 올립니다. 그리고 예배 마칠 때 혼자 제사상에 가셔서 꽂아 두었던 수저도 걷으시고 국물도 바꿔 놓으십니다. 아버지는 그렇게라도 해야 조상에 최소한의 성의를 표시하는 걸로 생각하시는 것 같습니다.

옛날보다 제사에 대한 고민이 많이 줄었어도 여전한 숙제입니다. 아버지는 벌초나 시제에 계속 참여하셔야 하고, 장손인 제게도 그 문제는 이어질 테니까요. 기독교 신앙과 제사 전통은 계속해서 부딪힐 것 같습니다. 사실 오늘도 아버지는 시제에 가셨습니다. 어떠실지 모르겠네요."

아버지의 고육지책

/

이 이야기를 읽으면서 어떤 생각이 드셨나요? 많은 사람이 고민하는 문제라는 생각도 들고, 갈등이 많고 어려운 일은 많아도 이야기 자체는 참 정겹다는 생각도 듭니다. 아버지는 하나님을 믿고 난 다음에도 제사상을 완전히 버리지는 못하고, '추모예배+제사'라는 묘한 형식을 취해서라도 아들에게 맞춰 주고, 아들은 어떻게 해서든 아버지를 도와드리려는 이야기라서 훈훈하고 따뜻합니다. 하지만 한편으로는 양쪽 다, 아들은 아들대로 아버지는 아버지대로 얼마나 고민이 많았을까 싶습니다. 그 고민은 아직도 해결이 안 된 것 같습니다. 아버지의 고육지책이긴 하지만, 그래도 상당 부분 해피엔딩입니다.

하지만 대개는 해피엔딩이 아닙니다. 그리스도인이 있는 집안에 이런 갈등이 생겨서 아예 왕래를 끊어 버리는 일도 일어나고, 제사 때 늦게 가거나 참석하지 않아서 다른 가족에게 질책을 받기도 합니다. 제가 만난 사람 중에 적지 않은 분들이 "우리 집은 제사 지내는데 하나님을 믿는 데 문제가 되지 않을까요? 저는 장손이고 제사를 놓을 수 없을 것 같은데, 교회는 아무래도 못 다닐 것 같습니다"라고 합니다.

제사는 생각보다 무척 중요한 문제입니다. 그리스도인에게는 제사에 어떻게 참여할 것인가가 문제이고, 하나님을 알아 가기 원하거나 기독교를 삶의 대안으로 검토하는 분에게는 제사를 어떻게 볼 것인가가 어려운 문제입니다. 제가 모두의 문제를 해결하는 정답을 드릴 수는 없습니다. 정답보다는 이 문제를 다룰 때 생각해야 할 바를 나누고 싶습니다. 중심이 되는 생각을 토대로 자기에게 맞는 방법을 잘 선택하기를 바랍니다.

제사의 네 가지 다른 얼굴

/

제사에는 네 가지 다른 얼굴이 있는데, 첫째는 '조상신을 섬기는 종교'입니다. 조상신을 섬기고 봉양하면 조상신이 우리를 돌봐 주고 보호해 준다는 생각입니다. 둘째는 '효'입니다. 제사는 충효 사상을 강조하는 유교 전통의 영향을 많이 받았습니다. 그중에서도 효 사상, 살아 계신 부모에게 효를 다할 뿐 아니라 돌아가신 부모에게도 효를 행한다는 개념이 포함되어 있습니다. 셋째는 '뿌리의 확인'입니다. 제사에는 '내가 어디서 비롯되었는가?', '나라는 존재는 누구인가?' 하는 정체성을 분명하게 해 주는 면이 있습니다. '나는 ○○○씨 ○○○파'라는 표현에서 알 수 있듯이, 자신이 어디에 속한 어떤 사람이며 어떤 어른들이 있었음을 기억하면서 자부심도 생기고, 자신에 대한 정체감도 명확해집니다. 넷째는 '가족의 화합'입니다. 제사 지낼 때는 흩어져 사는 가족이 함께 모여서 안부도 묻고 교제도 하고 여러 경조사도 이야기합니다. 네 요소 중에 어느 쪽을 강조하느냐에 따라 가정마다 그 비율은 약간씩 다릅니다.

첫 번째를 제외한 나머지 세 가지 측면은 큰 문제가 되지 않습니다. 그리스도인이든 '찾는이'이든 가장 큰 문제는 첫 번째입니다. 종교에 관한 것이기 때문입니다. 그래서 저는 우리나라 제사의 종교적 측면을 살펴보려 합니다. 이를 위해서는 우리나라의 제사가 어떻게 변천해 왔는지를 살펴보면 도움이 됩니다. 간단하게 정리하고 넘어가겠습니다.

우리나라의 제사가 걸어온 길

/

원시 시대에는 사람들이 자연 현상이나 재해를 보면서 경외심을 가졌습니다. 그런 현상 뒤에 절대적 존재가 있지 않을까 하는 생각을 했습니다. 하늘, 땅, 해, 달, 별, 바다, 산 뒤에 신이 있다고 생각했습니다. 또한 수천 년 전부터 거의 모든 문화권에서, 인간은 죽음으로 끝나지 않으며 인간의 영혼은 불멸한다고 생각했습니다. 그래서 사람들은 신의 가호로 재앙을 피하고 안락한 생활을 보장받고 싶었습니다. 이런 기원은 인류 역사가 태동한 때까지 거슬러 올라갑니다. 이것이 바로 제사의 기원이며, 거의 모든 나라가 비슷합니다.

우리나라도 역사가 시작되면서부터, 원시 종교에 가까운, 천신 곧 하늘님에 대한 신앙이 있었습니다. 고조선의 단군 신화에 '하늘님'이 나오듯 옛적부터 하늘에 있는 신, 천신을 숭배하는 사상이 있었습니다. 이는 고조선뿐 아니라, 부여의 영고, 고구려의 동맹, 동해의 무천으로 이어졌고, 이런 것들이 제사 의식으로 발전했습니다. 천신 숭배는 우리나라의 전통적인 종교 양식이었습니다. 그래서 우리나라 사람들은 본능적으로 "아이고, 하느님" 같은 표현을 쓴다거나, "하늘이 노했다", "하늘도 무심하시지", "하느님 맙소사" 같은 말을 합니다. 하늘님에 대해 우리 민족이 옛날부터 가지고 있던 사상이 이런 말들에 반영되어 있습니다.

그런데 천신 숭배 사상은 그 이후로 땅의 신, 마을 신, 종족 신 등을 숭배하는 사상으로 발전합니다. 많은 사람이 알듯이 '성황당'은 마을을 보호하는 신을 섬기는 곳이었습니다. 이렇게 발전하다가 고려 시대에 이르러 조상신 숭배가 시작된 것으로 보입니다. 하지만 고려 시대 때는 귀족과 양반만이 제사를 지냈습니다. 고관대작은 6대조까지 제사를 지내고, 밑으로 내려가면서 2대조까지 제사를 지냈습니다. 반면, 평민은 아예 제사를 지내지 못했습니다. 귀족만이 누리던 풍습이 보편화된 것은 조선 시대 유교의 영향입니다. 조선 시대에 와서는 주자가례에 근거해 모든 평민이 4대조까지 섬기도록 했습니다.

우리나라의 제사는 단지 유교에서 비롯된 것이 아니라, 더 오래전부터 있었던 천신 사상, 그 이후의 지신, 마을 신 숭배, 그리고 유교의 영향을 받아서 조상신을 숭배하는 흐름이 함께 만들어 낸, 그래서 우리 속에 토착화된 토착 종교에서 나온 것이라고 볼 수 있습니다. 단순히 유교의 가르침이 아니었습니다. 공자의 가르침을 보아도, 공자는 우리나라에서 드리고 있는 제사 같은 것을 가르치지는 않은 것 같습니다.《중용中庸》을 보면 제자들이 공자에게 제사의 의미가 무엇이냐고 물어보는 대목이 나옵니다. 이에 대해 공자는 "제사는 하늘과 땅에 드리는 모든 제사 의식을 통해 사람이 상제上帝를 섬기는 것이다"라고 했습니다. 공자는 조상신이 아니라 상제, 곧 하늘의 최고 신을 섬기는 것이 제사의 중심이라고 했습니다.

또《논어論語》에 보면, 공자의 제자 계로가 공자에게 이렇게 물은 적이 있습니다. "선생님, 감히 죽음에 대해서 여쭙고 싶습니다." 이에 대해 공자는 "우리가 아직 삶에 대해서도 잘 모르고 있는데 어찌 죽음에 대해서 논할 수 있겠는가?"라고 대답했습니다. 공자는 "죽음 이후에 대해서는 잘 모르겠다. 삶 자체를 이야기하기에도 나는 벅차다"라고 했습니다. 또 한 번은 제자가 이렇게 물었습니다. "신에 대해서도 이야기해 주십시오." 그러자 공자는 "사람에 대해서도 잘 알지 못하는데 어찌 신에 대해서 논하겠는가?" 하고 대답했습니다. 이로 보아 공자는 아주 지혜롭고 솔직한 사람이었습니다.

공자 당시의 중국은 아주 혼란스럽고 위기였습니다. 이런 상황에서 공자는 그 전 시대에 있었던 조상을 본받아야 한다는 면에서 조상을 기억하고 조상처럼 살아야 한다고 강조한 것입니다. 이런 가르침이 우리나라에 들어오면서 종교성이 풍부한 우리나라 사상들, 원시 종교, 천신 사상, 지신, 마을 신 등과 합쳐지면서 독특한 제사 문화를 만들어 냈습니다. 다시 이야기하지만, 우리나라가 가진 제사 양식은 특별한 종교 형식입니다.

종교로 기능하는 제사

/

이렇게 면면히 이어져 온 제사의 정신은 다음처럼 정리할 수 있습니다. 이미 죽은 조상의 혼은 없어지지 않으며, 배회하거나 안식처에 있다가 때때로 후손을 찾아온다는 것입니다. 특히 죽은 장소나 살았던 곳으로 찾아오고, 자손들이 끊임없이 공양하면 행복하게 생각하고 기뻐한다고 합니다. 이렇듯 조상신이 자신을 공양하는 자손을 보호해 준다고 믿는 것이 제사의 종교적 측면입니다.

1973년에 고 박정희 대통령이 '가정의례준칙'을 만들어 제례를 간소화하기 전까지는 제사가 아주 복잡했습니다. 제사 드릴 때는 먼저 조상신이 들어오도록 대문부터 열어 놓습니다. 어떤 집은 마당에 빨랫줄 같은 것도 치웠습니다. 조상신이 들어오다 걸릴 수 있기 때문입니다. 조상신이 들어오는 데 아무 불편함이 없도록 먼저 자리를 만들어 드렸습니다. 그리고 제사 드릴 때 격식을 많이 따졌다는 것을 기록을 통해 알 수 있습니다. 숟가락을 밥그릇에 꽂고 조상신이 식사하시도록 하는데 이것은 금방 끝나는 것이 아니라, 아홉 수저를 뜰 때까지 모두 무릎 꿇고 기다렸습니다. 아홉 수저면 한 공기가 거의 끝난다고 합니다. 제사를 주도하는 장손 되는 분이 "흠흠" 하면 그때야 다 일어나는 겁니다.

제사에는 분명 종교적 측면이 있습니다. 조상신을 모셔오고 그분을 예배하는 부분이 있습니다. 가정의례준칙이 생겨난 후에야, 그리고 초자연적인 것을 잘 믿지 않는 요즘에 이르러 종교적 색채가 점점 엷어졌지만, 이것도 가정에 따라 다릅니다. 여전히 종교적 측면이 강한 가정도 있고, 반면에 많이 희석된 가정도 있습니다.

그리스도인들이 제사에 대해 지나치게 호들갑 떤다는 사람도 있지만, 제사를 진지하게 드리는 이에게는 제사가 정신적 지주 역할을 하는 것도 사실입니다. 특히 힘들 때는 더 그렇습니다. 인생이 어려울 때는 "조상님, 좀 도와주세요"라는 말이 자연스럽게 나오곤 합니다. 최근에 어떤 분이 제게 이런 이야기를 했습니다. 사는 게 너무 힘들어서 어머니 묘소를 찾아가서 술을 부어 드리면서 떼를 썼다고 합니다. "어머니, 힘이 하나도 없구면. 나 하나도 못 도와주네" 하면서 푸념을 했답니다. 마음속에 '그래도 어머니가 나를 도와줄 텐데' 하는 마음이 항상 있었던 겁니다. 지식이 없어서가 아닙니다. 이것은 정말 힘들 때 조상신을 찾는, 일종의 신앙 체계입니다. 이렇듯 제사에는 분명히 종교적 측면이 있습니다. 얼마나 강하게 믿는지에 따라 차이는 있겠지만, 그렇게 믿는 사람에게 제사는 하나의 체계이자 종교입니다.

성경과 제사

/

그렇다면 기독교가 제사를 어떻게 생각하는지 살펴볼 필요가 있습니다. 사실 기독교는 제사의 종교입니다. 놀라실지도 모르지만, 기독교에는 처음부터 제사가 있었습니다. 성경을 보면 제일 먼저 가인과 아벨이 제사 드렸다는 이야기가 나옵니다. 그 후 아브라함, 이삭, 야곱 모두 제사를 드렸습니다. 그리고 성경을 읽다 보면 계속 읽기가 힘든 책이 있는데 레위기입니다. 제사에 관한 이야기가 너무나 많이 나오기 때문입니다. 제사 종류도 한둘이 아닙니다. 기독교는 원래 제사의 종교입니다. 출애굽기 20장 3-5절에는 배타적 선언이 나옵니다.

> 너희는 내 앞에서 다른 신들을 섬기지 못한다. 너희는 너희가 섬기려고 위로 하늘에 있는 것이나, 아래로 땅에 있는 것이나, 땅 아래 물속에 있는 어떤 것이든지, 그 모양을 본떠서 우상을 만들지 못한다. 너희는 그것들에게 절하거나, 그것들을 섬기지 못한다. 나, 주 너희의 하나님은 질투하는 하나님이다. 나를 미워하는 사람에게는, 그 죄값으로, 본인뿐만 아니라 삼사 대 자손에게까지 벌을 내린다(출 20:3-5).

"다른 것은 섬기지 말고 나만 섬기라"라는 하나님 말씀입니다. 기독교는 다른 영적 존재나 영적 현상을 인정합니다. 그런 면에서 기독교는 상당히 열린 세계관을 취합니다. 오늘날 과학주의처럼 초자연적인 것은 없다고 배제하지 않습니다. 초자연적인 것은 있으나 그런 것들은 참 신이 아니고 "여호와 하나님만이 진정한 신"이라고 말합니다. 하나님께서는 다른 신을 섬기면서 시간 낭비하지 말고 나만 섬겨야 한다고, 그것이 우리를 위해 가장 행복한 일이라고 주장하십니다. 이처럼 구약 시대에는 제사를 매우 강조했으며 자세히 가르쳤습니다.

그렇다고 성경의 제사가 앞서 언급한 우리나라 제사와 같지는 않습니다. 우리나라 제사는 조상신의 진노를 막고 복을 받는 측면이 강하지만, 성경의 제사는 길흉화복, 흉한 것을 멀리하고 길한 것을 얻어 내기 위한 것이 아니라 하나님을 만나는 것입니다. 우리 민족의 제사는 축복과 저주와 관계가 깊지만, 성경의 제사는 하나님과의 만남에 방점이 찍힙니다. 살아 계신 하나님을 인격적으로 대면하여 만나는 것이 성경의 제사였습니다.

하나님이 원하시는 제사

아벨부터 시작해서 성경 속 여러 제사 장면을 보면, 제사를 통해 실제로 하나님을 만납니다. 거기서 복도 받고 경고도 받습니다. 하지만 복을 받으려고 하나님을 만나는 것이 아니라, 하나님을 먼저 만났고 그때 하나님이 복을 주시기도 하고 다른 일이 일어나기도 합니다. 구약 시대 제사를 잘 요약한 구절이 시편에 나옵니다. 51편 17절입니다.

하나님께서 구하시는 제사는 상한 심령이라. 하나님이여 상하고 통회하는 마음을 주께서 멸시하지 아니하시리이다(개역개정).

하나님이 구하시는 제사는 '상한 심령'입니다. '상한 심령'이란 자녀가 말을 안 들어서 상한 마음, 아내나 남편이 말을 안 들어서 상한 마음, 또는 경제적으로 힘들어서 상한 마음이 아닙니다. 하나님이 구하시는 상한 심령이란, 하나님의 임재 속에서 하나님을 만나고 교제해야 하는데 그렇지 못한 데서 오는 답답함과 안타까움입니다. 그래서 구약성경에서 하나님은 선지자를 통해 진실한 마음이 빠진 제사에 대해 이렇게 이야기하십니다. "야, 제사 그만해라. 지겹다. 너희들이 드리는 제사, 지겹다. 마음도 없이 드리는 제사, 지겹다. 그만둬라"(렘 6:20; 14:12; 암 5:22 등). 하나님이 원하시는 것은 제사 자체가 아니라 그 속에서 하나님을 만나는 것입니다. 이것이 성경에서 이야기하는 제사의 중심입니다.

속죄 제사와 예수의 죽음

그런데 이러한 제사를 드릴 때 문제는, 하나님은 완전하신 분이시므로 죄가 있는 인간이 그 앞에 나아갈 수가 없다는 것입니다. 그래서 구약의 제사 중에서 제일 중요한 제사가 속죄 제사입니다. 레위기에 여러 가지 제사가 나오지만, 중심 제사는 속죄 제사입니다. 이 제사를 통해 인간은 자기가 지은 죄를 용서받았습니다. 나쁜 말, 거짓말, 도둑질 같은 것도 죄지만 성경에서 이야기하는 죄는 하나님 없이 사는 것입니다. 우주의 주인이신 하나님을 무시하고 사는 것은 반역이며, 그에 대한 대가는 죽음밖에 없습니다. 그래서 구약성경에서는 한계가 있는 방법이지만 동물의 생명을 취해서 대신 대가를 지불했습니다.

인류의 심각한 문제, 곧 하나님과 단절된 문제를 해결하기 위해 메시아이신 예수께서 오십니다. 그리고 우리를 위해서 직접 돌아가십니다. 이로써 우리가 지불해야 할 죄의 대가를 대신 치르셨습니다. 다시 말해, 예수께서 당신 자신을 제물로 삼아 완전한 속죄 제사를 드리셨습니다. 그에 힘입어 우리는 하나님 앞에 나아갈 수 있습니다. 성경은 이에 관해 여러 곳에서 이야기하고 있으며, 특히 베드로전서 3장 18절은 이를 아주 웅변적으로 들려줍니다.

> 그리스도께서도 죄를 사하시려고 단 한 번 죽으셨습니다. 곧 의인이 불의한 사람을 위하여 죽으신 것입니다. 그것은…여러분을 하나님 앞으로 인도하시려는 것입니다.

그리스도께서 죄를 사하시려고 한 번 죽으셨다는 것은 완전한 속죄 제사를 드리셨다는 것입니다. 성경의 주 관심사는 우리가 하나님 앞에 서는 것입니다. 우리가 하나님과 만나 교제하는 것이 성경의 주 관심사입니다. 이런 면에서 성경의 제사와 우리나라의 제사는 상당히 다릅니다. 제사의 대상도 물론 다르지만, 우리의 제사가 조상신을 공양하여 후손의 복을 비는 것이 목적이라면, 성경의 제사는 살아 계신 하나님을 만나는 것이 목적입니다.

삶이 곧 살아 있는 제사
성경은 여기서 한 걸음 더 나아갑니다.

> 그러므로 형제들아 내가 하나님의 모든 자비하심으로 너희를 권하노니 너희 몸을 하나님이 기뻐하시는 거룩한 산 제사로 드리라. 이는 너희가 드릴 영적 예배니라(롬 12:1, 개역개정).

이 구절은 우리 삶 자체를 제사라고 말합니다. 왜 그렇습니까? 이제 하나님과 같이 다니며 그 임재 가운데서 살아가고, 하나님께서 나를 떠나지 않겠다고 하셨으므로 우리 삶 자체가 제사가 됩니다. 일 년에 몇 번이 아니라 매일 매 순간이 제사가 되는 것입니다. 이것이 제사에 대한 기독교의 생각입니다. 기독교에서 이야기하는 제사와 우리나라에서 드리고 있는 제사는 상당히 다른 체계입니다. 어느 쪽이 맞고 틀리는지를 지금 이야기하고 싶지는 않습니다. 제가 여기서 말씀드리고 싶은 것은, 엄연히 다른 두 개의 종교 체계라는 것입니다. 그래서 갈등이 생깁니다.

우리나라 제사에서 버리지 말아야 할 것

/

그럼 이제 우리의 질문은 그리스도인으로서 제사를 어떻게 할 것인가입니다. 앞서도 언급했듯이 제사의 네 요소 중에 세 가지는 큰 문제가 아닙니다. 종교적 측면만이 문제가 됩니다. 제사에는 종교적 측면이 있으므로 우리나라의 토착 종교임을 인정해야 합니다. 그렇다면 종교 외적인 측면은 어떻습니까? 종교 외적인 측면은 특별한 문제가 되지 않습니다. 먼저 '효'를 생각해 봅시다. 성경만큼 효를 강조하는 종교는 없습니다. 성경에서는 부모님이 돌아가신 후가 아니라 살아 있을 때의 효를 강조하지만, 효 자체는 성경이 매우 중요시하는 덕목입니다. '자신의 뿌리'에 관해서도 성경에는 계속 '기념하라'라는 말이 나옵니다. 구약성경에는 여러 축제와 제사가 나오는데, 그중 초막절이나 유월절은 조상의 경험을 회상하는 제사입니다. 신약성경에는 예수의 죽음을 기억하는 성찬식이 있습니다. 이것들을 통해 자신이 누구인지를 생각해 보라는 것입니다. 이런 면에서, 동양의 제사와 기독교의 제사는 비슷한 면이 있습니다. 그뿐만 아니라 가족이 다 함께 모여서 서로 돌아보며 자신의 뿌리를 확인하는 것, 이것이야말로 성경에서 중요하게 여기는 부분입니다. 그러므로 제사의 세 요소는 그리스도인이 받아들여야 할 것들입니다.

하지만 이 부분에서 지금까지 한국 기독교가 부족했던 점도 있습니다. 1700년대 중반부터 1800년대 중반까지 거의 100년 동안 천주교는 제사 문제를 중심으로 엄청난 박해를 받았습니다. 정확한 숫자는 알 수 없지만, 이 시기에 12,000명에서 13,000명이 순교했다고 전해집니다. 천주교가 전래 초기에 우리나라 사람들의 조상신 숭배를 금하기 위해 제사를 폐지했기 때문입니다. 이것은 당시 조선의 이데올로기를 거부하는 것이 되어 조선왕조가 엄청난 박해를 합니다. 물론 국제 역학도 복잡하게 뒤얽히긴 했으나, 제사 문제는 당시 아주 첨예한 쟁점이었습니다. 당시는 앞의 네 요소 중에서 종교적 측면이 무엇보다 중요했습니다.

이때부터 그리스도인은 제사를 아예 우상숭배로 보고, 제사의 종교적 요소뿐 아니라 나머지 요소까지 다 버렸습니다. 대안이 될 만한 다른 방법을 찾을 여유나 융통성이 당시에는 없었던 것 같습니다. 미국 속담에 "목욕물과 함께 아기를 버리지 마십시오"라는 말이 있습니다. 작은 욕조에 물을 받아서 아기를 씻긴 다음에 물을 버리다 아기까지 버리지는 말라는 것입니다. 목욕물만 버려야 하는데 진짜 중요한 아기까지 버리지 말아야 합니다. 기독교는 제사와 관련한 모든 것을 다 버렸습니다. 좋은 점도 함께 버렸습니다. 그 결과 그리스도인은 가족 일에 잘 참여하지 않는 사람, 제사에 오지 않는 사람이 되어 버렸습니다.

제사 지내야 하는 이들에게

/

제사를 폐기해야 했던 기독교 전래 초기 상황을 기억하면서, 그렇다면 지금은 어떻게 할지를 생각해 봅시다. 우리가 기억해야 할 중요한 것은, 지금은 상황이 많이 변했다는 점입니다. 오늘날 젊은이 가운데 조상신이 자신을 보호해 준다고 믿는 사람은 드뭅니다. 이는 오늘날의 세계관과도 밀접하게 연관되어 있습니다. 어른들도 자녀가 제사 때 참여하지 않거나 절을 하지 않아도 "요즘 애들은 다 그래" 하면서 넘어가기도 합니다. 옛날보다 관용적으로 변했고 문화적 변화도 함께 일어났습니다. 이처럼 상황이 많이 바뀌었기 때문에, 제사 문제에 어떻게 대응해야 할지는 각자 처한 상황에 따라서 달라져야 합니다. 원칙을 분명히 하고 각자가 처한 상황에서 어떻게 할지를 결정해야 합니다. 딱 잘라서 "제사에 가지 마십시오", "절하지 마십시오", "절하십시오"라고 말할 수 없습니다. 집안마다 상황이 다르므로 그 상황에서 어떻게 할지가 중요합니다. 일률적인 규칙이 오히려 큰 문제를 부릅니다. 그렇다면 어떻게 해야 할까요?

흔들리지 않는 중심

일단 몇 가지 중심되는 이야기를 하고 싶습니다. 기독교 신앙은 마음속으로만 믿는 것이 아니라 표현하는 것입니다. 어떤 때는 생명의 위협이 있더라도 표현해야 합니다. 틀린 것은 틀렸다고 말하는 것이 기독교 신앙입니다. 하나님을 위해서는 생명도 버릴 수 있다고 믿는 것이 기독교 신앙입니다. 속으로만 믿고 겉으로 다르게 행동하면 안 됩니다. 신사참배 때 적지 않은 그리스도인이 죽었는데 그들의 죽음은 극렬분자들의 꽉 막힌 행동이 아니었습니다. 하나님을 믿기 때문에 일본 신에 절하며 하나님을 부인할 수 없었던 것입니다. 내면에서 믿는 것은 반드시 밖으로 드러나야 합니다. 이것이 원칙입니다. 여기에 따르는 또 다른 원칙은 구체적인 상황에서 적절하게 표현해야 한다는 것입니다. 나의 행동이 어떻게 이해되고, 또 내가 믿는 하나님이 어떻게 표현되는지가 중요합니다. 내가 무슨 행동을 하면 다른 사람들이 그것을 보면서 "아, 저 사람이 저렇게 행동하는 것은 이것 때문이구나" 하고 이해하는 것이 중요합니다.

제사 모임 참여

두 원칙을 염두에 두고 몇 가지를 구체적으로 살펴봅시다. 먼저 제사 모임에 참여하는 문제입니다. 제사를 지내려 가족이 모일 때 그곳에 가야 할까요, 가지 말아야 할까요? 그리스도인들이 보통 취하는 방법 중 하나는 아예 가지 않는 것입니다. 심지어 가족과 의절하는 사람도 있습니다. 그럴 수밖에 없는 상황도 있었을 수 있지만, 이것이야말로 아기를 목욕물과 함께 버리는 것입니다. 우리는 가정의 중요한 모임으로 제사가 지니는 가치를 분명히 인정해야 합니다. 가정에서 격리되거나 소외될 필요는 없습니다. 저는 그리스도인들이 제사 모임이 있을 때마다 가야 한다고 생각합니다. 제사 지내는 곳은 우상숭배하는 곳이므로 가지 말아야 한다는 주장은 너무 문자주의적입니다. 가서 어떻게 내 신앙을 표현하는지, 내 속에 있는 생각을 어떻게 드러내는지가 중요합니다. 참석하지 않는다고 해서 문제가 해결되지는 않습니다.

절하는 행위

아마도 제일 큰 문제는 절하는 것입니다. 앞서 성경 본문에서 보았듯이 우상 앞에서 절하지 말라고 했기 때문에 그리스도인은 일반적으로 절을 하지 않습니다. 그런데 여기서 저는 아주 조심스럽지만 중요한 이야기를 한 가지 하고 싶습니다. 우리나라의 절이 성경에서 금지한, 우상에게 절하는 것과 같은지는 따져 보아야 합니다. 성경이 말하는 절은, 섬기는 신에게 자신을 완전히 드리고 지도와 인도를 받겠다는 표현입니다. 하지만 우리나라의 절은 그런 뜻이 아닙니다. 세배하거나 스승이나 회사 상사에게 절을 할 때 우리는 존경하고 감사하다는 표시로 하기도 합니다. 앞뒤 자르고 절 자체만 가지고, 무조건 절하지 말아야 한다는 주장은 너무 문자에 매여있는 태도입니다. 절하는 것은 우상숭배이니 절하지 말라고 교회에서 처음부터 너무 강하게 가르쳤기 때문에, 한국 교회와 그리스도인이 우리나라 문화 공동체 안에서 국외자가 되어 버린 느낌을 지울 수가 없습니다.

그러면 이렇게 질문할지 모릅니다. "목사님, 그럼 절을 하라는 말입니까?" 그런 말은 아닙니다. 참 어렵지만, 상황에 따라 판단해야 합니다. 절을 하는 행위가 조상신을 섬긴다는 표현이 되는 상황이라면 절하지 말아야 합니다. 그러나 함께 모인 가족들이 '저 친구는 하나님을 믿는 친구이고, 저 친구가 와서 절하는 것은 우리 집안을 존중해서 하는 것이지 우리처럼 조상신에 절하는 것이 아니야. 자기가 믿는 하나님께 기도하고 있을 거야'라고 여겨지는 상황이라면 절을 해도 문제가 되지 않습니다. 그리고 제사 드릴 때 종교적 측면이 상당히 약해진 집안, 전통적인 차례상 정도만 올리는 집안이라면, 조상에 감사하는 마음을 갖고 그분에 대해 생각해 보는 의미에서 절하는 것은 문제가 되지 않는다고 생각합니다.

여기에는 분명 오해의 소지가 있습니다. 그러나 기독교 신앙은 어떤 규례를 만들어서 따라가는 것이 아닙니다. 기독교는 어떤 행동 강령을 주는 종교가 아닙니다. 중심을 하나님께 두고 구체적인 상황에서 어떻게 하는 것이 하나님 앞에서 가장 옳은지를 생각합니다. 거기에 따라서 상당히 융통성 있게 움직일 수 있습니다. 그러나 중심 원칙은 포기하지 않습니다. 만약 내가 하나님을 부인하는 의미로 절을 한다면 그것은 배교입니다. 하나님 외에 다른 신을 섬겨야 한다면 생명도 내놓겠다는 것이 기독교 중심 원칙입니다. 하지만 이를 너무 문자적으로 생각해서 몸에 맞지 않는 옷을 입고서 자신을 옥죄일 필요는 없습니다.

저도 이 부분을 심각하게 고민하기 전까지는 집안 어른들이 돌아가셔서 장례식에 갔을 때 절을 하지 않았습니다. 그냥 무릎 꿇고 기도했는데, 어떤 면에서는 절을 해도 괜찮겠다는 생각도 했습니다. 돌아가신 분을 존경하는 마음이 있다면 그것을 절로 표현할 수도 있다고 봅니다. 하지만 분명히 말씀드립니다. 절에 대해 조심스럽게 생각하십시오. 김형국 목사가 지금부터 절하자는구나 하고 생각하지 마십시오. 상황에 따라 자신의 신앙을 표현하고 다른 종교 체계를 존중하는 태도를, 비록 그 체계가 틀렸다고 생각할지라도 취해 줘야 합니다. 생각이 다르다고 해서 그들이 모인 곳에 가지도 않고, 만나지도 않고, 아무것도 함께하지 않는 것은 옳은 태도라 할 수 없습니다.

제사 음식 준비와 식사

또 한 가지 중요한 것은 제사 음식을 차리거나 먹는 문제입니다. 제사는 특히 가부장적 문화에 기반하고 있어서 흔히 남자들은 절을 하고 여자들은 제사 음식을 차립니다. 그런데 그리스도인 여성 중에 제사 음식을 차리지 않겠다는 분이 있습니다. 제사상 음식은 조상신을 위해 차리는 것이므로 참여하지 않겠다고 합니다. 그러나 조상신을 위해 음식을 차리는 것이 아니라 가족들이 함께 먹을 식사를 준비하는 것이라면, 오히려 가족과 함께 제사 음식을 준비하는 것이 좋습니다. 왜 장손에게 시집가지 않으려고 합니까? 제사상을 차려야 하는 의무가 있어서라고도 합니다. 둘째 며느리가 그리스도인이라면 가서 형님을 도와주어야 합니다. 오늘날은 양성평등이 우리 사회에도 자리를 많이 잡아서 제사 음식 준비도 아들과 며느리, 딸과 사위가 다 함께 하는 상황이 되었습니다. 이런 상황에서 "나는 그리스도인이니까 제사 준비는 도울 수 없어요"라고 하는 것은 문제입니다.

제사 음식을 먹는 문제에 관해서는 성경에 좋은 예가 있습니다. 우상에게 드렸던 고기를 먹어도 되는지는 초기 그리스도인에게 중요한 문제였습니다(고전 8장). 성경에서 말하는 바는 "그건 문제가 아니다. 먹을 수도 있고 먹지 않을 수도 있다. 네가 아무렇지도 않으면 먹어라. 마음에 꺼리면 먹지 마라"입니다. 제사 때 음식을 차리거나 먹는 것이 저는 문제가 되지 않는다고 생각합니다. 그 사람의 신앙에 따라 달라질 수 있습니다.

오래된 제사에 응답하는 대안 문화

이런 이야기를 하면서 꼭 말씀드리고 싶은 것은 그리스도인이 대안 문화를 만들어 내야 한다는 것입니다. 밥에 숟가락 꽂고 조상신을 초대하는 형식을 취하지 않더라도 조상을 생각하고 돌아가신 부모님을 기리는 대안 문화를 만들어 가는 것이 중요합니다. 점진적 변화를 도모하십시오. 어느 순간 끊어 버리지 마십시오. 우리에게 더 중요한 것은 하나님을 알지 못하는 분들입니다. 그분들이 하나님을 아는 것이 더 중요합니다. 그런 면에서 더 융통성 있게 해야 한다고 생각합니다. 그리스도인들이 자신의 믿음을 분명히 하면서도 지혜롭게 참여해야 하는 이유입니다.

저는 이 문제를 놓고 몇몇 분들과 이야기를 나누면서 좋은 아이디어를 얻었습니다. 제사 모임에 가서 이렇게 하는 분도 있다고 합니다. 그리스도인이 된 후에 집안 어른에게 이렇게 이야기했다고 합니다. "제가 기독교 신앙을 가지게 되었습니다. 그래서 더는 조상님을 신으로 섬기기가 어렵습니다. 용서해 주십시오. 그러나 제사에는 참여하고 싶습니다. 어른들이 절하실 때 저는 무릎 꿇고 기도하겠습니다. 우리 가족을 떠나고 싶지는 않습니다. 하지만 제 신앙도 포기할 수 없습니다." 어떻게 되었을까요? 둘 중 하나입니다. 집안 어른이 열려 있다면 그렇게 하라고 허락했을 것이고, 그렇지 않았다면 "너, 이놈 자식!" 하고 나올 수도 있습니다. 만약 그 어른이 받아들이지 않으신다면 그분들은 제사를 종교적 행사로 생각하는 것이므로 문제는 상당히 어려워질 것입니다. 그렇다면 물러서면 안 됩니다. 하지만 그리스도인은 이 문제를 해결할 방법을 찾아가야 합니다. 그냥 한꺼번에 다 포기하고 단절을 택하지 마십시오.

양립할 수 없는 두 종교

만약 당신이 이제 막 그리스도인이 되었다면 당부하고 싶습니다. 제사가 일종의 종교였다면 하나님을 믿은 다음에는 그 제사에서 하나님의 예배로 옮겨와야 합니다. 이것은 타협할 수 있는 문제가 아닙니다. 두 종교 체계가 양립할 수는 없습니다. 만약 그쪽이 옳다고 생각하면 거기 그냥 남아 있어야 합니다. 옳지 않다고 생각하면 이쪽으로 와야 합니다. 이것이 회심입니다. 종교 영역에서는 서로 존중해야 합니다. 서로 다르다는 것을 인정해야 하고, 대강 섞어서 갈 수는 없습니다. 특히 기독교는 이에 대해 다른 종교보다 더 분명한 세계관을 가지고 있습니다.

불교도에게는 동시에 여러 신을 믿는 것이 어려운 문제가 아닐 수 있습니다. 불교는 기본적으로 범신론에 가까워서 모든 것을 신이라고 생각합니다. 그래서 불교도는 집에 있는 여러 다른 신을 먹이는 고사도 지냅니다. 화장실에 있는 신, 안방에 있는 신, 서까래에 있는 신, 나무에 있는 신, 어느 신이 있는지 모르나 상을 차려서 그 신들을 먹입니다. 불교에서는 이렇게 해석합니다. "중생도 보살피는데 우리 집에 사는 신들을 일 년에 몇 차례 먹이는 것이 얼마나 좋은 일이냐." 불교의 시각에서는 고사나 제사가 전혀 문제 되지 않습니다. 열린 태도처럼 보이지만 비슷한 종교 체계이기 때문에 가능한 일입니다.

그러나 기독교는 그와 다릅니다. 하나님만이 유일한 신이므로 다른 무언가를 섬길 필요도 없고 그래서도 안 됩니다. 기독교의 제사는 하나님을 만나는 것입니다. 하나님과 동행하는 것입니다. 하나님과 사랑을 나누는 것입니다. 그런 면에서 조상신을 섬기는 것과는 전혀 다릅니다. 그리스도인이 된다는 것은 새로운 세계관과 그에 따르는 삶의 방식을 따르는 것을 의미합니다.

제사보다 앞선 문제, 새로운 과제

/

제가 마지막으로 드리고 싶은 이야기는 제사보다 앞선 문제가 있다는 것입니다. 우리가 가족과 어떤 관계를 맺느냐 하는 것입니다. 평상시에는 집안 식구를 자주 찾지도 않고 어른도 공경하지 않던 사람이 제사 때 와서 저는 그리스도인이라서 절을 안 한다고 하면, 신앙이 아니라 관계에 문제가 있는 것입니다.

맨 앞에 소개한 이야기에서 특히 제 가슴에 와닿았던 부분은 아들이 아버지를 사랑하고 존중하며, 아버지가 정말 하나님을 만났으면 하고 바라는 모습이었습니다. 어떻게 해서든지 그렇게 되기를 바라면서, 정답은 없지만 오랜 시간을 기도하며 이 문제를 끌고 가고 있었습니다. 이것이 중요합니다. "나는 그리스도인이니까 그런 것은 할 수 없어"라고 선을 긋는 것은 너무 문자주의적이고 융통성 없는 태도입니다. 삶의 여러 정황에서 어떻게 신앙을 표현할지가 기독교의 주된 관심사입니다. 그러나 제가 마지막으로 붙이는 말을 잊지 마십시오. 만약에 당신이 제사에 적극적으로, 긍정적으로 참여하여서 믿지 않는 다른 가족이 '저 사람은 하나님을 믿으면서도 우리가 믿는 조상신을 믿는군'이라고 생각한다면, 참여하지 말아야 합니다. 그럴 때는 어른들과 터놓고 이야기하는 것 같은 다른 방법을 취해야 합니다.

'그래서 도대체 어쩌라는 거야?'라는 생각이 들지도 모릅니다. 실제로 정답은 없습니다. 그러나 한 가지는 말씀드릴 수 있습니다. 시간이 흐를수록 제사 문제는 훨씬 쉬운 문제가 될 것입니다. 조상신을 믿어야 하고, 조상신의 은덕으로 살아간다는 세계관은 빠른 속도로 퇴조하고 있습니다. 앞으로 이런 세계관은 훨씬 약화할 것입니다. 그때를 위해서도 그리스도인은 대안 문화를 만들어 나가야 합니다.

이미 우리 사회의 공동체성은 여러 곳에서 무너지고 있고, 한국 문화의 소중한 미덕이 사라지고 있으므로, 대안 문화를 만들어 내는 일은 더욱 필요해지고 있습니다. 한국 문화와 성경이 공통으로 중요하게 여기는 효와 자신의 뿌리에 관한 생각, 가족 간의 유대를 고려해 오늘날 상황에 부합하는 새로운 형태로, 제사를 대체하는 가족 모임을 만들 필요가 있습니다. 사회 전반에 걸쳐 조상신을 믿는 세계관이 희미해지면서, 그리고 그리스도인들이 제사 불참을 관행으로 여기면서, 효와 가족애 등을 소중히 여기고 누리는 유산이 함께 사라지고 있어 안타깝습니다. 이제는 단순히 제사가 우상숭배이므로 참여하지 않겠다는 자세가 아니라, 우리의 소중한 유산을 보존하고 누리는 방법을 머리를 맞대고 찾아내는 일이 필요하지 않을까 합니다.

기독교 가정에서 제사를 대체해 드리는 추모예배는 너무 종교적이어서 비신자 가족들이 참여하기가 어렵습니다. 종교가 달라도 함께 모여 조상을 기억하고 감사를 표하고, 자신의 뿌리를 소중히 여기며 가족 간에 우애를 다지는 방법을 그리스도인들이 먼저 만들면 어떨까요? 예를 들어 그리스도인 가족들이 먼저 모여 추모예배를 드리고, 그다음에 비신자 가족들과 함께 식사하는 것도 한 방법입니다. 물론 비신자 가족들도 추모예배에 참여할 수 있지만, 절대 강요하는 자세를 취해서는 안 됩니다.

　우상숭배라며 제사의 좋은 면까지 폐기하는 모습도 아닌, 그렇다고 추모예배를 비신자 가족들에게 강요하는 모습도 아닌, 기독교 신앙을 지키고 소중한 유산도 보전하며 다른 가족들까지 배려하는 방안을 찾아 나가야 합니다. 그럴 때 기독교를 오해하거나 멀리하는 사람이 줄어들고 자연스럽게 기독교에 마음을 여는 가족들이 늘어날 것입니다.

[시대와 동떨어진 단절에서 / 지혜로운 계승으로]

1. 가정에서 어떤 식으로 제사를 지내나요? 관련해서 고민이
   나 어려움이 있었는지요?

2. 당신이 제사를 지내지 않는 그리스도인이라면, 성경과 우리
   의 좋은 전통을 어떻게 조화시킬 수 있을지 이야기 나눠 봅
   시다.

3. 당신이 제사에 참여해야 하는 그리스도인이라면, 신앙을 지
   키면서도 지혜롭게 제사에 참여하는 방법은 무엇일지 이야
   기해 봅시다.

4. 제사 때문에 하나님을 믿지 못하겠다는 '찾는이'가 있다면,
   성경이 부정하는 제사의 요소와 긍정하는 제사의 요소를 어
   떻게 구분해서 설명할 수 있을지 이야기해 봅시다.

5. 제사는 우상숭배라고 못 박아 이야기하는 그리스도인들에
   게 어떤 이야기를 할 수 있을지 생각해봅시다.

6. 당신이 추모예배를 드리는 그리스도인이라면, 신앙이 없는
   가족들에게 추모예배를 어떻게 소개하고 와닿게 할 수 있을
   지 이야기해 봅시다.

7. 제사가 사라지는 흐름 속에서 전통적 가치를 보전하면서 비
   신자 가족들과 함께 모여 먼저 가신 이를 기억하고 추모하
   는 방법으로는 무엇이 좋을까요?

자기만 맞고
다 틀렸다며 강요한다

"그동안 기독교에서 말하는 선민사상은 자신들만
이 바른 종교이고 그 외에는 다 이단이나 사탄이
라고 몰아 버렸습니다. 오직 유일신 진리는 타협
할 수 없다는 전제하에 얼마나 많은 비신자와 전
통문화를 파괴하였는지 역사를 통해 알 수 있었습
니다. 비록 종교가 대외적으로 표방하는 정신이
그럴싸하더라도 이제 모든 종교는 이제까지 그들
이 보여 주었던 행적을 기준으로 평가를 받아야
할 것입니다."

"민주주의 기본 원리는 인간은 모두 동등하다는 것에서부터
시작한다. 동등하다는 말은 타인들의 생각, 신념, 행동 등의
자유 또한 당신의 그것과 같이 똑같이 존중받은 가치가 있다
는 것을 의미한다. 그러므로 민주주의는 자연스럽게 다양성

의 사회를 지향하게 된다. 그런데 기독교의 교리 자체가 민주주의를 부정한다. 나만 옳고 남은 모두 그르다고 굳게 믿는다. 즉 다양성을 부정하고 남을 인정하지도 않고 존중하지도 않는다. 오히려 폄하하고 배척하고 파괴하기까지 한다. 자기 자신들은 민주주의를 파괴하는 행위를 하고 타인들에게 정신적·물질적 피해를 끼쳐 가면서 정작 타인들에게는 민주주의를 들먹거리며 당신들을 존중해야 한다고 강요한다. 내가 인정받기 위해선 먼저 남을 인정해 주어야 한다. 기독교처럼 철저히 배타적이고 선민의식에 절어 있는 종교가 어디 있는가? 그들이 원하는 건 조화 속의 평화가 아니라 정복을 통한 평화이다. 자신의 신념만이 절대적 진리라고 생각하는 사람들로 지구촌이 가득 찬다면 분쟁과 전쟁이 끊이는 날이 없을 것이다. 타인을 인정할 수 없고 오직 자신의 종교만 절대적 선이 되어야 한다는 종교가 바로 유일신 종교이다. 모든 원리를 하나의 신에게서 찾다 보면 당연히 폐쇄적이고 배타적으로 될 수밖에 없다. …… 나의 신념 체계만이 절대적으로 옳고 절대적 선이라는 신념에서 벗어날 수 없는 한 평화란 있을 수 없다. 모두가 나의 이념과 같아지고 나의 신앙과 같아지기를 바라는 한 평화란 오지 않을 것이다. 다양성을 인정하지 않는 신념이 얼마나 위험한가를 뼈아프게 가르쳐 준 공산주의의 교훈을 절대 잊지 말기를 바란다."

_《우리는 왜 기독교를 반대하는가》 중에서

두 가지 영역

/

오늘날 한국 사회에 비친 기독교의 모습은 본질에서 멀어져 많이 왜곡되고 뒤틀려 있습니다. 많은 사람이 기독교를 배타적이라고, 자기중심적이고 독선적이라고 생각합니다. 이런 평가에는 여러 문제가 복합적으로 얽혀 있어 간단히 정리하기는 쉽지 않지만, 기독교의 배타성에는 대략 두 가지 중요한 영역이 있는 듯합니다. 이 둘이 섞여서 더욱 복잡한 양상을 띠기도 합니다.

기독교의 배타성은 첫째로 기독교만이 유일하고 보편적인 진리라고 주장하는 데서 비롯합니다. 이 진리를 매우 선명하게 이해하고 있어서 이와 상충하는 다른 가치나 믿음의 체계를 받아들이지 못합니다. 둘째로는 다른 믿음의 체계를 가진 사람들을 어떻게 대해야 할지 잘 모르는 사람들에게서 나타납니다. 그들은 다른 가치나 믿음을 지닌 이들을 비난하거나 때로는 혐오하며, 자주 갈등을 일으킵니다. 이러한 방식의 사회적 관계가 기독교의 배타성을 더욱 두드러져 보이게 만듭니다. 정리하면, 첫째는 기독교의 진리가 너무나 독단적이고 절대적이기 때문이며, 둘째는 그로 인해 그 진리를 믿고 따르는 이들이 사회적 관계에서도 매우 독단적인 모습을 나타내기 때문입니다.

특히 사회적 관계를 보면, 개인 차원에서부터 배타성이 드러납니다. 몇몇 그리스도인과 이야기를 나누다 보면 자기 생각만 옳다고 하는 경우가 종종 있습니다. 다른 사람의 생각을 받아들이지 못하고 자신의 잣대로 타인을 평가하고 비판하고 심지어 비난합니다. 개인 차원에서만이 아니라 집단적으로도 배타적일 때가 있습니다. 어떤 회사의 신우회원들은 회식 때 전원 불참해서 회사의 단합을 망친다는 평가를 받기도 합니다. 회사는 한마음이 되자고 자리를 만들었는데 오히려 안 하느니만 못한 회식이 되어 버렸습니다. 더 심각한 경우로는 신우회원끼리 밀어 주고 당겨 주면서 회사 내 이익집단처럼 취급당하기도 합니다.

다른 종교와 얽히면 배타성 문제는 더 심각해집니다. 자신의 종교가 타 종교와 다르다고 믿는 게 문제는 아닙니다. 하지만 '우리만 옳다'라며 타 종교를 폄하하고 무시하고 그 어떤 이야기에도 귀를 열지 않는 태도는 곤란합니다. 일부 그리스도인은 타 종교 신자에게 입에 담기 어려운 말을 쏟아 내기도 하고, 심하면 사찰의 불상을 부수거나 마을의 장승을 뽑아 버리기도 합니다. 교회 다니지 않는 분 중에는 "그리스도인들이 믿는 게 뭐가 그렇게 대단하다고 다른 사람의 신념이나 신앙에 대해 그렇게 폄하하고 함부로 말하나?"라고 질문하는 분이 많습니다. 이러한 현상은 한국에서만 일어나는 것은 아닙니다. 기독교 근본주의와 이슬람 근본주의가 부딪히면 테러가 발생하거나 전쟁으로까지 번집니다. 이를 '문화충돌'로 보는 오래된 시각이 있을 정도로 뿌리가 깊고 심각한 현상입니다. 결국은 모두가 자기 말이나 생각만 옳다고 주장하면서 생겨난 비극입니다.

이처럼 기독교의 배타성에는 '진리'뿐만 아니라 '사회적 관계'

라는 영역이 섞여 있습니다. 저는 이 둘을 분리해서 살펴보고 싶습니다. 먼저 사회적 관계를 알아봅시다.

그리스도인의 사회적 관계

/

성경이 가르치는 가장 근본적인 사회 윤리부터 살펴볼까요? 마태복음 7장에 나옵니다.

> 그러므로 너희는 무엇이든지 남에게 대접을 받고자 하는 대로 너희도 남을 대접하여라. 이것이 율법과 예언서의 본뜻이다(마 7:12).

율법과 예언서는 구약성경을 가리킵니다. 구약성경 전체의 본뜻을 예수께서 요약하셨는데, "대접받고 싶은 대로 대접하는 것"입니다. 본 성경 구절 다음에 괄호를 치고 '단, 다른 종교인은 제외'라고 쓰여 있지 않습니다. 또한 주석을 붙여서 '다른 종교나 가치관을 가진 사람은 해당 사항 없음'이라고 단서를 달지 않습니다. 모든 사람에게 똑같이 하라고 이야기합니다. 그래서 우리는 이 원칙을 '황금률Golden Rule'이라고 합니다. 그리스도인 모두가 공유하는 원칙이자, 기독교의 기본 윤리입니다.

그러므로 어떤 그리스도인이 다른 종교인을 멸시하고 경시한다면, 그것은 자신도 그렇게 멸시와 경시를 받겠다는 이야기입니다. 우리가 다른 종교를 대하는 태도에서 조심하고 또 조심해야 할 것은, '전부 아니면 전무all or nothing'라는 생각입니다. 그리스도인은 '기독교는 전부 옳고 다른 종교는 전부 틀리다'라고 생각하기 쉽습니다. 하지만 문화에 대한 이해가 조금이라도 있다면, 종교는 사람들이 인간의 한계 안에서 신을 가늠하고 찾아가는 길이었다는 사실을 알 수 있습니다. 인류 역사를 면면히 흘러가며 사색과 명상과 여러 훈련을 통해 '인생이란 무엇인가?', '삶은 왜 이렇게 고통스러운가?' 같은 삶과 죽음, 즐거움과 고통의 문제에 응답하며 쌓이고 쌓인 결과물이 무수한 종교들입니다.

특히 동양 종교들이 그러합니다. 그런데 이런 것들이 전부 가치 없다고 말하는 것은 자신이 무지하다고 고백하는 것과 같습니다. 종교 하나하나에 그 나름의 가치가 있습니다. 전부는 옳지 않더라도 많은 부분에 통찰력이 있습니다. 우리를 깜짝깜짝 놀라게 하는 지혜가 숨어 있습니다. 그런데 이것들을 전부 '어둠의 자식'이라고 뭉뚱그려 깎아내려서는 곤란합니다. 성경에서도 그렇게 하라고 가르치지 않습니다. 많은 그리스도인이 마태복음 7장 12절을 잊은 것 같습니다. 남에게 대접받고 싶은 대로 남을 대접하라는 말씀을 우리는 꼭 기억해야 합니다.

성경은 여기서 한 걸음 더 나아갑니다. 기독교와 생각이 다른 사람 정도가 아니라, 기독교를 박해하고 미워하는 사람에 대해 어떤 자세를 취해야 하는지를 알려 줍니다. 마태복음 5장입니다.

그러나 나는 너희에게 말한다. 너희 원수를 사랑하고 너희를
박해하는 사람을 위하여 기도하여라(마 5:44).

예수께서는 "너희 원수를 사랑하고, 너희를 박해하는 사람을
위하여 기도하여라"라고 말씀합니다. 기독교의 중요한 원리입니
다. 이와 같은 생각은 성경 곳곳에 깔려 있습니다. "악에게 지지
말고, 선으로 악을 이기십시오"(롬 12:21). 상대가 악을 행한다고 그
리스도인들이 똑같이 대응하는 것은 기독교의 방식이 아닙니다.
교양 있는 시민이라면 누가 내 차 앞을 갑자기 끼어들었다고 "네
가 끼어들어? 네가 나를 무시해? 누가 이기나 한번 해 보자"라면
서 다시 그 앞을 막아서지 않습니다. 그런데 일부 그리스도인은
자신과 다른 종교나 가치관을 가진 사람이 기독교와 배치되는 주
장을 하면, 똑같이 무시하고 심지어 비아냥거리며 무례하게 대합
니다.

언젠가 제법 큰 회사를 운영하는 한 형제에게서 전화가 왔습
니다. 인터넷 여러 게시판에 회사를 음해하는 가짜 정보들이 실
리기 시작했는데, 게시물을 올린 사람을 추적해 보니 경쟁 업체
였다고 했습니다. 큰 경제적 손실을 입어서 소송을 하려는데, 어
쩌면 좋을지 제게 상의를 하려고 전화를 한 거였습니다. 저는 분
명히 소송할 문제라고 생각했고, 또 그렇게 해야 한다고 말했습
니다. 하지만 그전에 경쟁 업체에 공식적으로 편지를 보내면 어
떻겠냐고 제안했습니다. 대략 이런 식이었습니다. "귀사가 한 부

도덕한 일을 잘 알고 있으며 이를 입증할 자료들도 이미 확보했다. 그에 따른 손해가 어느 정도인데, 이런 식으로 사업하는 것은 공정하지 않다. 이 사실을 공식적으로 인정하고 사과한다면 없던 일로 하겠다. 만약 이를 거부한다면 소송을 진행할 수밖에 없다." 제가 그쪽 업계의 상황은 잘 몰랐으나 상대가 악을 행한다고 우리도 똑같은 방식으로 갚아 주지는 말자며 성경의 원리에 비추어 조언했습니다. 며칠 후 그 형제에게서 이메일이 왔습니다. 경쟁업체에 실제로 편지를 보냈고, 상대도 공식적인 사과문을 내서 소송으로 가지 않고 문제가 풀렸다고 했습니다. 물론 쉬운 일이 아니며, 언제나 결론이 이런 식으로 아름답게 나지도 않습니다. 하지만 그리스도인이 취할 방법은 악을 악으로 이기지 말고 악을 선으로 이기라는 것입니다. 성경은 원수를 사랑하고 우리를 박해하는 사람을 위해 기도하라고 합니다. 그렇다면 원수를 갚는 일은 누구에게 있을까요? 누가 우리의 원수를 갚을까요? 성경은 하나님께서 갚는다고 분명하게 가르칩니다. "원수는 내가 갚을 테니, 너희는 악을 선으로 이기고 기도만 해라"라고 합니다. 이것이 성경의 원리입니다.

성경의 전쟁과 오늘날의 혐오

/

그런데 성경을 잘못 이해한 사람들이 가끔 나타납니다. 그들은 자신들이 하나님 손에 들려서 원수도 갚고, 심지어 하나님인 양 무슨 일을 직접 하겠다고 나섭니다. 구약성경에서 이스라엘 백성은 하나님의 뜻을 좇아서 가나안 족속을 도륙하고 멸망시킵니다. 그러므로 오늘날에도 하나님의 뜻에 따라 악을 멸절할 수 있다고 주장합니다. 하지만 이는 구약성경을 잘못 이해한 데서 나온 생각입니다. 구약성경에 나오는 '여호와의 전쟁'은 하나님께서 수행하는 전쟁입니다. 하나님께서는 어떤 도시나 나라가 돌이킬 수 없을 정도로 타락하면 그나마 덜 악한 나라나 민족을 이용해 그들을 심판하셨습니다. 가나안 땅에는 도덕적 타락은 물론이고, 자기 자식까지 불살라 몰렉이라는 신에게 드리는 종교적 악습이 편만했습니다. 이를 이스라엘 민족을 통해 심판하십니다.

하나님께서 수행하는 전쟁이므로 전쟁의 양상도 보통 전쟁과 달랐습니다. 이스라엘 민족이 가나안에 들어가 처음 치르는 전쟁이 여리고성에서 벌어집니다. 이때 전쟁이 어떻게 진행되었습니까. 화살을 쏘고 창과 칼을 휘두르면서 치르지 않았습니다. 그냥 여리고성을 열세 바퀴 돌았습니다. 그랬더니 성이 무너집니다. 이것이 하나님의 전쟁입니다. 이스라엘 민족의 전쟁이 아니라, 하나님의 전쟁이라서 전쟁을 치르는 방식이 전혀 달랐습니다. 가나안을 심판하기 위해 하나님이 이스라엘을 사용했을 뿐입니다. 가나안 땅에 들어간 이스라엘 민족은 그 땅에 만연한 비인간적이고 부도덕한 관습을 없앱니다. 하지만 하나님께서 경고한 대로 이스라엘 민족은 그 문화를 완전히 없애지 못하고 서서히 흉내 내기 시작합니다. 그러자 하나님께서 어떻게 하셨습니까? 오랜 기간 선지자들을 통해 계속해서 회개를 요청하셨으나 이스라엘은 이를 거절했고, 그러자 하나님은 친히 택하신 민족인 이스라엘도 앗시리아와 바빌론을 통해 똑같은 방법으로 멸망시킵니다. 하나님께서는 공의로 세상을 다스리십니다. 누군가가 나서서 "그 악은 내가 해결하고 심판하겠습니다"라는 방식으로 하나님의 전쟁은 수행되지 않습니다. 그럴 만한 사람이나 민족은 역사상 아무도 없었습니다.

하지만 최근까지도 하나님을 내세워 자신이 일으킨 전쟁을 정당화하는 나라들이 있습니다. 하나님은 인간이 자기 명분을 위해 사용할 수 있는 분이 아닙니다. 하나님 이름을 갖다 붙이지 말고 솔직하게 자국의 이익을 위해 전쟁한다고 이야기하면 좋겠습니다. 그런데도 이러한 행태는 오래된 전통처럼 지금까지 이어지고 있습니다. 이들은 자신들이 일으킨 전쟁을 아예 거룩한 전쟁, '성전聖戰, holy war'이라고 부릅니다. 자기들이 하나님을 대신해 싸우는 듯이 말합니다. 하지만 십자군 때도 그랬듯이 성전은 애초부터 잘못된 개념입니다.

이와 반대로 평화주의자들의 비폭력, '반전주의pacifism'가 있습니다. 이들은 공격을 당하면 차라리 그냥 죽임을 당해 가해자의 폭력을 폭로하는 편이 낫다는 입장을 펼칩니다. 그래서 징집을 당해도 군대에 가지 않고 교도소에 갇히는 편을 선택합니다. 거룩한 전쟁의 극단적 반대편에 서 있는 주장입니다.

극단적 두 주장을 극복하면서 신학적으로 정리된 개념이 공의로운 전쟁, '정전正戰, just war'입니다. 복잡한 논의를 포함하고 있으나 간단히 줄이면, 정전은 정당한 이유가 있어야 하고, 합법적 절차를 거쳐야 하며, 마지막 수단이어야 합니다. 다른 방법이 없을 때 가능하며, 민간인을 다치지 않게 하면서 대량살상을 피해야 합니다. 이 밖에도 여러 이유를 모두 충족할 때만 전쟁은 가능해집니다. 왜 이런 복잡한 기준이 등장할까요. 예수의 가르침 때문입니다. "너희 원수를 사랑하고 너희를 박해하는 사람을 위하여 기도하라"라고 하셨기 때문에 정당방위 차원에서만 전쟁을 수행할 수 있다고 봅니다. 원수를 위해 죽을 수도 있다고 가르치는 기독교인데, 어떻게 원수도 아니고 다른 종교를 믿는다는 이유로 테러를 하거나 전쟁을 일으킬 수 있겠습니까.

그리스도인들이 현대 사회의 여러 윤리적 문제와 관련해 목소리를 높이는 경우가 있습니다. 동성애, 낙태, 난민, 외국인 노동자 등에 관해 다양한 주장을 할 수 있습니다. 이러한 주제는 하나하나 매우 심도 있는 공부와 토론이 필요하며, 기독교 윤리학에서 오랜 기간 논의해 온 것들입니다. 이런 주제에 대해 섣부르게 자기 입장을 정해서 주장하거나, 더 나아가 다른 주장을 무시하고 깎아내려서는 안 됩니다. 그리스도인이라면 가져야 하는 기본 자세가 있습니다. 그것은 다른 종교나 신념을 따르는 이들을 무시하거나 짓밟지 않는 것입니다. 만약 그랬다면 허리 숙여 잘못했다고 사과해야 합니다. 성경이 가르치는 바가 아니기 때문입니다.

성경은 그들이 스스로 옳다고 주장해도 존중해야 한다고 말합니다. 그런데도 한국 교회가 그러한 태도를 보이지 못할 때가 종종 있고, 그때마다 인터넷에는 기독교를 저격하는 무수한 글이 넘쳐납니다.

기독교의 배타적 진리

/

이번 장에서 중요하게 다룰 내용은, '사회적 관계'에서 배타적 태도를 일으키는 원인이 기독교가 믿고 따르는 '진리'에서 비롯되지는 않았나 하는 것입니다. 제가 목사가 된 이후에는 별로 만나지 못했지만, 대학 다닐 때만 해도 제게 이렇게 말하는 친구들이 꽤 많았습니다. "야, 네가 예수 믿는 건 좋다. 그런데 예수가 다른 종교 창시자보다 우월하다고는 말하지 마라. 모든 종교는 다 옳고, 나름의 진리가 있다. 예수만, 기독교만 옳다고 이야기하지 마라. 그렇게 이야기하는 건 너무 배타적이다." 기독교만 진리라는 주장은 너무 배타적이라며 눈살을 찌푸립니다.

그래서인지 오늘날 세련된 그리스도인 중에는 이렇게 말하는 분도 있습니다. "아, 절에 다니십니까? 열심히 다니셔서 성불하십시오." "요즘 이슬람에 관심이 생겨서 쿠란도 읽고 모스크에도 가봤다고? 어딜 가더라도 좋은 생각 많이 하고 평화로우면 좋지. 너한테 맞으면 괜찮아." 이런 입장은 어떤가요. 아주 세련돼 보이고 관용적인 이런 생각들이 과연 옳을까요?

모든 진리 선언은 배타적이다

기독교를 배타적이라고 평가할 때 자주 등장하는 성경 구절이 있습니다. 요한복음 14장 6절입니다. "예수께서 그에게 말씀하셨다. '나는 길이요, 진리요, 생명이다. 나를 거치지 않고서는, 아무도 아버지께로 갈 사람이 없다.'" 지금부터는 이 이야기를 살펴볼 텐데요, 그전에 약간 철학적인 이야기를 해야 합니다. 그리 어려운 이야기는 아니지만 중요한 이야기이므로 집중해서 읽으시면 좋겠습니다. 사실 그리스도인이 된다는 것은 두뇌를 부지런히 사용해야 하는 일입니다.

"모든 진리(에 대한) 선언은 배타적입니다." 이 이야기가 복잡해 보여도 실제로는 간단합니다. 누군가가 "이것이 진리이다"라고 하면, 그때부터 그 말은 배타적이라는 이야기입니다. "기독교가 진리이다"라고 하면 다른 것들은 진리가 아니라고 말하는 것이므로, 이 선언은 배타성을 갖습니다. 그런데 모든 진리 선언은 배타적입니다. 가령 많은 현대인은 '진리란 없다. 모든 진리가 조금씩의 진리를 포함하고 있다. 절대적인 한 진리는 없다'라고 생각합니다. 이런 생각도 배타적입니다. 절대적 진리가 없다고 절대적으로 믿기 때문에 절대적 진리를 받아들이지 않습니다. 마찬가지로 "모든 종교가 진리의 한 부분씩을 품고 있다. 그러므로 모두 다 옳다"라는 말은 포용적으로 들리지만, 실제로는 배타적인 말입니다. "절대적 진리가 있으므로 모두가 옳을 수는 없다"라는 말은 받아들일 수 없기 때문입니다. 더군다나 종교들을 자세히 들여다보면 모순이 발생합니다. 각 종교가 믿는 바는 근본적으로 달라서 양립할 수 없기 때문입니다. 가령 "모든 종교가 착하게 살자고 한다. 불교는 자비를, 기독교는 사랑을, 이슬람은 평화를 이야기한다. 단어만 다를 뿐 다 같다"라는 주장도 그 배경이 되는 사상과 주장을 따지기 시작하면 종교 간에 서로 부딪히는 내용이 나옵니다.

크리스마스가 되면 어떤 사찰에서는 "아기 예수님이 오신 것을 환영합니다" 하고 현수막을 걸기도 합니다. 이런 모습에서 불교가 더 관용적인 종교라는 생각이 들기도 합니다. 그러면서 몇몇 그리스도인은 '교회도 석가탄신일에 축하 현수막을 걸면 좋을 텐데, 왜 안 하지? 역시 불교는 속이 넓고, 기독교는 속이 좀 좁은 거 같아'라고 생각합니다. 그런데 불교는 힌두교의 한계를 극복하면서 나온 종교라서 힌두교로 돌아갈 수 없습니다. 그런 면에서는 불교 역시 힌두교에 관용적일 수가 없습니다.

조금 더 흥미로운 이야기를 해 봅시다. 이슬람은 예수를 선지자로 봅니다. 마호메트 역시 위대한 선지자입니다. 이슬람의 중요한 사상은 인간은 신이 될 수 없다는 것입니다. 알라만이 신입니다. 그래서 예수도 마호메트도 신은 아니며, 특히 예수는 실패한 선지자입니다. 신의 뜻을 전했지만 성공하지 못한 채 죽임을 당했고, 마지막 선지자인 마호메트만이 그 일을 제대로 해냈다고 믿습니다. 불교에서는 예수를 어떤 사람으로 볼까요. 성불하고 득도한 사람으로 봅니다. 그래서 예수 그리스도가 아니라 예수 부처입니다. 실제로 많은 불교도가 이 개념을 받아들입니다. 그들에게 예수는 일반 중생의 경지를 넘어서 해탈에 이른 분입니다. 기독교가 생각하는 예수는 하나님과 동등한 분이고 하나님의 아들인데, 한쪽에서는 실패한 선지자라고 하고, 다른 한쪽에서는 성불한 인간이라고 합니다. 이 진리 선언이 모두 맞을 수 있을까요. "착하게 삽시다, 자비롭게 삽시다, 사랑하며 삽시다"라고 할 때는 비슷해 보이지만, 안으로 조금씩 들어가다 보면 갈등 요소들이 발견됩니다. 본질적으로 다른 것을 믿고 있기 때문입니다. 이처럼 진리 선언은 상호 배타적일 수밖에 없습니다.

모든 종교가 사후 세계를 이야기합니다. 윤회하든지 천국에 가든지 모종의 약속을 합니다. 사후 세계에 관한 이야기는 무슨 이야기든지 관용적으로 받아들이기가 쉽습니다. 아무도 죽어 본 적이 없으므로 누구 말이 맞는지 증명할 수 없으며, "죽고 난 다음에 어떤지 보자"라는 말로 서로를 인정할 수밖에 없습니다. 그런데 종교는 거기서 끝나지 않습니다. 죽은 다음에 어떻게 어떻게 되므로 지금 여기서는 어떻게 어떻게 살아야 한다는 내용이 반드시 붙습니다. '어떻게 살 것인가?' 하는 질문에 대한 답은 종교마다 달라질 수밖에 없습니다. 모두 다 '착하게 살자'라고 이야기하지만, '그럼 어떻게?'라는 질문이 들어오면 답은 달라집니다. 실생활에서의 진리 문제로 들어가면 이것도 맞고 저것도 맞을 수가 없습니다. 가령 낙태는 어떻게 봐야 할까요? 차별금지법은 또 어떻습니까? 동성애에는 어떤 자세를 취해야 합니까? 너도 옳고 나도 옳다라고 말할 수 없는 주제가 우리 주변에는 차고 넘칩니다. 이 모두를 착하게 살고 서로 사랑하며 살자는 말로 뭉뚱그릴 수는 없습니다. 그리고 앞서도 말씀드렸듯이 "모두가 맞다"라는 말 자체가 배타적입니다. "모두 맞다"라고 하는 순간, "특정한 어떤 것만 맞다"라는 의견은 배제됩니다. 그러므로 다 맞다고 말하기 전에 그 말 자체가 배타적이라는 생각을 할 수 있어야 합니다.

예수가 선언한 진리의 특징

모두 맞다고 하든, 특정 진리만 맞다고 하든, 모두가 배타적이므로 배타적인 것을 나쁘다고만 해서는 안 됩니다. 다시 말씀드리지만 모든 진리에는 배타성이 있습니다. 여기서 또 하나의 숙제는 예수의 선언입니다. 예수께서는 "내가 진리를 너희에게 보여 주고 가르쳐 주겠다. 나도 진리를 향해 가고 있으니까 나를 따라오다 보면 너희도 진리에 이를 것이다"라고 하지 않고, "나는 길이요, 진리요, 생명이다. 나를 거치지 않고서는, 아무도 아버지께로 갈 사람이 없다"(요 14:6)라고 하셨습니다. 당신 자신을 통과하지 않고는 하나님께로 갈 수 없다는 아주 배타적인 말씀을 하셨습니다. 이 같은 발언은 성경 곳곳에서 발견됩니다.

예수께서 그들에게 말씀하셨다. "내가 진정으로 진정으로 너희에게 말한다. 아들은 아버지께서 하시는 것을 보는 대로 따라 할 뿐이요, 아무것도 마음대로 할 수 없다. 아버지께서 하시는 일은 무엇이든지, 아들도 그대로 한다"(요 5:19).

아들은 예수 그리스도를 가리키고, 아버지는 하나님을 가리킵니다. 유대인에게 이런 식의 발언은 참을 수 없는 모욕이었습니다. 이제 서른을 갓 넘긴 젊은 예수가, 그것도 나사렛 출신의 별 볼 일 없는 노동자 출신이 하나님을 아버지로, 자신을 그 아들로 칭하다니요. 게다가 안식일에 왜 중풍 병자를 살렸냐는 질문에 "아들은 아버지께서 하시는 것을 보는 대로 따라 할 뿐이요, 아무것도 마음대로 할 수 없다. 아버지께서 하시는 일은 무엇이든지, 아들도 그대로 한다"라고 답하면서, 하나님과 자신을 동일시합니다. 이어지는 말은 더 심합니다.

아버지께서 죽은 사람들을 일으켜 살리시니, 아들도 자기가 원하는 사람들을 살린다. 아버지께서는 아무도 심판하지 않으시고, 심판하는 일을 모두 아들에게 맡기셨다(요 5:21-22).

인간이 죽으면 어떻게 살았는지를 평가받는데, 그 평가를 자신이 한다고 말합니다. 그러면서 덧붙입니다.

내 말을 듣고 또 나를 보내신 분을 믿는 사람은, 영원한 생명을 가지고 있고 심판을 받지 않는다. 그는 죽음에서 생명으로 옮겨갔다(요 5:24).

한번 상상해 볼까요? 서른 갓 넘은 청년이 강연이나 설교를 하다가 갑자기 "내 아버지께서 일하시니까 나도 일한다. 아버지께서 사람을 살리니 나도 살린다. 그뿐만 아니라 아버지께서 심판하지 않고 심판할 권세를 내게 다 주셨으므로 내가 심판한다"라고 하면 대다수 사람은 그 자리에서 일어나 나가 버릴 겁니다. 누가 그 이야기를 계속 듣고 있을까요. 그런데 여기서 멈추지 않고 내 말을 믿으면 죽지 않고 영생을 얻으며 심판까지 안 받는다고 합니다. 당신이라면 이 이야기를 어떻게 받아들였을까요?

성경을 읽다 보면 다르게 해석할 수 없는, 문학적 표현이나 과장법이라 할 수 없는, 아주 배타적인 예수 그리스도의 주장이 나옵니다. 그는 자신이 하나님과 동등하다고 주저 없이 밝힙니다. 어떤 사람이 당신에게 "내가 하나님과 동등하다"라고 하면 세 가지 말고 다른 가능성은 없습니다. 첫째는 정신병자입니다. 본인이 무슨 말을 하는지도 모르고 그런 말을 하는 경우입니다. 그런데 자신이 하는 말이 무슨 말인지 알면서 한다면 두 가지 가능성만 남습니다. 그는 자신이 하는 말이 거짓말 아니면 참말인지 압니다. 자기 말이 거짓인 줄 알면서도 남을 속이는 사람은 인류 역사에 계속 있었습니다. 지금도 "내가 재림 예수다, 내가 하나님이다"라며 사기 치는 사람은 많습니다. 마지막 가능성은 그 말이 참

말인 경우입니다. 예수를 성인^{聖人}이라고 하는 분이 많습니다. 하지만 그는 정신병자 아니면 사기꾼, 아니면 하나님의 아들입니다.

그뿐만 아니라 예수는 자신을 진리라고 합니다. 제가 여러 종교를 탐구하고 여러 책을 살펴봤지만, 진리에 대해 설명하는 사람은 많아도 자신을 진리라고 하는 사람은 만나지 못했습니다. 어느 누구도 자신을 진리라고 감히 주장하지 못했습니다. 게다가, 예수 그리스도는 그가 주장한 대로 십자가에서 죽었습니다. 그리고 부활했습니다. 초기 유대인들은 예수를 잘 믿지 않았습니다. 제자들도 예수를 끝까지 따르지는 않았습니다. 그가 죽을 지경이 되자 뿔뿔이 흩어졌습니다. 그런 제자들이 예수가 부활하자 하나같이 자신들이 이 일의 증인이라며 나섭니다. 증인이라는 단어는 순교자와 어원이 같습니다. 생명을 걸고 증언했다는 뜻입니다. 제자들은 목숨을 걸고 예수의 부활을 증언했고, 실제로 그 일로 죽임을 당했습니다. 예수는 사람들이 처음부터 자신을 받아들일 것이라고 보지 않았고, 그 사실을 공공연히 이야기했습니다.

> 내가 내 아버지의 이름으로 왔는데, 너희는 나를 영접하지 않는다. 그러나 다른 이가 자기 이름으로 오면 너희는 그를 영접할 것이다(요 5:43).

우리가 다 알듯이 플라톤은 플라톤의 이름으로, 공자는 공자의 이름으로 가르쳤습니다. 인류의 위대한 현자들은 자신의 이름으

로 가르쳤습니다. 그런데 예수는 자기 이름이 아니라 하나님의
이름으로 가르치는 정도가 아니라 존재하게 되었다고 이야기합
니다. 그래서 사람들이 자신을 못 받아들인다고 합니다. 자신은
인간 예수가 아니라, 하나님의 아들 예수라고 시종일관 주장합니
다. 어떻게 인간이 자신을 하나님과 같다고 이야기할 수 있을까
요? 유대인도 처음에는 못 받아들였고, 제자들도 예수의 부활 이
전에는 그 말이 무슨 말인지 정확히 몰랐습니다. 예수는 너무나
위대한 선언을 합니다. 자신이 곧 진리라고, 이제 감은 눈을 뜨라
고 말합니다.

　예수는 자신을 진리라고 말하는 데서 그치지 않고, 그 진리에
이르는 길을 스스로 열었다고 말합니다.

> 인자는 섬김을 받으러 온 것이 아니라 섬기러 왔으며, 많은
> 사람을 구원하기 위하여 치를 몸값으로 자기 목숨을 내주러
> 왔다(막 10:45).

　예수는 자신이 죽기 위해 이 땅에 왔으며, 그 죽음으로 우리가
내야 할 몸값을 대신 치르려 한다고 밝힙니다. 그런데 왜 우리에
게는 치러야 할 몸값이 있을까요. 인간은 하나님을 거부하고 자
기 멋대로 살기로 한 존재입니다. 그래서 죽을 수밖에 없습니다.
하나님과의 단절과 그로 인한 죽음은 인간의 극명한 한계입니다.
그런데 예수 그리스도는 제 죽음으로 몸값을 대신 치르고, 하나

님과 인간 사이에 끊어졌던 길을 다시 엽니다. 누군가를 대신해 죽어 없어지는 사랑을 인간이 알기를, 그리고 인간이 하나님과 다시 만나기를 바랍니다. 짧게 요약하면 예수 그리스도 자신을 믿고 구원을 얻으라는 이야기입니다. 예수를 믿으면 구원을 얻고, 믿지 않으면 구원을 얻지 못한다는 이야기가 얼마나 배타적인가요. 진리도 배타적이었는데, 진리에 이르는 방법도 배타적입니다.

배타적 진리, 포용적 생활

그런데 한번 생각해 봅시다. 어떤 사람은 착하게 살면 구원받는다고 이야기합니다. 심지어 기독교를 그런 종교로 이해하는 사람도 있습니다. 언뜻 들으면 포용적으로 들립니다. 착하게만 살면 구원받으니까요. 하지만 누가 제게 "착하게 살면 구원받습니다"라고 하면 "저는 어렵겠네요"라고 답할 수밖에 없습니다. 제가 겉으로 보기에는 착해 보여도 제 속의 동기와 여러 숨은 모습을 보면 꼭 그렇지만도 않습니다. 만약 착한 사람만 구원받고 천국에 갈 수 있다면 저는 절대 거기에 못 갑니다. 당신은 어떠신가요. 며칠 전 아내와 이메일로 주고받은 이야기도 같은 내용이었습니다. 부부가 무슨 이메일로 그런 이야기를 주고받냐고 하실지 몰라도 저희는 나름 심각하게 그 이야기를 나눴습니다. "우리 안에 죄성이 남아 있다. 우리는 악하고 이기적이다. 절대 착하지 않다." 착한 사람이 구원받는다는 이야기가 얼핏 포용적으로 들려도 그렇지 않습니다. 제게는 아주 배타적인 선언입니다. 당신에게는 어떤

가요. 또 어떤 사람들은 누구든 열심히 정진하고 수양하면 고통에서 벗어날 수 있다고 합니다. 누구나 가능하다고 말합니다. 그러면서 모든 사람이 수행해서 진리를 얻을 수 있으니 공평하다고 합니다. 저는 위대한 스님들처럼 몇 년간 한 번도 눕지 않는 수행을 못 합니다. 저는 아닙니다.

그에 비해 기독교는 어떤가요. 인간이 치러야 할 죽음을 예수가 대신 지고 죽었습니다. 그로 인해 하나님과 인간의 관계는 회복되었고, 인간은 새로운 인생을 살 수 있습니다. 기독교는 예수만 믿고 따르면 이런 일이 가능하다고 가르칩니다. 예수만 믿으면 구원받는다는 말이 배타적인 것 같지만, 제가 보기에 이만큼 포용적인 진리도 없습니다. 공부를 많이 한 사람이든 지식이 없는 사람이든, 의지력이 뛰어난 사람이든 없는 사람이든, 정서적으로 안정된 사람이든 아니든, 부자이든 가난한 사람이든, 누구든지 예수만 믿으면 구원을 받는다고 합니다. 제게는 이 진리가 훨씬 포용적으로 보입니다.

기독교는 초기였던 로마 시대에 들판에 불이 붙듯이 번져 나갑니다. 퍼져 나가기에 알맞은 상황이라서 그랬을까요? 아닙니다. 잘 아시듯 로마는 다신교 사회였습니다. 신들이 아주 많았습니다. 그리스-로마 신화에 등장하는 수많은 신은 다 열거하기조차 어렵습니다. 다신교 사회에 살며 그 정서와 개념으로 꽉 찬 사람들에게 몇몇 유대인이 예수가 유일한 하나님이라고 선언했을 때 어땠을까요? 아마도 "정신 나간 사람이구나. 신은 원래 그런

게 아니야"라는 반응을 보였을 겁니다. 어떤 면에서 보면 그때가 오늘날보다 훨씬 다원적 세계였습니다. 어떻게 그런 세계에서 기독교가 들불처럼 번져 나갔을까요? 배타적 진리를 믿었던 그리스도인들이 포용적으로 살았기 때문입니다. 초기 기독교의 특징은 그때까지 만난 적 없는 포용성이었습니다. 당시에는 여성을 사람취급하지 않았습니다. 그런데 그리스도인들은 여성을 동등한 인격으로 대우하기 시작합니다. 또 당시에는 민족적 갈등이 심해서서로를 경원시했는데, 그리스도인들은 다른 민족 사람끼리도 한가족처럼 살았습니다. 더 나아가서 당시 물건처럼 여겼던 노예를 친구로 대했습니다. 부자들이 자기 재산을 팔아 가난한 이들에게나눠 주는 일이 비일비재했습니다. 이러한 사실들이 기독교 문서가 아니라 로마 정부의 문서에 나타납니다. 이상한 사람들이라며그들이 벌이는 특이한 일들을 기록하고 있습니다. 기독교의 배타적 진리를 믿고, 그 안에 나타난, 모든 사람에게 구원을 주시는 하나님의 포용적 사랑을 받아들인 사람들은 서로 마음을 활짝 엽니다. 성별, 사회적 지위, 교육 여부도 상관없이 심지어 노예일지라도 그 모두를 뛰어넘어 서로 사랑했습니다. 그들은 한 가족처럼모였습니다. 정말 사랑했습니다. 다신 사회였고 지금보다 다원적이었던 로마에서 기독교가 퍼져 나간 이유가 그 때문이었습니다.

"원수를 사랑하라"

/

기독교는 배타적 진리를 이야기합니다. 하지만 분명히 말씀드리지만, 모든 진리는 배타적입니다. 문제는 진리의 배타성에도 불구하고, 나름의 포용성이 있는지를 보아야 합니다. 앞서도 적었듯이 기독교만큼 포용적인 종교는 없다고 저는 생각합니다. 모든 사람이 다 들어올 수 있습니다. 배워야 들어오는 것도 아니고, 많이 가져야 들어오는 것도 아니고, 훌륭해야 들어오는 것도 아닙니다. 누구나 들어올 수 있습니다. 자신이 죄인임을 인정하고 그런 자신을 위해 예수 그리스도가 대신 죽었다는 사실을 받아들이기만 하면 누구나 들어올 수 있습니다.

예수 그리스도의 사랑을 진정으로 받아들인 사람은 마음이 열려서 주변 사람들도 받아들이기 시작합니다. 앞서 살펴본, 몇몇 그리스도인들이 '사회적 관계'에서 보이는 편협함은 기독교의 본래 정신과는 거리가 멀어도 아주 먼 모습들입니다. 그런 일들이 현재 한국 사회에서 벌어지고 있다는 사실이 너무나 슬픕니다. 그러한 그리스도인들의 '이상 행동'에 초점을 맞춰 기독교를 평가하고 혐오하는 이들의 글과 영상이 넘쳐납니다. 그 영향을 받은 사람이, 특히 젊은이들이 교회를 등집니다. 그 숫자는 점점 늘고 있습니다.

다원 사회에서 타인을 배타적으로 대하고 무시하면, 같은 대접을 받는 것은 어쩌면 당연한 결과입니다. 예수께서도 그렇게 말쏨하셨습니다. 기독교는 그런 식으로 행동하는 무례하고 교만한 종교가 아닙니다. 당연히 성경에서 가르치는 바도 아닙니다. 성경의 가르침은 다음과 같습니다. "한 분이신 하나님께서 이 땅에 오셔서 '내가 하나님이다. 내가 인간을 위해 죽겠다. 그러니 나를 받아들이는 이는 누구든지 한 가족이 될 수 있다. 그 안에서 정말 사랑할 수 있다. 내가 너희를 용납했다. 그러니 너희도 서로 용납해라. 너희가 나를 원수로 삼았으나, 나는 너희를 사랑했다, 받아들였다. 그러므로 너희도 원수를 사랑해라'라고 하셨다." 이것이 기독교입니다.

그리스도인이 기독교의 배타적 진리를 받아들이되, 자신을 박해하는 원수까지 사랑하며 포용적으로 산다면, 다원 사회에서 기독교는 많은 영향을 끼칠 것입니다. 하지만 일부 그리스도인들처럼 자신과 다른 가치나 믿음을 가졌다고 타인을 함부로 대접하고 무시한다면, 그리스도인인 역시 그렇게 대접받아 마땅합니다.

[시대와 동떨어진 배제와 혐오에서 / 포용하는 사랑으로]

1. 그리스도인을 배타적이라고 평가하는 사람이 주변에 있나요? 그렇게 평가한 이유가 무엇인가요?

2. 그리스도인의 배타적 태도가 비난과 혐오로 이어지는 모습을 본 적 있나요? 그 이유는 무엇일까요?

3. 자신과 다른 견해를 가진 사람에게 그리스도인들은 어떤 자세를 보여야 할까요?

4. "모든 진리 선언은 배타적이다"라는 말에 동의하시나요?

5. 성경에는 예수께서 자신에 대해 주장한 내용이 많이 나옵니다. 그중에 특히 와 닿았던 내용이 있었나요?

6. "예수께서 하신 일을 믿는 것이 인간이 구원받는 가장 열린(포용적인) 길이다"라는 주장에 관해 어떻게 생각하시나요?

7. 배타적 진리를 주장하되 포용적 자세를 잃지 않았던 초대교회 모습이 오늘날 한국 교회에 주는 가르침은 무엇일까요?

현실 문제는 비겁하게
외면하거나 왜곡한다

"유신 독재가 진행되고 민주주의를 요구하는 학생과 지식인들이 투옥되는 상황에서, 교회는 위에 있는 권세에 복종해야 한다고 가르쳤습니다. 종교와 정치는 분리해야 한다면서, 문제 있는 정권을 위해 청와대에서 예배는 왜 드리는지 정말 이해하기 힘들었습니다."

"광주에서 무고한 시민들이 폭도로 몰려 다치고 죽을 때, 한국 교회는 무엇을 했습니까? 많은 목사와 교인이 북한 간첩들과 남쪽의 불온 분자들이 광주에서 시민들을 선동한 것이라며, 이 나라를 공산주의에서 지켜 달라고 기도하지 않았나요? 광주사태라고 했던 이 일을 이제는 광주민주화운동이라고 부르는데, 그때 광주 시민을 폭도라고 설교하고 기도했던 교회와 목회자들은 지금은 다 어디에 있습니까?"

———

위조된 각인

"정교분리를 이야기할 때는 언제이고, 한국 사회를 지킨다며 교회가 광장에서 기도회라는 이름으로 정치 집회를 하는 이유는 무엇입니까? 나라를 사랑해서 태극기를 드는 것이야 마땅할지 모르지만, 왜 미국 국기나 때로는 이스라엘 국기까지 들고 나타나는 겁니까? 누가 봐도 기도회가 아닌 정치 집회를 하면서 예배를 드린다는 기독교인들을 보면 이해가 안 됩니다."

"코로나19로 전 세계가 어려움을 겪는데도 광장에 모여 정권 타도를 외치고 공산주의로부터 나라를 지켜야 한다며 집회하는 것을 보면, 군부독재에 침묵하던 때보다 나라가 많이 민주화가 되었구나 하는 씁쓸한 느낌이 듭니다. 독재 때는 침묵했던 교회가 여러 면에서 민주화가 이루어져 그 열매로 자유로운 집회가 가능한 상황에서 오히려 독재 타도를 외치는 게 참 이율배반적이지 않습니까?"

난감한 태세 전환

/

1980년대에 대학에 들어간 저는 당시에는 '광주사태'라 불렸던 한국 현대사의 가장 어두운 시절을 통과해야 했습니다. 대학 들어가기 직전 대통령이었던 분이 시해를 당하고, 새로운 군사정권이 들어서고, 곧이어 부산과 마산, 그리고 광주에서 끔찍한 일들이 일어났습니다. 관제 언론에 의해 초기에는 이런 일들이 공산 폭도 때문에 일어난 것으로 알았다가, 대학가 대자보와 외신과 여러 경로로 실상을 접하고는 충격을 받았던 기억이 지금도 선명합니다. 그 와중에도 교회는 침묵으로 일관했고, 저는 답답해서 교회 어른들에게 질문했습니다. 제가 받은 답은 두 가지였습니다. 기독교는 정교분리를 지지한다, 곧 "정치와 교회는 분리돼 있으므로 교회는 정치에 관해 말하지 말아야 한다"가 첫째 답이었습니다. 그다음은 "위에 있는 권세는 하나님이 세워 주셨으므로 그들을 위해 기도해야 한다"라는 원론적 답변이었습니다. 당시에도 저 같은 그리스도인 청년들은 과연 그러한 답이 정답인지 의문이었고, 일반 대학생들이 반정부 시위에 뛰어들 때, 교회에서 침묵을 강요받았던 복음주의권 학생들은 복음 전도와 사회 참여에 관해 첨예한 논쟁을 벌이며 씨름했습니다. 선례도 없고 방법론도 몰랐고 성경적 기초도 없어서 무성한 고민을 하며 그 시기를 보냈습니다.

그때 교회가 보인 태도는 정교분리와 권세를 위해 기도해야 한다는 입장에서 벗어나지 않았고, 그래서 이러한 문제에 관심이 많았던 그리스도인은 교회를 떠났습니다. 그러다 보니 교회가 하는 말이라면 아예 듣지도 않는 친구들도 생겨났습니다. 그런데도 교회 내 분위기는 신앙은 개인 영혼의 문제이므로 사회 문제를 거론하지 않아야 한다는 쪽이 지배적이었습니다. 이후 한국 기독교는 점점 더 개인적인 종교로 바뀌어 왔습니다. 이것이 제가 지난 30년간 경험한 한국 교회의 모습입니다.

그 와중에 2003년에 깜짝 놀랄 만한 일이 있었습니다. 그때까지 정치에 적극적으로 참여하지 말고, 거리 시위는 그리스도인에게 적합하지 않다고 말해 왔던 교회가 시청 앞에서 대규모 집회를 열고 정치적 내용이 가득한 기도회를 진행했습니다. 제게는 무척 당혹스러운 일이었습니다. 독재 정권 아래에서는 정교분리를 되뇌며 침묵했던 분들이, 학생·지식인·노동자들이 피눈물로 이룬 민주주의의 열매로 자유로운 집회가 가능해지니까 인제 와서 나라를 지켜야 한다며 기도회라는 이름으로 대규모 정치 집회를 열다니…. 그 상황을 어찌 설명해야 할지 몰라 당황스러웠습니다.

시간이 흐르면서 기독교 정당을 만들겠다는 사람도 나오고, 특정 정권을 옹호하거나 반대로 특정 정권을 타도하는 집회가 빈번하게 열리고 있습니다. 코로나19로 전 세계가 조심하던 때에도 국가 전복의 위기를 강조하면서 대규모 집회를 강행하는 보수 개신교인들을 바라보면서, 불과 30-40년 전과는 너무나 달라진 한국 사회에 대한 교회의 자세를 어찌 설명해야 할지 난감합니다.

그래서인지 그리스도인 아닌 분들과 대화하다 보면 이런 이야기를 듣습니다. "교회에 뭐하러 다니세요? 결국은 자기 혼자 복 받으려는 집단인데. 나라가 어찌 되든지, 사회가 어디로 가든지 관심도 없고, 오히려 힘 있는 쪽에 붙어서 제 살길만 찾는 데가 교회 아닌가요? 교회는 역사의 중요한 순간마다 비겁한 결정을 해 오지 않았나요? 과거에는 비겁하더니 이제는 나라를 위해 기도한다면서 대놓고 정치적인 주장을 하고, 자기 이익에 신앙을 덧입히는 정치집단 아닌가요?" 이런 비판을 넘어서서 "제발 그냥 교회 가서 기도하면 좋겠어요. 광장에 나와 정치적 발언을 하려면, 시민의 한 사람으로 하지 왜 하나님을 앞세우고 정치 집회를 하는 거죠? 기도는 하나님께 하는 거 아닌가요?" 이런 이야기를 들은 그리스도인들은 당황스러워하고, 그중 적지 않은 사람이 혼란스러워하다가 교회를 떠나기도 합니다.

그렇다면 성경은 어떻게 가르치고 있을까요? 먼저 오랫동안 교회가 금과옥조처럼 여겼던 정교분리는 도대체 어디에서 나왔는지 살펴봐야 합니다. 두 갈래로 이 문제에 접근해 보겠습니다. 먼저, 역사적으로 정교분리가 왜 시작됐는지 살펴보겠습니다. 그 다음에는 정교분리가 나올 때마다 등장하는 성경 구절을 검토해 보고, 그 구절에 기초해 오늘날 논란이 끊이지 않는 복잡한 정치적 문제를 어떻게 할지 정리해 보겠습니다.

카노사의 굴욕에서 청교도 이주까지

/

가톨릭 역사부터 간단하게 살펴보겠습니다. 먼저, '카노사의 굴욕'은 세속 군주가 종교 권력인 교황에게 완전히 무릎을 꿇은 사건입니다. 1076년, 교황 그레고리우스 7세와 신성로마제국의 황제 하인리히 4세는 사제 임명권을 두고 대립합니다. 사제 임명은 교황의 권한이었으나 당시 봉건제 아래에서는 군주들이 사제를 임명하기도 했습니다. 이에 그레고리우스 7세가 반기를 듭니다. 결국, 교황은 주교 밑에 있던 여러 제후 세력을 등에 업고 하인리히 4세를 파문합니다. 하인리히 4세는 눈 내리는 카노사 성 앞에 서서 사흘 동안 용서를 구합니다. 교황이 황제를 용서하는 것으로 마무리되었으나, 종교 권력이 세속 군주를 무릎 꿇린 역사적인 사건으로 남았습니다.

150여 년이 지난 후에는 정반대로 '아비뇽 유수'가 일어납니다. 교황의 '바빌론 유수'라고도 불리는데, 로마 교황청이 프랑스 남부 도시 아비뇽으로 이전한 사건입니다. 프랑스 제국의 강력한 힘에 의해 약 70년 동안 7명의 교황이 로마로 들어가지 못하고 아비뇽에 머뭅니다. 마치 이스라엘 민족이 바빌론에 끌려갔던 상황과 비슷해서 '아비뇽 유수'라고 부릅니다. 이번에는 종교 권력이 세속 군주에게 무릎을 꿇고 꼼짝 못 하는 사건이 일어났습니다.

로마 가톨릭은 이 같은 사건을 겪으면서 종교와 정치가 세력

다툼해서는 안 되며, 둘은 각자의 고유 영역에 집중해야 한다는 사상을 발전시켜 나갑니다. 이것이 가톨릭의 전통입니다. 이슬람은 여전히 정교가 하나로 합쳐져 있지만, 기독교는 굴곡진 역사를 통해 종교와 정치는 분리하는 게 낫다고 판단했습니다.

개신교 쪽에서는 영국 청교도가 신앙의 자유를 찾아 북아메리카 대륙으로 이주하면서 정교분리가 본격화합니다. 이들이 미합중국을 세우면서 국교를 폐지합니다. 국가가 개인의 신앙 자유를 보장해야 한다는 취지로 국교를 폐지합니다. 이때 정교분리 원칙이 분명해졌으며, 지금까지도 미국의 주요한 헌법 정신으로 받아들여지고 있습니다. 이런 흐름 속에서 국가가 자신의 권력으로 특정 신앙을 강요하거나 반대해서는 안 된다는 전통이 세워졌습니다.

분리와 견제

/

그러므로 정교분리란, 세속 권력도 신앙의 자유를 침해해서는 안 되며, 종교 권력 또한 세속 사회를 지배해서는 안 된다는 것입니다. 종교 권력과 세속 권력이 경계를 허물고 합해졌을 때, 대개는 파시즘 같은 전체주의가 등장했음을 역사를 통해 우리는 확인해 왔습니다. 그래서 종교 권력과 세속 권력은 서로 다퉈도 문제지만 하나가 되어도 안 되므로 분리하는 게 낫다는 판단이 정교분리에는 담겨 있습니다. 둘이 각자의 고유 영역에서 자기 역할을 하면서 조화를 이루는 게 개인과 사회를 위해 더 낫다고 본 것입니다.

그러면서 각각의 영역을 견제하는 일이 필요하다고 보았습니다. 이를테면 특정 종교 집단이 부패하거나 사회적 물의를 일으키면 국가가 영향력을 행사합니다. 사악한 교주가 등장해 교인을 억압하고 심지어 생명까지 좌지우지하는 일이 일어나면 국가 권력이 개입하는 식입니다. 반대로 국가나 사회가 잘못된 방향으로 갈 때 종교 집단이 견제 역할을 합니다. 이것이 정교분리에 담긴 원래 의도입니다. 종교는 정치에 관해, 정치는 종교에 관해 입을 다무는 게 아니라, 각자의 영역에서 자기 역할을 하면서 상호 견제하는 것이 정교분리입니다. 따라서 과거 독재 정권 아래에서는 침묵했다가 지금은 광장에 모여 정치 집회를 여는 일부 기독교 세력의 행태는 논리에도 맞지 않고, 정교분리의 원래 취지에도 부합하지 않습니다.

"모든 권세는 하나님께로부터 온 것"

/

그렇다면 성경은 정교분리를 어떻게 볼까요? 이와 관련해 주로 언급되는 성경 구절은 로마서 13장과 베드로전서 2장입니다. 먼저 로마서 13장 1-5절을 살펴보겠습니다.

사람은 누구나 위에 있는 권세에 복종해야 합니다. 모든 권세는 하나님께로부터 온 것이며, 이미 있는 권세들도 하나님께서 세워 주신 것입니다. 그러므로 권세를 거역하는 사람은 하나님의 명을 거역하는 것이요, 거역하는 사람은 심판을 받게 될 것입니다. 치안관들은, 좋은 일을 하는 사람에게는 두려울 것이 없고, 나쁜 일을 하는 사람에게만 두려움이 됩니다. 권세를 행사하는 사람을 두려워하지 않으려거든, 좋은 일을 하십시오. 그러면 그에게서 칭찬을 받을 것입니다. 권세를 행사하는 사람은 여러분 각 사람에게 유익을 주려고 일하는 하나님의 일꾼입니다. 그러나 그대가 나쁜 일을 저지를 때에는 두려워해야 합니다. 그는 공연히 칼을 차고 있는 것이 아닙니다. 그는 하나님의 일꾼으로서, 나쁜 일을 하는 자에게 하나님의 진노를 집행하는 사람입니다. 그러므로 진노를 두려워해서만이 아니라, 양심을 생각해서도 복종해야 합니다(롬 13:1-5).

이 구절은 1980년대에 제가 많이 들었던 구절이기도 합니다. 1절 후반부에 나오는 '모든 권세는 하나님께로부터 온 것이며, 이미 있는 권세들도 하나님께서 세워 주신 것'이라는 점을 특히 강조했습니다. 권세자가 독재자이든 아니든 다 하나님께서 세우셨으므로 그를 거역하는 것은 하나님을 거역하는 것이며, 하나님을 거역하면 심판을 받는다고 가르쳤습니다. 이 구절만 보면 대통령이 옳든지 그르든지 무조건 순종해야 한다고 생각하기 쉽습니다. 5절 마지막에도 복종해야 한다고 거듭 적고 있습니다.

언뜻 보면 세상의 권세가 옳든 그르든 순종해야 한다는 뜻 같지만, 자세히 살피면 다른 뉘앙스를 알 수 있습니다. 앞의 성경 구절에는 '나쁜 일', '두려움이 됩니다'라는 말이 반복해서 나옵니다. 좋은 일을 한 사람은 두려울 게 없다고 합니다. 반면 나쁜 일을 한 사람에게는 치안관이 두려움이 된다고 합니다(3절). 권세를 행사하는 사람을 두려워하지 않으려면 좋은 일을 해야 하고(3절), 나쁜 일을 저지를 때는 권세자를 두려워해야 한다고 합니다(4절). 또 권세자는 나쁜 일을 하는 자에게 하나님의 진노를 집행합니다 (4절).

성경은 대개 특정한 상황 가운데서 쓰였으므로 본문이 상정하고 있는 상황을 살펴보아야 합니다. 로마서 역시 마찬가지입니다. 당시 그리스도인 중 일부는 하나님나라에 이미 속했으므로 더는 세상 권세를 따르거나 세상 법을 지킬 필요 없다고 생각했습니다. 그리스도인은 자유로워졌으니 이제 마음대로 해도 된다며, 또 로마가 아니라 하나님나라에 속한 사람으로서 세상 법을 따르지 않고 하나님 법을 따른다면서 실제로 그렇게 행동하는 사람들이 나타났습니다. 가령 이들은 세금을 내지 않았습니다. 이 본문 다음에 나오는 6절에는 세금을 내라는 말이 나옵니다. 이 구절은 로마가 폭력적으로 압제하는 상황이 아니라 로마가 평화롭게 지중해 주변과 유럽 일부 지역을 다스릴 때 쓰였습니다. 당시 로마는

합법적으로 국가를 이끌어 가고 있었습니다. 우리는 로마 하면 악랄했던 황제들을 쉽게 떠올리지만, 로마가 늘 그렇지는 않았습니다. 로마가 번성했던 기간에는 기독교가 그 로마를 통해 전 세계로 퍼져 나갔습니다. 그런데 그런 로마의 법과 제도를 일부 그리스도인들이 무시하고 제대로 지키지 않는 일이 일어난 것입니다.

이 본문을 잘 보면, 권세를 행사하는 사람을 '하나님의 일꾼'이라고 표현합니다. 이 표현이 두 번이나 나오는데, 일꾼은 각 사람에게 유익을 주려고 일하는 사람입니다. 나쁜 일을 하는 자에게 하나님의 진노를 집행하는 사람입니다. 왕정으로 대표되는 당시 제도와 법은 권선징악을 위해 만들어진, 하나님께서 인정하신 도구였습니다. 잘못된 일은 그치게 하고, 좋은 일은 계속되게끔 돕기 위해 만들어진 장치였습니다.

세상 권력이 어느 정도 선하고 합리적으로 세상을 움직여 나갈 때 적용 가능한 성경 구절이라면, 세상 권력이 악할 때는 어떻게 해야 하는가 하는 질문이 생깁니다. 먼저, 이 성경 구절은 악한 권력에 적용할 수 없는데, 그 이유는 3-4절에서 알 수 있습니다. 3절에서는 "치안관들은 좋은 일을 하는 사람에게는 두려울 것이 없고, 나쁜 일을 하는 사람에게만 두려움이 됩니다"라고 합니다. 그런데 악한 권력 아래에서는 오히려 좋은 일을 하는 사람이 치안관을 두려워하고, 나쁜 일을 하는 사람은 치안관을 두려워하지 않습니다. 권력과 돈을 앞세워 약자를 괴롭히고 수탈하는 것은 나쁜 일이지만, 악한 권력 아래에서는 치안관조차 이런 일에 눈을 감고 동조합니다. 그러므로 나쁜 일을 하는 자들이 치안관을 두려워할 이유가 없습니다. 오히려 악한 치안관은 자신에게 이익이 되는 그들을 반깁니다. 나쁜 일을 할 때 치안관을 두려워하지 않는 모습이 일상이 됩니다.

악한 권력 밑에 있을 때 우리가 주목해야 할 말씀은 5절입니다. "그러므로 진노를 두려워해서만이 아니라, 양심을 생각해서도 복종해야 합니다." 우리가 세속 권력에 대응할 때 중요한 두 가지 원리가 있습니다. 첫째는 무엇보다 하나님을 두려워해야 합니다. 하나님의 진노는 그분의 정의에 입각한 심판입니다. 그러므로 하나님의 심판이라는 관점으로 우리가 처한 상황에서 무엇이 옳은지 그른지, 하나님의 뜻이 무엇인지를 분별해야 합니다. 둘째는 자신의 양심에 비추어 옳은지 그른지를 판단해야 합니다. 이 두 가지, 하나님의 진노와 자신의 양심에 비추어 복종해야 합니다.

이러한 기준은 권력이 악할 때는 정반대 결과를 낳습니다. 하나님의 진노가 두렵고 자신의 양심에 반하므로 복종할 수 없다고 해야 합니다. 이것이 로마서 13장에 담긴 의미입니다. 1-2절만 보면 어떠한 권세에도 순종해야 한다는 말처럼 보입니다. 그러나 3절 이후를 자세히 보면, 그럴 수 없음이 분명히 나타납니다. 로마서가 쓰인 역사적 배경과 본문을 잘 살펴보면, 어떤 권세이든 하나님이 부여한 역할이 있다면 그것을 행하는 동안에는 당연히 그에 순종해야 하며, 늘 하나님을 경외함과 양심에 따라 복종하라는 내용임이 분명해집니다. 만약 악한 권세 밑에서 악에 눈감고 동조할 것을 요구받는 상황이라면, 이 말씀을 어떻게 적용해야 할까요?

"왕을 공경하십시오"

/

로마서와 같은 맥락에서 쓰인 베드로전서 2장 16-17절을 살펴봅시다.

> 여러분은 자유인으로 사십시오. 그러나 그 자유를 악을 행하는 구실로 쓰지 말고, 하나님의 종으로 사십시오. 모든 사람을 존중하며, 믿음의 식구들을 사랑하며, 하나님을 두려워하며, 왕을 공경하십시오.

이 구절 역시 많은 사람이 오해합니다. 어쨌든지 왕을 공경하라고 이야기합니다. 하지만 16절에서는 "자유인으로 사십시오. 자유를 악을 행하는 구실로 쓰지 말고, 하나님의 종으로 사십시오"라고 합니다. 이때 상황도 로마서가 쓰인 당시와 비슷했습니다. 그리스도인들이 "나는 자유인이다. 세상에 속하지 않고 하나님나라에 속했다"라고 이야기하고 다녔습니다. 초기 교회 때 그리스도인의 자유를 오해했던 사람이 꽤 있었던 것 같습니다. 그래서 베드로 사도는 자유를 악을 행하는 구실로 쓰지 말고 하나님의 종으로 살라고 당부합니다. 이러한 상황이 이 본문의 일반적 배경입니다.

그런 다음에 모든 사람을 존중하며, 믿음의 식구들을 사랑하며, 하나님을 두려워하며, 왕을 공경하라는 네 가지 명령이 나옵니다. 그런데 이 구절은 상당히 흥미로운 구조로 짜여 있습니다. a-b-b-a 구조를 가지는 교차대구법으로, 셈족(유대인)의 표현 방법 중 하나입니다. 아래 그림처럼 a(모든 사람, 왕)와 b(믿음의 식구, 하나님)가 X자 모양으로 쌍을 이루며, 라틴어로는 '카이아스무스 *chiasmus*', 영어로는 '카이아즘chiasm'이라고 합니다. 이런 문학적 기법은 a보다는 b를 강조하기 위해 쓰입니다.

이 성경 구절에 분명하게 나타난 것이 있습니다. 먼저 모든 사람을 존중하고 왕을 공경하라고 합니다. 이는 외적 태도의 문제입니다. 우리는 모든 사람과 왕을 존중해야 합니다. 다른 한 쌍은 믿음의 식구를 사랑하고 하나님을 두려워하라는 말입니다. 이는 하나님의 진노를 두려워하라는 로마서 구절과 같은 말씀입니다. 여기서 카이아즘에 따라 본문을 읽으면, 믿음의 식구와 하나님에 관련된 명령(b)이 모든 사람과 왕에 관련된 명령(a)보다 상위 개념임을 금방 알 수 있습니다. 우리는 모든 사람과 왕을 존중하고 공경해야 합니다. 하지만 그에 앞서 믿음의 식구들을 조건 없이 사랑해야 하고, 하나님을 두려워해야 합니다. 왕과 모든 사람을 동일하게 대하라는 말씀도 당시에는 충격적이었습니다. 모든 사람에는 노예와 여자도 당연히 들어가 있고, 베드로 사도는 이들을 염두에 두고 쓰고 있습니다. 베드로 사도는 왕과 모든 사람을 같은 범주에 넣고, 믿음의 식구와 하나님을 향해서는 형제애와 경외심이라는 특별한 자세를 가져 달라고 당부하고 있습니다.

그런데 왕을 공경하는 일과 하나님을 두려워하는 일이 충돌하면 무엇을 택해야 할까요? 즉, 두 명령을 동시에 따르지 못하게 하는 사건이 일어나면 어떻게 해야 할까요? 베드로전서의 이 구절이 이에 관해 직접 밝히지는 않지만 분명하게 그 뜻을 전합니다. 왕을 공경하되 하나님을 먼저 두려워하라고 이야기합니다. 그것이 상위 개념이기 때문입니다.

공경은 외적 태도의 문제이지만, 두려움은 내적 자세의 문제입니다. 후자가 본질에 가깝습니다. 그래서 성경은 끊임없이 세속 권력과 세속 제도는 하나님이 인간을 위해 허용하신 제도라고 이야기합니다. 권력과 제도가 제대로 활용되는 동안에는 인정하라는 것도 같은 맥락입니다. 왕정이든 민주공화정이든 그 제도를 통해 사회가 유지되도록 하나님이 그때마다 인정하신 것입니다. 그런 까닭으로 그리스도인은 왕으로 대표되는 한 사회의 질서와 권세를 공경해야 합니다. 하지만 여기서 더 중요한 것은 하나님을 두려워하는 것입니다. 이 두려움에서 나온 개념이 바로 하나님의 공의입니다. 하나님 앞에서 무엇이 옳은지, 무엇이 정의인지를 가늠해야 합니다. 그에 맞추어 왕을 공경해야 합니다.

제아무리 왕이라도

/

이 점은 구약성경의 흐름에서 보면 더 분명해집니다. 구약 시대에는 하나님이 이스라엘의 왕을 세우십니다. 하지만 왕이 하나님 앞에서 바르게 행하지 않으면, 하나님은 그를 폐위하고 더는 왕으로 여기지 않습니다. 대표적인 왕이 사울입니다. 하나님께서 기름을 부으시고 왕으로 삼았으나, 하나님 앞에서 옳지 않게 행하자 하나님은 사울을 버립니다. 강력해 보이는 왕권도 매우 제한적으로만 유효하다는 사실을 극명하게 보여 주는 사례입니다.

다음 왕인 다윗이 간음과 살인을 저질렀을 때는 선지자 나단이 찾아가 일침을 가합니다. 다윗은 왕이었습니다. 하지만 나단은 그의 잘못을 서슴없이 꾸짖습니다. 하나님의 공의에 비추어 다윗이 분명 잘못했기 때문입니다. 남유다와 북이스라엘에는 서른여덟 명의 왕이 있었습니다. 그중 하나님 앞에서 옳게 행한 왕은 여덟 명에 불과했습니다. 자그마치 서른 명의 왕이 잘못된 길로 갔습니다. 그때마다 하나님은 선지자를 보내 그들의 잘못을 질책하고 돌이키라고 경고했습니다. 구약성경의 선지서를 보면 하나님께서 왕과 제사장, 당시 기득권층을 향해 회개하라고 권고하는 장면들로 가득합니다.

구약성경의 전통에서 보면 왕을 공경하라는 성경 구절의 진의는 더욱 분명해집니다. 하나님이 기름 부은 종이고 왕이므로 무조건 순종해야 한다는 개념은 성경에 없습니다. 그리스도인이 무조건 순종해야 하는 분은 딱 한 분, 하나님밖에 없습니다. 그분을 두려워하고 그분 관점에서 틀린 것은 틀렸다고 하고 옳은 것은 옳다고 하는 것이 성경의 전통입니다.

교회가 가장 먼저 할 일은

/

그렇다면 우리가 지금 여기에서 어떻게 해야 할지를 구체적으로 이야기해 봅시다. 첫째, 우리의 과거를 회개해야 합니다. 한국 그리스도인은 한국 교회가 정교분리를 방패 삼아 오히려 정교유착했던 과거를 부끄럽지만 먼저 인정해야 합니다. 우리는 겉으로 정교분리를 이야기하면서 잘못된 정권에 대해 침묵했고, 실제로는 그들과 유착했습니다. 한국 교회는 종종 옳지 않은 때 옳지 않은 곳에 등장해, 회개를 요청해야 할 상황에서 축복 기도를 했습니다. 부끄러운 일이 아닐 수 없습니다. 우리는 이를 회개해야 합니다. 2003년 1월에 일부 그리스도인들이 시청 앞에 모여 '미군

철수 반대'를 위해 기도한 일을 기억하시는지요? 그때 이후로 그리스도인들은 광장에서 기도회라는 이름으로 정치적 표현을 하기 시작했습니다. 과거에는 정교분리를 주장하면서 침묵했던 바로 그들이 이제는 정치적 목소리를 높이고 있습니다. 그리스도인들이 나라를 위해 모여 기도하는 일은 필요합니다. 하지만 무엇을 위해 어떻게 기도하는지가 중요합니다. 다른 나라를 위해 다른 나라 국기를 흔들면서 기도하는 것은 하나님 앞에서 옳은 행동이 아닙니다.

우리나라는 미국이나 다른 누군가가 아닌 하나님이 지키십니다. 이것이 성경의 관점입니다. 일반인은 이런 접근에 비웃을지 모릅니다. 국제 정치나 외교를 모르는 무식한 사람들이라고 혀를 찰지 모릅니다. 그러나 지난 수천 년간 성경을 관통해 온 진리는, 어떠한 강대국도 하나님의 나라를 지켜 주지 못한다는 것입니다. 오직 하나님만이 그의 자녀들을 지키십니다. 국제 역학상으로 이해할 수 없더라도 그리스도인과 교회는 어떤 한 나라를 일방적으로 의지해서는 안 됩니다. 그리스도인들이 "하나님, 이 나라를 불쌍히 여겨 주십시오. 도와주십시오"라며 백 번 천 번 모여서 기도해도 좋습니다. 물론 우리나라가 다른 어떤 나라에 의지해 국가 안보를 꾀할 수 있으며, 급변하는 국제 역학상 이를 슬기롭게 이용하는 것도 중요합니다. 하지만 교회가 이를 위해 기도하고 어떤 특정한 나라를 과도하게 의지하는 것은 우상숭배에 가깝습니다. 우리나라는 하나님이 지키십니다. 하나님 외에 다른 무엇이 우리를 지켜 주지 않습니다.

따라서 이런 일을 행한 한국 교회는 회개해야 합니다. 여기서 회개는 뉘우치는 정도가 아니라 전적인 방향 전환을 의미합니다. 이제는 정교분리라는 방패 뒤에 숨어 불의에 침묵해서도 안 되고, 애국심과 신앙이라는 이름으로 특정한 정치적 입장을 옹호해서도 안 됩니다. 그리스도인이라면 이러한 상황에 대처하기 위해 성경적으로 생각하는 법을 훈련하고 실제로 연습해야 합니다.

눈먼 유착과 말뿐인 분리를 막는 성경의 관점
/

그래서 회개한 다음에는 둘째로 성경적 관점에서 세상을 보는 연습을 해야 합니다.

하나님의 주권: 다스림

성경적 관점에서 가장 중요한 것은 하나님의 주권입니다. 하나님께서 세상을 정말로 다스리고 계신다는 관점이 중요합니다. 개인 영역에서는 돈과 시간이 하나님께서 다스리는 부분입니다. 말로는 하나님의 주권을 인정한다고 하면서 돈이나 시간을 내 마음대로 쓴다면, 하나님의 주권을 인정하지 않는 것입니다. 하나님을 나의 주인이라고 고백하면서도 실제로는 자신이 주인인 셈입니다.

마찬가지로 하나님이 사회와 국가, 온 우주의 주인이라면, 하나님께서 그 모두를 다스리는 원리인 정의에 기초해 세상을 보는 연습을 해야 합니다. 로마서와 베드로전서에서 살펴보았듯이, 하나님은 세상 권력과 제도를 한시적으로 인정하셨습니다. 그마저 없어지면 무정부 상태로 빠지고 큰 혼란이 덮칠 수 있기 때문입니다. 그 아비규환 속에서 사람들의 사악함이 다 드러납니다. 그래서 권력과 제도에 한계가 있으나 사람들의 밑바닥을 제어할 수 있도록 한시적으로 세상의 권력과 제도를 사용하십니다. 따라서 우리는 권력 체계와 법과 제도를 보완하고 개편하는 일을 꾸준히 해 가면서, 그것들을 허용하신 하나님을 인정하고 그 권력과 제도가 악하지 않다면 공경하고 존중해야 합니다. 이것이 성경에서 가르치는 바이며, 하나님의 주권에 순종하는 자세입니다.

그러나 만약 어떤 권력이나 제도가 하나님이 다스리는 원리인 정의에 부합하지 않은 쪽으로 가려 한다면, 그리스도인은 시민의 한 사람으로 불복종 운동에 동참하거나 직접 일으켜야 합니다. 불의한 것은 잘못되었다고 말해야 합니다. 그러려면 분별해 낼 수 있어야 합니다. 하나님이 세상을 다스리고 계신다고 정말로 믿기에 가능한 일입니다. 하나님의 정의만이 살길이라고 믿기에 할 수 있는 일입니다.

하나님의 관심: 평화

성경적 관점에서 다음으로 살펴보아야 할 것은 하나님의 관심입니다. 그분의 관심은 늘 평화에 있습니다. 복음을 전하기 위해서 누군가를 혐오하고 누군가의 평화와 안녕을 무너뜨리는 모습은 성경이 가르치는 바가 아닙니다. 하나님의 관심은 늘 평화입니다. 평화도 힘과 돈에 의한 평화가 아니라 진리와 사랑에 근거한 평화입니다. '강화'라는 단어가 있습니다. 흔히 '강화 조약을 맺다'라는 표현으로 등장하는데, 영어로는 'pacification'입니다. '강화pacification'와 '평화peace'는 어떻게 다를까요? 강화는 힘으로 몰아붙여서 평화 관계를 맺는 것입니다. 권력과 돈으로 만들어지는 평화가 '강화'인 반면, 진리와 사랑으로 만들어지는 것이 '평화'입니다. 하나님의 평화는 진리와 사랑으로 이루어지지, 힘과 자본으로 만들어지지 않습니다.

사업을 하거나 학교를 운영하는 그리스도인 중 일부는 힘으로 눌러 직원이나 학생을 기독교화하려 합니다. 이것은 일종의 '강화'입니다. 힘을 잘못 쓰면 안 됩니다. 교회도 마찬가지이지만 힘으로 평화를 이루고 선교하려는 태도는 잘못입니다. 그리스도인이라면 치욕스럽게 여기는 십자군 전쟁이 대표적입니다. 하나님의 평화를 오해해서 일어난 일입니다. 힘으로 평화를 이룰 수 있다고 잘못 판단한 것입니다. 힘으로 평화를 만들려고 했다면 예수께서는 로마에 맞서 싸우셔야 했습니다. 하지만 예수께서는 그렇게 하지 않으셨습니다. 힘으로 그들을 무너뜨리지 않고, 사랑과 진리로 로마를 허무셨습니다. 이것이 성경의 평화입니다. 하나님은 이것에 관심이 있으십니다. 가정에 평화가 없다고 남편이 힘으로 평화를 이루려 하면 어떻게 될까요. 평화는 저 멀리 달아납니다. 가족들을 향한 사랑과 가족을 디자인하신 하나님의 진리로 해야 합니다. 이는 모든 영역에 적용됩니다. 가정의 평화, 교회의 평화, 직장의 평화, 사회의 평화, 이 모든 평화는 힘과 자본이 아니라, 사랑과 진리로만 이루어집니다.

하나님의 방법: 사랑

다음으로 살펴봐야 할 성경적 관점은 하나님의 방법입니다. 하나님은 권력과 자본이 아니라 사랑과 희생과 진리를 통해 일하십니다. 지난 역사를 보면 알 수 있습니다. 권력으로 일했을 때는 늘 문제가 생겼습니다. 돈으로 일했을 때는 늘 말썽이 났습니다. 돈과 권력을 사용해도 그 근간에 사랑이 있을 때야만 돈과 권력에 의미가 생깁니다. 사랑이 빠진 돈과 권력은 늘 더 큰 문제를 일으킵니다.

그래서 하나님은 늘 사랑으로 일하십니다. 제가 존경하는 윌리엄 윌버포스는 영국에서 노예 해방을 이끌었으며, 그 일에 평생을 바칩니다. 그가 죽기 직전에 노예해방법이 비로소 통과됩니다. 인류 역사에서 굉장히 중요한 사건입니다. 윌버포스는 노예 해방을 소명으로 여겼으나 무력 투쟁이 아니라 의회에서 의정 활동을 통해 줄기차게 해 나갑니다. 몇 차례 살해 위협까지 받으면서도 폭력으로 갚지 않고 끝까지 사랑으로 이겨 냈습니다. 그는 사랑으로 세상을 변화시켜야 한다는 것, 하나님은 돈과 권력이 아니라 합법적이고 제도적인 방법으로 세상을 변화시키기 원하신다는 것을 알았습니다. 폭력은 또 다른 폭력을 만들어 내지만, 사랑에 기초한 인내와 지혜는 진정한 평화를 이끌어 냅니다.

사랑의 자세는 정치·사회적 사안을 다루는 과정에서도 견지해야 할 내적 자세입니다. 그럴 때 나와 생각이 다른 사람들과 대화를 시도할 수 있고, 견해가 다른 사람들 간에 대화가 이루어지도록 도울 수 있습니다. 자기 옳은 대로 분열하여 자신의 틀에 갇힌 채 도무지 대화할 수 없을 것 같은 사회일지라도 이런 자세를 견지하며 인내하는 자들이 평화를 일굴 수 있습니다. 사랑과 평화는 그래서 늘 함께합니다.

하나님의 심판: 개인과 사회, 교회

마지막으로 중요한 성경적 관점은 하나님의 심판입니다. 우리의 행동과 결정을 하나님이 공의로 심판하십니다. 공의의 심판은 우리 자신, 교회, 사회에 모두 해당한다는 사실을 잊지 마십시오. 이를 성경은 하나님의 진노라는 말로 표현하기도 합니다. 사람들이 행하는 모든 악은 누군가가 보고 있지 않다는 마음, 보고 있어도 별 상관없다는 패역한 마음 때문입니다. 하나님을 진정으로 두려워하지 않는 자들은 정의를 구부리고 불의에 타협할 때, 더 나아가 불의를 주도하거나 적극적으로 가담할 때, 하나님이 보고 계신다고 생각하지 않습니다. 보고 계셔도 상관없다고 생각한다면, 그 완악함을 어찌할 수 있을까요?

반면, 하나님의 심판을 마음에 두는 사람은 '종말론적 책임감 eschatological accountability'을 가지고 살아갑니다. 그는 늘 자기를 성찰하면서 스스로 속이고 있지 않은지 살핍니다. 인간은 여러 방식으로 자신을 속이고 합리화하는 데 천재입니다. 이러한 위험을 아는 그리스도인은 늘 하나님 앞에서 자신을 진리에 비춰 보고, 기도 가운데 자기 속에 숨은 동기를 드러내며 자기 성찰을 하지 않을 수 없습니다. 이런 훈련이 된 사람이 사회를 분별하고 하나님의 뜻을 구할 수 있습니다. 하나님의 다스림과 평화와 사랑을 우리 사회에 어떻게 적용할지를 궁리할 때 늘 하나님의 공정한 심판 앞에 서는 마지막 날을 마음에 둡니다. 이러한 자세는 교회 공동체를 이끌 때도 늘 견지해야 합니다. 하나님을 두려워함이 모든 지혜의 근본입니다.

이렇게 우리는 네 가지 성경적 관점으로 사회 현상을 봐야 합니다. 우리가 모든 사안에 관해 모든 정보를 가지고 있지는 않아서 어려움은 있으나, 국가의 운명을 좌우하는 중요한 사안이라면 하나님을 믿는 하나님의 종으로 이런 문제들에 접근해야 합니다. 하나님의 주권을 인정하는 관점으로, 하나님의 관심인 평화의 관점으로, 하나님이 선택하시는 사랑의 방법으로, 마지막으로 하나님의 심판을 염두에 두고 판단하고 행동해야 합니다.

이때 우리에게 필요한 것이 개인의 양심과 신앙입니다. '하나님 앞에서 어떻게 하는 것이 옳은가? 내가 결정하고 말하고 행동한 것이 나중에 하나님 앞에 섰을 때 어떤 평가를 받을까?' 이를 자신의 양심과 신앙에 비추어 생각해 보아야 합니다. 그러면 기도할 수 있습니다. 그때부터 바른 기도가 나오기 시작하고, 기도하기 시작하면 행동할 수 있습니다. 이런 상황에서는 어떻게 하면 되겠다 하는 판단과 함께 적절한 행동이 뒤따를 수 있습니다.

교회 안에서 정치 문제를 다룰 때

/

회개하고 성경적 관점으로 여러 사안을 보는 연습을 해 나갈 때 놓치지 말아야 할 것은 공동체 안에서의 자세입니다. 우리는 앞서 살펴본 네 관점으로 보아야 합니다. 그런데 교회 안에서 정치와 관련한 문제를 다루기란 참 조심스럽습니다. 대개는 교회에서 정치 이야기는 하지 말라고 조언합니다. 교회가 깨질 수 있기 때문입니다. 서로 다른 정치적 입장을 굳이 꺼내어 분란을 일으킬 필요가 없다고 합니다. A신문을 선호하는 사람이 있고, B신문을 아끼는 사람이 있습니다. 선거에서 1번을 찍는 사람이 있고, 2번을 포기하지 못하는 사람이 있습니다. 그렇다고 교회 공동체 내에서 A신문 보는 사람끼리 모이고, B신문 보는 사람끼리 따로 모이는 것도 말이 되지 않습니다. 1번 찍는 사람과 2번 찍는 사람이 섞이지 않고 따로 노는 것도 마찬가지입니다. 교회는 그런 곳이 아닙니다. 교회는 정치판이 아닙니다.

교회는 하나님의 관점으로 세상을 읽으려는 사람들의 모임입니다. 그러므로 정치 문제를 다룰 때 공동체 내에서 먼저 해야 할 일은 자신의 정치적 입장을 내려놓는 것입니다. 그런 다음에 성경에서 어떻게 말하는지 보려고 애쓰십시오. 우리는 아전인수의 특기생들 아닌지요. 가능하면 자기 입장 쪽으로 끌어들여 해석하려는 본성이 우리 안에는 있습니다. 그런 본성을 내려놓고 성경에서 뭐라 하는지 듣고, 하나님의 관점으로는 어떻게 봐야 하는지를 숙고해야 합니다.

이를 위해 할 일은 먼저 자기 입장을 내려놓는 것이며, 다음은 다른 사람의 이야기를 듣는 것입니다. 다른 사람의 말에 귀 기울이면, '아, 저렇게도 볼 수 있구나. 내가 몰랐던 정보가 있네'라는 생각이 듭니다. 우리가 세상을 완전히 이해하는 데까지는 다다르지 못하겠지만, 더 온전한 이해에는 도달할 수 있습니다. 서로에게 이야기하고 귀를 기울이십시오. 그러면서 다양성과 차이점에 눈뜨십시오. 우리는 서로 다를 수 있습니다. 하지만 가장 중요한 사실은 우리가 모두 하나님의 자녀라는 것입니다. A신문을 보든지 B신문을 보든지, 중요한 것은 우리가 하나님의 자녀라는 사실입니다. 이것이 더 큰 공통분모입니다. 정치 성향이나 특정 사안에 관한 입장으로 교회가 갈라지는 것은 수치이며, 신앙 고백에도 반대되는 행동입니다. 우리를 더 크게 묶고 있는 것은 하나님의 사랑이기 때문입니다.

위중한 정치적 쟁점에 대해 공동체가 함께 기도하면서 관련 사안에 관한 교회 입장을 분별하면 의견이 모일 수 있습니다. 어느 정도 동의해야 공동체의 입장이라고 할 수 있을까요? 정해진 기준은 없습니다. 55대 45 정도라면 의견이 모였다고 할 수 있을까요? 아닐 것 같습니다. 80대 20 정도라면 의견이 모였다고 볼수 있을지 모르겠습니다. 어느 정도 마음이 모여야 하는지에 대한 기준을 미리 정해 놓는 것도 필요합니다. 함께 분별하여 의견이 모이면 공동체 가운데 평안이 찾아옵니다. 그렇다고 해서 80%의 다수가 20%의 의견을 무시하면 안 됩니다. 소수 의견이 있음을 인지하고, 그들 역시 하나님의 사랑 가운데 있는 사람임을 기억해야 합니다. 또한 20%는 자기 뜻이 관철되지 않았다고 교회를 떠나거나 지속해서 반대하는 것도 옳지 않습니다. 이것이 교회 공동체의 모습입니다. 우리를 강하게 묶는 것은 정치적 쟁점이 아니라 하나님의 사랑이며, 그리스도가 이를 가능하게 하시는 분이기 때문입니다.

만약 기본적으로 이러한 자세가 없고, 함께 기도로 의견을 모으고 분별하는 과정을 놓치고 있다면 교회는 정치적 사안을 아예 다루지 말아야 합니다. 아니 그러한 쟁점을 다룰 자격이 없습니다. 교회에 새로운 문화가 먼저 자리 잡아야 합니다. 세상의 많은 중요한 문제에 관해 교회가 입을 다물고 있어서 많은 이들이 혼돈에 빠집니다. 이제는 그러한 문제를 놓고 같이 이야기하고 고민하고 기도해야 할 때가 되었습니다.

세상이 깜깜할 때 빛은 어디에

/

공동체 내에서 기도하며 의견을 모으고 분별하는 자세를 견지하면, 자연스레 세상 가운데서 교회의 역할을 하게 됩니다. 성경은 교회를 어둠 속 빛이라고 부릅니다. 왜 세상이 어둠일까요? 진리가 사라지고 정의가 부재하기 때문입니다. 그래서 세상은 깜깜하고 방향을 모른 채 헤맵니다. 교회는 그 가운데서 진리가 돼야 합니다. "이것이 우리가 찾은 답입니다"라고 말할 수 있어야 합니다. 그래서 성경은 교회를 빛이라고 칭합니다.

교회가 진정한 빛이 되려면, 자신의 사견이 아니라 하나님의 관점으로 세상을 보는 연습을 해야 합니다. 완벽하지는 못해도 더 온전하게 볼 수 있도록 공동체가 함께 애를 써야 합니다. 그럴 때 빛의 역할을 할 수 있습니다. 슬프게도 오늘날 한국 교회는 빛의 역할을 다하지 못하고 있습니다. 과거에도 그랬고 지금도 별반 다르지 않습니다. 하지만 교회야말로 자신의 정치·경제적 유불리를 떠나서 하나님의 관점에 근거해 가장 온전한 시각으로 개별 사안을 볼 수 있는 집단입니다. 하나님의 두려운 심판을 아는 교회가 그 역할을 해야 합니다.

사회적으로 이슈가 되는 어떤 문제이든 우리는 시민사회의 일원으로서 정치적으로, 경제적으로, 외교적으로 이야기할 수 있습니다. 하지만 그리스도인은 그렇게만 이야기해서는 안 됩니다. 정치와 경제와 외교는 2차 변수입니다. 그 전에 하나님이 이 문제에 관해 어떻게 말씀하시는지를 먼저 살펴야 합니다. 그런 다음에 정치, 경제, 외교 같은 요소를 고려할 수 있습니다. 물론 순진하고 철없는 생각을 하지 않으려면 이 같은 요소를 함께 따져야 합니다. 그러나 성경적 관점과 정치·경제·외교적 이해득실을 섞지 마십시오. 성경의 가르침을 등한시하고 세상의 이해득실을 따지다가 교회가 교회의 역할을 제대로 수행하지 않으면서 세상은 더욱 깜깜해졌습니다. 그리스도인은 무엇보다 먼저 하나님 관점에서 이야기해야 합니다. 그리스도인의 사명은 우리나라와 사회가 어떻게 하면 더 잘 살지, 다른 나라를 제치고 부자 나라가 될지가 아니라, 하나님의 정의가 우리 시대에 어떻게 드러나야 할지를 이야기하는 이 시대의 양심이 되는 것입니다.

비겁한 교회는 인제 그만

/

한국 사회에는 늘 피켓이 등장하고 날 선 주장들이 엇갈립니다. 많은 쟁점이 나라를 흔듭니다. 이때 교회는 교회만의 사명이 있습니다. 물론 모든 쟁점을 교회가, 또는 교회에서 다 이야기할 수도 없고 할 필요도 없습니다. 하지만 나라와 사회의 방향과 운명을 가르는 중대 사안이라면, 성경적으로 바라보고 하나님의 관점에서 발언할 수 있어야 합니다. 교회라면 그렇게 해야 한다고 믿습니다. 자신의 자세를 겸허하게 인정하고, 그 자세를 견지하며 행동하는 것, 이것이 교회의 사명 중 하나입니다.

　복잡하고 어렵고 이해득실이 얽힌 수많은 사안에 대해 비겁하게 침묵하지 않고, 함께 고민하고 연구하고 대화하면서 하나님의 뜻을 찾아가야 합니다. 이러한 일을 목회자에게 일임하거나 교회 밖의 일로 치부하여 관심을 거두거나 침묵하기 때문에 문제의식을 느끼고 정직하게 질문하는 이들이 교회를 떠납니다.

　우리 사회 문제들을 붙들고 하나님 앞에서 함께 씨름하는 일이 교회 안에서 일어날 때, "하나님을 믿는 것은 저런 것이구나. 정교분리 뒤에 숨어서 야합하거나 비겁해지는 게 아니구나. 손해도 보고 한계도 분명하지만, 진실을 말하고 하나님의 정의 편에 서려고 애쓰는 사람들이 교회구나"라고 교회 밖 사람들도 인정하게 됩니다. 진리를 찾아 어둠 속에서 헤매는 사람들이 교회에서 빛을 발견하게 됩니다. 그러나 이토록 중요한 일에 침묵하거나 편향된 모습을 보일 때, 교회 밖은 물론이고 교회 안에서조차 걸려 넘어지는 사람들이 속출할 것이며, 교회는 점점 빛을 잃을 것입니다. 지혜롭게 분별하고 용기 있게 행동하는, 무엇보다 하나님을 경외하는 참된 소금과 빛 같은 교회가 우리 모두에게 간절히 필요합니다.

[시대와 동떨어진 정교분리에서 / 평화와 정의의 편으로]

1. 한국 교회 역사에서 교회와 정치 권력과의 관계가 어떠했는지 살펴봅시다. 이를 어떻게 평가해야 할까요?

2. 사회적으로 중요한 쟁점에 대해 교회 내에서 어떤 자세를 주로 취해 왔으며, 그 이유는 무엇일까요?

3. 로마서 13장 1-5절과 베드로전서 2장 16-17절에서 가르치는, 정치 권력에 대한 그리스도인의 태도를 일반적 원리로 정리해 봅시다.

4. 한국 사회에 지대한 영향을 끼치는 사안에 대해 교회는 어떠한 자세를 취하는 것이 좋을까요? 가장 근본이 되는 자세를 생각해 봅시다. 1) 하나님 앞에서 2) 교회 안에서 3) 세상을 향해서

5. 요즘 사회적 갈등을 일으키는 쟁점을 선택해서 4번에서 나눈 자세를 바탕으로 어떻게 대응해야 할지 이야기해 봅시다.

6. 5번 대화를 나누면서 좋았던 점과 힘든 점이 무엇이었나요? 그 이유는 무엇일까요?

7. 교회가 일반 사회에서 소금과 빛의 역할을 하는 데 필요한
   것은 무엇이며, 어떻게 구비할 수 있을까요?

여성이 아무리 많아도
남성이 지배한다

"교회 가면 여성이 대다수인데, 교회 지도자는 목사님도 장로님도 모두 남성인 게 언제부터 눈에 들어오기 시작했어요. 그리고 목사님이 좋은 뜻으로 설교하시는 건 알지만, 결국은 여성들에게 복종을 강요하는 내용이라서 점점 예배드리기가 힘들어졌어요. 나중에는 '하나님 아버지'라고 부르는 것도 싫어졌어요. 제 육신의 아버지는 별로 책임감도 없으셨고, 무뚝뚝하고 그래서 멀게만 느껴지는 분이었는데, 하늘 아버지도 그럴 거라는 생각이 당연히 들고…. 차라리 '하나님 어머니'라고 부르는 게 더 쉽다는 사실을 발견하고 충격을 받았죠. '남성은 1급, 여성은 2급'인 듯 이야기하는 설교도 이제는 힘들고, 그래서 예배 때 마음이 확 식어 버리기도 해요."

위조된 각인

"교회에서 여성이 하는 일은 가부장적 집안에서 여성이 하는 일이죠. 다과를 만들고 식사 준비하고 손님들 접대하고, 온갖 허드렛일이죠. 반면에 설교나 강의, 세미나 인도 등은 대부분 남성이 합니다. 특히 중요한 의사결정을 남성 중심으로 하는 건 정말 이해할 수가 없습니다. 여성이 다수인데 여성들 생각과 입장을 대변하는 사람 하나 없이 의사결정을 한다는 게…. 결국 교회는 소망이 없지요."

"설교를 듣다가 '여자는 남자에게 순종해야 한다', '여자는 교회에서 잠잠해야 한다'라는 말을 듣고는 하나님을 믿으려다가 믿지 않기로 하고 교회를 떠났어요. 조선 시대도 아니고, 그런 소리를 듣고 자란 남성과 결혼한다고 생각하니…. 저는 절대 기독교인과는 결혼하지 않을 생각이에요."

"여성은 목사가 될 수 없는 교파가 있더라고요. 그 이야기를 듣고는 아연실색했습니다. 그래서 목사가 대부분 남성이라는 사실도 알았고요. 제가 졸업한 여학교를 선교사들이 세워서 기독교에 호의가 있었는데, 여성은 교회 지도자가 될 수 없다니…. 그러면 아예 교육을 하지나 말지. 이해가 안 가는 교회, 자꾸 나오라고 하지 마세요."

오래된 문화적 습관

/

남성중심주의는 아주 먼 과거부터 인류가 형성해 온 문화적 관습입니다. 인류는 거의 모든 역사 동안 여성을 남성보다 열등한 존재로, 남성의 소유물로, 자손을 낳는 도구 정도로 여겼습니다. 이런 긴 역사에 변화가 불어닥친 기간은 고작 200년 정도입니다. 지금은 당연하게 여겨지는 여성 참정권의 역사를 살펴봅시다. 프랑스대혁명(1789-1794)과 미국독립혁명(1776-1783)은 서양 역사에서 가장 중요한 분기점입니다. 이때 시민의 보편적 권리가 처음으로 인정되었기 때문입니다. 모든 시민이 동등한 권리를 갖는다는 사상과 사회 제도가 확립되기 시작한 게 고작 약 250년 전입니다. 그런데 문명사적 변화를 일으킨 혁명 중에도 여성 인권은 전혀 언급되지 않았습니다. 프랑스대혁명 후에 올랭프 드 구주Olympe de Gouges(1748-1793)라는 여성이 여성의 정치적 권리를 주장했지만 결국 단두대에서 사형당합니다. 그는 사형 전에 "여성이 단두대에 오를 권리가 있다면 의정 연단에 오를 권리도 당연히 있다"라는 유명한 말을 남겼습니다. 일찍이 시민의 권리를 주창했던 프랑스는 1946년에서야 여성의 참정권을 인정합니다. 현존하는 국가 중에는 뉴질랜드가 1893년에 최초로 인정했으며, 뒤를 이어 미국은 1920년에, 영국은 1928년에서야 여성의 참정권을 인정합니다.

에멀린 팽크허스트Emmeline Pankhurst(1858-1928)라는 영국 여성을

아시나요? 약 100년 전 영국의 여성 인권 현실을 다룬 〈서프러제트 Suffragette〉라는 영화에도 등장합니다. 그는 투옥과 석방을 숱하게 반복하면서 여성의 참정권에 전 생애를 바칩니다. 그녀를 비롯해 수많은 여성의 투쟁과 목숨을 대가로 여성의 참정권이 마침내 쟁취됩니다. 아시아와 아프리카의 여러 국가에서는 2차 세계대전 이후 독립과 민주화 과정에서 여성의 참정권이 인정되었지만, 이슬람권과 일부 아프리카 국가에서는 아직도 수많은 여성이 교육도 제대로 받지 못하고 참정권도 없이 여러 사회적 제약을 받고 있습니다.

우리나라는 조선의 성리학 영향으로 남존여비 사상이 뿌리 깊었습니다. 이 같은 문화적 악습은 근대화와 함께 매우 느리게 변화하다가, 1948년의 제헌헌법에서 남녀의 동등한 참정권이 처음으로 언급됩니다. 선거권과 피선거권이 법률적으로는 주어졌으나 그 후로도 뿌리 깊은 남녀 차별은 사라지지 않았고, 오늘날에 와서야 양성평등에 관한 논의가 본격적으로 일어나고 있습니다. 30-40년 전만 해도 "암탉이 울면 집안이 망한다"라는 말을 심심찮게 들었는데, 적어도 이제는 그런 표현을 쓰면 무식한 사람으로 취급당하는 정도는 되었습니다. 그러나 남성중심주의와 남성우월주의는 사회 곳곳에, 그리고 우리 의식과 무의식에 일종의 문화적 습관으로 자리하고 있습니다.

잘못된 권위주의

/

인류 전체는 물론이고 한국 문화에 오랫동안 박혀 있던 남성중심주의나 남성우월주의가 기독교의 권위주의와 결합하면서 아주 큰 오해를 낳았습니다. 많은 종교가 그러하듯 기독교 역시 강력하고 절대적인 권위를 인정합니다. 그리스도인은 하나님이 만물의 주인이시고 모든 권위가 하나님께 있다고 믿습니다. 그런데 대다수 사람은 이런 절대적 권위에 거부반응을 보입니다. 사회에서 우리가 경험하는 절대적 권위는 늘 인간을 조종하고 압제하고 착취하기 때문입니다. 그러나 하나님의 절대적 권위는 그 아래에 있는 존재에 대한 지극한 사랑과 그 사랑을 실행하는 능력을 전제합니다. 하나님의 권위는 우리를 억압하거나 굴종을 강요하는, 불의하고 부조리한 권위가 아닙니다. 인간을 보호하고 사랑하기 위해 책임과 권한을 발휘하는 권위입니다.

그런데 하나님은 이러한 권위를 인간에게 위임합니다. 과거 왕정의 왕에게, 민주 사회의 선출직 정치인에게, 가정의 부모에게, 학교의 교사에게, 병원 수술실의 의사에게, 군대의 지휘관에게 자신의 권위를 위임합니다. 이는 그 권위를 가지고 자기 뜻대로 쓰라는 게 아닙니다. 예를 들어 부모에게 권위를 주었다고 자녀를 자기 소유인 양 다루고 굴종시키라는 뜻이 아닙니다. 최선을 다해 자녀를 사랑하고 책임지고 잘 이끌라는 것입니다. 인간이 받은 모든 권위는 하나님에게서 왔으며, 이를 위임받은 인간은 일종의 청지기인 셈입니다. 부모와 자식 관계뿐 아니라 부부 관계, 학교나 회사를 비롯한 모든 조직, 운동경기에조차도 하나님은 건강한 권위를 부여하셨습니다.

불행히도 우리는 오랜 세월 건강한 권위를 배우지 못했고, 태어나면서나 어떤 직책을 획득하면 권위가 주어진다고, 그리고 일단 주어진 권위는 조건 없이 사용해도 된다고 여겼습니다. 목회자를 '주님의 종'이라고 부르며 목회자의 뜻을 거의 하나님의 뜻에 방불하게 여기는 경향이 아직 한국 교회에 남아 있는데, 권위를 잘못 이해한 대표적 예입니다. 목회자는 권위 있는 하나님의 말씀을 전할 때, 그 말씀대로 살려고 애쓰며 그렇게 살도록 회중을 가르칠 때, 그리고 공동체를 이끌도록 권위를 위임받은 사항에서만 권위가 있습니다. 그런데 목회자가 되면 자기만 주님의 종이고, '평신도'와는 다른 레벨인 듯 생각하고 행동하기 쉽습니다. 이를 본떠서 장로 같은 임직자가 되면 목회자 흉내를 내며 다른 성도 위에 군림하기도 합니다. 이 또한 권위를 잘못 이해한 예입니다. 잘못된 권위주의가 오래된 남성중심주의와 결합하면서, 오늘날 한국 교회는 어느 사회 집단보다 양성평등은커녕 남성 중심과 남성 우월이 무엇인지를 여실히 보여 주고 있습니다.

잘못된 성경 해석

/

기독교가 여성 차별을 합리화하는 데 이용한 것은 성경 구절이었습니다. 대표 구절은 다음과 같습니다.

> "여자의 머리는 남자요"(고전 11:3).
> "여자들은 교회에서는 잠자코 있어야 합니다"(고전 14:34).
> "여자가 가르치거나 남자를 지배하는 것을 나는 허락하지 않습니다. 여자는 조용해야 합니다"(딤전 2:12).

이 구절에 대한 해석의 역사는 기독교 역사만큼이나 장구합니다. 여기서 다 다룰 수는 없지만 중요한 점은 살펴봅시다. 기독교 가정의 많은 남편이 "여자의 머리는 남자요"라는 성경 말씀을 근거로 아내에게 절대적 순종을 요구했습니다. 그러나 이 말씀에 이어지는 내용을 보면 "남자의 머리는 그리스도요, 그리스도의 머리는 하나님이신 것을" 알기 바란다고 합니다. 그러니까 남편과 아내의 관계가 성부와 성자의 관계와 같다는 것입니다. 부부가 얼마나 심오하고 친밀한 관계인지를 보여 주는 구절입니다. 이와 유사하게 "아내도 모든 일에 남편에게 순종해야 합니다"(엡 5:24)라는 말씀도 자주 오용하는 구절입니다. 아내에게 절대적 순종을 요구하면서 정작 남편은 아무런 책임도 지지 않는 일이 비일비재합니다. 그러나 이 구절은 "서로 순종하십시오"(엡 5:21)라는 전제 이후에 등장할 뿐 아니라, 남편에게는 아내를 위해 목숨을 버리라고 요구합니다. 사실 성경은 역차별하는 셈입니다. 상대에게 순종하는 것과 상대를 위해 목숨을 버리는 것 중에 어느 쪽이 쉬울까요? 고린도전서 11장이나 에베소서 5장은 위계질서가 아니라, 서로 순종하며 보완하는 남편과 아내의 관계에 대해 가르치고 있습니다.

이처럼 성경이 말하는 권위는 자기 마음대로 착취하고 굴종을 요구하고 억압하는 것과는 거리가 한참 멉니다. 그런데도 많은 교회가 권위의 개념을 오해해서, 여성을 남성보다 열등한 존재인양 여기는 세상 문화의 악습을 도리어 강화하였고, 그 결과 교회 내에 남녀 불평등 구조가 형성되었습니다. 그런데 이들이 금과옥조로 여기는 성경 구절이 더 있습니다. 고린도전서 14장과 디모데전서 2장입니다. 디모데전서 2장의 "여자가 가르치거나 남자를 지배하는 것을 나는 허락하지 않습니다"라는 표현도 성경 전체 흐름과 사상, 문화적·사회적·역사적 맥락을 고려하지 않고 문자적으로 해석하면 원래 뜻을 오해하게 됩니다. 많은 성경학자는 두 성경 본문이 고린도 교회와 에베소 교회의 특수성에서 각각 기인했다고 말합니다[관련한 학문적 논의가 많지만, 자세한 설명은 메리 에반스의 《성경적 여성관》, 김세윤의 《그리스도가 구속한 여성》(두란노), 조석민의 《신약성서의 여성》(대장간)을 참고하면 좋습니다]. 두 성경 본문을 남녀 관계에 대한 규례로 쓰기에는 성경 전체가 이야기하는 바와 특히 바울 자신의 가르침이나 실천과 거리가 있습니다. 그런데도 한국 기독교의 여러 교단이 아직도 여성 목사 안수를 금지하고 있습니다. 성경 전체의 흐름과 사상이나 사회·문화·역사적 맥락과 관계없이 몇몇 구절만 따로 떼어 해석하는 관점을 '문자주의'라고 합니다. 곧 살펴보겠지만 몇몇 성경 구절로 자기주장을 뒷받침하기보다는 성경 전체가 전하는 내용에 비추어 모든 성경 구절을 살피는 자세가 필요합니다.

정리하면, 한국 교회의 남성중심주의는 인류의 오래된 문화적 관습, 권위에 대한 잘못된 해석, 문자주의 성경 해석이 결합한 결과입니다. 교회의 미성숙이라고 말하기에는 피해당하는 숫자가 절반 이상이라서 가당찮으며, 해결하지 않고 방치한 병리적 현상입니다. 수많은 여성이 오랜 세월 고통받았고 지금도 고통받고 있으므로 병리적 현상이라는 표현이 절대 과하지 않습니다.

성경이 가르치는 여성과 남성, 하나님의 형상
/

그러면 여성과 남성을 바라보는 올바른 성경적 관점은 무엇일까요? 이 주제는 절대 단순하지 않고, 특히 오늘날 매우 중요해서 여러 번에 걸쳐 깊게 이야기해야 합니다. 이 책에서는 여성과 남성에 관한 가장 기초적이고 중요한 성경적 원리를 나누려 합니다. 앞서 말했듯이 몇몇 성경 구절만 선택적으로 뽑아서 주장하는 것은 성경을 잘못 대하는 방법이며, 건강하지 않은 정도가 아니라 위험한 방법입니다. 이를 '성경으로 증거 대기proof-texting'라고도 하는데, '자신이 주장하는 내용을 증명해 주는 성경 본문 찾기'라고 할 수 있습니다. 자기주장의 근거로 성경을 인용하는 방식인데, 놀랍게도 대다수 이단이 이런 식으로 성경을 오용한다는 사실을 기억해야 합니다. 성경은 전체 흐름 가운데서 읽어야지, 한두 구절을 뽑아내서 전체 흐름과 무관하게 읽으면 안 됩니다.

성경 전체의 관점에서 여성과 남성을 이야기하려면 당연히 창조 때로 돌아가야 합니다. 창세기 1장 27-28절입니다.

> 하나님이 당신의 형상대로 사람을 창조하셨으니, 곧 하나님의 형상대로 사람을 창조하셨다. 하나님이 그들을 남자와 여자로 창조하셨다. 하나님이 그들에게 복을 베푸셨다. 하나님이 그들에게 말씀하시기를 "생육하고 번성하여 땅에 충만하여라. 땅을 정복하여라. 바다의 고기와 공중의 새와 땅 위에서 살아 움직이는 모든 생물을 다스려라" 하셨다.

하나님은 하나님의 형상대로 남자와 여자로 창조하셨습니다. 많은 사람이 하나님을 남성으로 생각합니다. 르네상스 시대 유명한 화가인 미켈란젤로도 시스티나 성당의 천장에 〈아담의 창조〉를 묘사하면서 하나님을 흰 수염 흩날리는 남성으로 그렸습니다. 그러나 창세기는 하나님의 형상에 어느 한 성만이 아니라 남성과 여성이 같이 있다고 말합니다. 남성이나 여성 중 어느 한쪽이 하나님에 더 가깝다고 말할 수 없습니다. 여성과 남성이 '함께' 하나님의 형상을 반영합니다. '문화명령'이라고도 부르는 28절을 저는 '세상 경영'이라고 표현합니다. 하나님께서 지으신 피조 세계가 최고의 가치를 드러내도록 이끄는 행위, 곧 세상을 경영하는 것입니다. 이 놀라운 사명을 하나님은 '그'가 아니라 '그들'에게 명령하셨습니다. 세상 경영을 남성과 여성에게 함께 맡기셨습니다.

창세기를 좀 더 살펴봅시다. 하나님이 세상을 창조하시면서 좋았다는 말씀만 반복하시다가 처음으로 좋지 않았다고 표현하는 대목이 나옵니다.

> 주 하나님이 말씀하셨다. "남자가 혼자 있는 것이 좋지 않으니, 그를 돕는 사람, 곧 그에게 알맞은 짝을 만들어 주겠다"(창 2:18).

남자와 여자가 함께 하나님의 형상을 반영하도록 하나님이 창조하셨기 때문에, 아담 혼자 있는 것이 좋아 보이지 않았습니다. 하나님은 돕는 배필, 알맞은 짝을 만들어 주셨습니다. 여기서 눈여겨볼 지점은 남자 홀로는 충분하지 않다는 것입니다. 여성이 반드시 같이 있어야 합니다. 그렇게 창조된 여성, 돕는 배필은 대개는 '조력자helper'라고 번역됩니다. 많은 사람이 이 단어에 근거해 여성을 '보조자' 정도로 해석합니다. 더 나아가 여성을 남성과 비교해 부족한 존재처럼 해석하기도 합니다.

이 역시 성경을 자기 방식대로 이해하고 해석한 것입니다. 히 브리 단어 에제르ᵉᶻᵉʳ는 구약에 100회 이상 등장하는 단어로 시편에는 "하나님은 우리를 '돕는 분'이다"라는 표현에서 발견할 수 있습니다(시 30:10; 40:17; 119:173 등). 앞서 잘못된 해석대로라면 하나님이 시편 저자의 보조자라는 말입니다. 하나님은 인간을 도울 수 있는 분, 인간보다 우월한 지혜와 능력으로 인간을 도와주시는 분입니다. 이런 식으로 이해한다면 여성은 남성의 부족한 부분을 보완해 주는 동등한 존재, 아니 어쩌면 더 우월한 존재라고도 해석할 수 있습니다. 건강하고 안정적인 가정의 남편은 이구동성으로 자기보다 아내가 더 훌륭하다고 고백합니다. 저 역시그 고백에 동참하지 않을 수 없습니다. 성경은 남성을 보완하고온전하게 세우기 위해, 그 부족한 부분을 넉넉히 감당하기 위해여성을 창조했다고 하나님의 원래 계획을 밝히고 있습니다.

죄의 심대한 영향

/

성경을 전체 흐름 속에서 파악하려면 하나님의 원래 계획을 살핀 후, 죄로 인해 그 계획이 어떻게 틀어졌는지 살펴야 합니다. 이 관점으로 창세기 3장 16절을 살펴봅시다.

여자에게는 이렇게 말씀하셨다. "내가 너에게 임신하는 고통을 크게 더할 것이니, 너는 고통을 겪으며 자식을 낳을 것이다. 네가 남편을 지배하려고 해도 남편이 너를 다스릴 것이다."

선악과 사건 이후, 그러니까 실수할 수 없도록 동산 한가운데 심어 놓은 선악과를 인간이 하나님과 동등한 자리에 오르기 위해 따먹으면서, 인간은 하나님 중심에서 인간 중심으로 돌아섭니다. 죄의 본질인 자기중심성이 인간에게 들어오자, 상호보완적이고 수평적이었던 여성과 남성의 관계는 서로 지배하고 다스리려는 관계로 전락합니다. 아담이 하와를 처음 보며 고백한 노래가 기억나시나요? "살 중의 살이요, 뼈 중의 뼈"(창 2:23)라고 했습니다. 인간이 처음 만든 시이자 첫 번째 사랑 노래입니다. 이 고백이 얼마나 아름답습니까! "이 사람은 내 본질이다"라는 고백인데, 죄가 들어오자 어떤 일이 일어났나요? 서로 지배하고 다스리려고 합니다. 인류에게 죄가 들어온 다음에 가장 먼저 불거진 문제가 바로 여성과 남성의 일그러지고 깨어진 관계였습니다.

에덴에서 남녀 관계가 깨어진 이후로 극히 예외적인 경우를 빼고는 남성이 여성을 지배하는 역사가 지금까지 이어져 왔습니다. 사회가 발전하고 또 발전해도 굳게 닫힌 현관문 안에서 일어나는 비극은 여전히 막을 수 없습니다. 사회적 관심이 아무리 높아져도, 가정 폭력은 인간이 경험하는 흔하고도 끔찍한 비극 중

하나로 남을 것입니다. 이 폭력이 더욱더 안타까운 이유는 많은 사람 앞에서 "이 사람만 사랑하겠어요"라고 공개적으로 소문내고 약속한 관계에서 일어나기 때문입니다.

가장 가깝고 사랑하는 사람에게 폭력을 행사한다면, 그렇지 않은 사람에게는 더 쉬울 것입니다. 여전히 사회에 만연한 성폭력과 성 착취는 앞으로도 이런 이유에서 사라지지 않을 가능성이 큽니다. 과거에는 일부 권세가나 폭력을 앞세우는 악당 같은 사람이 저지르던 성범죄가 이제는 다양한 미디어와 과학 기술의 힘을 입고 상상할 수 없는 방식으로 우리 사회 전반에, 심지어 아동·청소년에까지 흘러들어와 있습니다. 성차별이라는 단어로는 부족한, 성적 억압과 종속과 착취가 가득한 세상 속에서 우리는 살아가고 있습니다.

죄의 특성은 사람을 파괴하는 것입니다. 죄는 단순히 도덕적이고 윤리적인 잘못이 아니라, 하나님이 만드신 가장 중요한 원리를 무시하는 것이며, 그 원리를 무시하면 인간은 인간의 존엄성을 유지하지 못하고 짐승이나 그 이하로까지 떨어집니다. 죄는 하나님에 대한 도전이며 결국 인간을 파괴합니다. 정말 슬픈 일은 깨어진 관계에서 태어난 아이는 이유도 모른 채 망가지고, 결국 비극은 대물림됩니다. 우리는 모두 어쩌면 이 슬픈 역사의 증인이며 피해자인지 모릅니다.

한 가지 덧붙이면, 남성중심주의는 인류의 문화로 오랫동안 우리와 함께해 왔고, 그래서 성경을 기록할 때도 사회문화적 영향을 받아 다소 남성 우월적 표현들이 담겼습니다. 하나님의 말씀이지만 인간의 언어로 기록되었기 때문에 이런 한계가 있습니다. "아들들"이나 "형제들이여" 같은 표현이 대표적 예입니다. 물론 새번역성경은 "아들딸들"이나 "형제자매들이여" 같은 양성평등적 표현으로 바꾸었지만, 원어에는 '딸'이나 '자매' 같은 표현이 없는 것이 사실입니다. 사람들이 모였을 때 '남자만 몇천 명이었다'라는 네 복음서의 표현도 같은 맥락입니다. 이어서 살펴보겠지만 성경은 여성과 남성의 관계 회복을 거의 혁명적으로 선언합니다. 그럼에도 성경이 문화적 진공상태에서 쓰인 것은 아니라서, 문화적 한계를 드러내는 남성 중심적 흔적이 성경에도 극히 일부이지만 남아 있습니다.

그리스도 안에서 이루어진 회복

/

비록 남성 중심적 문화의 흔적이 남아 있더라도, 성경은 그리스도 안에서 놀라운 일이 벌어졌다고 선언합니다. 남녀 관계는 물론이고, 세상의 모든 깨어진 관계가 그리스도 안에서 놀랍게 변화합니다. 갈라디아서 3장을 살펴봅시다.

여러분은 모두 그 믿음으로 말미암아 그리스도 예수 안에서 하나님의 자녀들("아들들", 개역개정)입니다. 여러분은 모두 세례를 받아 그리스도와 하나가 되고, 그리스도를 옷으로 입은 사람들이기 때문입니다. 유대 사람도 그리스 사람도 없으며, 종도 자유인도 없으며, 남자와 여자가 없습니다. 여러분 모두가 그리스도 예수 안에서 하나이기 때문입니다(갈 3:26-28).

앞서 말했던 예가 여기에도 등장합니다. 개역개정은 "아들들"로 번역하고 있어서 일부러 병행 표기했습니다. 예수는 깨지고 상한 세상을 심판하고 회복하기 위해 메시아로 이 땅에 오셨고, 하나님나라를 시작하셨습니다. 타인의 존엄함을 무시하고 자기 이익을 위해 타인을 차별하는 것이 깨어진 세상에서 나타나는 근본 문제입니다. 예수 그리스도 안에서는 유대 사람도 그리스 사람도, 종도 자유인도, 남성도 여성도 없다는, 차별 없이 모두 하나가 되었다는 선언은, 이 편지가 쓰인 시대를 감안하면 참으로 놀라운 선언입니다. 1700년대가 되어서야 여성 참정권이 인정되기 시작했는데, 무려 2천 년 전에 쓰인 성경에 저런 고백이 있다니요! 바울 사도는 지금보다 훨씬 견고한 가부장적 구조와 남성 중심적 문화 속에서 당당히 선언했습니다. 그리스도 안에 있으므로, 다른 말로 하면 그리스도로 옷 입었기에 우리는 새로운 존재가 되었다고 합니다. 이 본문에서는 세 가지, 인종적·사회적·성적 차별을 대표로 거론했지만, 기독교 사상은 나이, 경력, 재산, 교육 수준, 외모 등 모든 영역에 적용할 수 있습니다. 그리스도 안에는 어떠한 차별도 없습니다! 그리스도 안에서 하나님나라가 시작되었고, 하나님이 창조 때의 원래 의도대로 세상을 회복하기 시작하면서 모두 하나가 되었습니다.

앞서 말했듯이 네 복음서도 남성 중심으로 쓰였기에 여성 제자의 이야기가 많이 나오지 않습니다. 그런데 가장 중요한 순간에 예수의 곁을 지켰던 이들은 남자 제자들이 아니라 여자 제자들이었습니다. 예수의 죽음을 가장 먼저 알아채고 장례를 준비하며 눈물과 기름으로 예수의 발을 닦은 사람도 여성입니다(마 26:6-13). 예수께서 십자가에서 고난받고 죽던 때, 남자 제자들은 모두 다 도망가고 여자 제자들만 남았습니다. 예수의 무덤을 지키며 부활을 처음 목격한 이들도 여성이었습니다. 네 복음서가 남성 제자 중심으로 기록되었음에도 예수께서 여성 제자들과 주고받은 신뢰와 사랑을 매우 강력하게 전합니다. 2천 년 전 시대 상황을 고려한다면 성경은 여성들이 예수의 제자 중에서 탁월했다고 말하는 것 같습니다.

초대교회에서도 남녀평등은 놀라운 모습으로 나타났습니다. 바울 사도는 로마 교회에 안부를 전하면서 동역자 이름을 하나하나 열거합니다(롬 16:1-23). 이 목록은 사회적 신분이 아니라, 가장 가까운 동역자, 개인적으로 친분 있는 사람, 교회 성도 순으로 이루어져 있습니다. 목록 중 3분의 1이 여성이며, 바울의 편지를 지니고 로마로 간 여인으로 추정되는 뵈뵈(1절), 이어서 브리스가(3절), 마리아(6절), 유니아(7절), 드루배나와 드루보사(12절), 버시(12절), 루포의 어머니(13절), 율리아(15절), 네레오의 누이(15절) 등을 언급합니다. 특히 유니아는 여성 이름인데 "사도들 중에서 탁월한"이라는 꾸며 주는 말로 인해 유니아스라는 남성 이름으로 번역하는 경우가 있었습니다. 그러나 고대 문헌에 유니아스라는 남성 이름을 찾아보기 힘들고 유니아라는 여성 이름이 빈번히 등장하는 것을 보면, 유니아는 여성임에 틀림이 없습니다. 그런데도 여성이 사도들 가운데 탁월한 자로 여겨지는 것을 받아들일 수 없어 유니아스라고 번역했던 것입니다. 바울은 그리스도 예수 안에서는 여성과 남성에 차별이 없다고 말로만 선언한 게 아니라, 그의 사역에 중차대한 역할을 맡은 동역자로 여성을 세웠습니다. 바울만이 아닙니다. 여성으로 태어나지 않은 것을 감사하며 자라났을 전통적 유대인 베드로도 아내를 "생명의 은혜를 함께 상속받을 사람으로 알고 존중하십시오"(벧전 3:7)라고 했습니다. 여성이 남성과 동등한 지위를 가진다는 가히 혁명적 사상을 초대교회 성도들은 믿었고 그렇게 살아 냈습니다. 그들은 메시아가 오셔서 하나님나라를 시작했다고 정말로 믿었기 때문입니다.

회복을 드러내는 삶

/

그리스도인은 그리스도, 곧 메시아 안에서 새로운 피조물이 된 사람들입니다. 이들은 믿는 자에게 아무런 차별 없이 주어지는 은혜를 받아들여 하나님 앞에 선 자들입니다. 그러므로 그리스도인은 여성을 차별하고 남성 중심으로 사고하고 행동하는, 인류의 오래된 습성에서 벗어날 수 있는, 아니 벗어나야만 하는 사람입니다. 예수 그리스도를 받아들인 공동체는 여성과 남성의 차별 없이, 하나님을 닮은 건강한 권위와 그리스도를 닮은 건강한 순종으로 건강한 상호작용이 일어나는, 세상 어디에서도 찾아볼 수 없는 공동체입니다. 2천 년 전에 이미 그리스도 안에서 이루어진 성차별 철폐 사상이, 인류의 오랜 관습과 잘못된 권위주의, 그리고 이를 지지하는 편파적 성경 해석으로 말미암아 교회 안에서 퇴색한 것은 참으로 안타깝습니다. 성경적 가치관의 영향을 받은 세속 사회가 양성평등을 논하고 사회적 편견을 제거하며 다양한 방식으로 실천하는 때에, 이러한 사상의 기초를 이미 마련해 주었던 예수를 믿고 따른다는 교회가 오히려 뒷걸음치는 현실이 무척이나 부끄럽습니다. 이로 인해 하나님나라를 함께 드러내야 할 여성들이 교회에서 위축되고, 때로는 교회를 떠나기까지 하는 현실이 슬프고 안타깝고, 사실 분노할 만한 일입니다. 그렇다면 그리스도 안에서 이루어진 회복을 그리스도인들이 제대로 드러내려면 어떻게 해야 할까요?

가정에서

먼저 여성과 남성이 가정에서 잘 동행하면 좋겠습니다. 부부는 그리스도 안에 있는 존재로서 평등하되 서로 순종하는 삶을 배우고 실천해야 합니다. 이것이 가정에서 해야 할 일입니다. 우리는 세상에서 수많은 사람과 때로는 잠깐, 때로는 오랫동안 한 팀을 이루며 살아가는데, 타인과 한 팀으로 지내다 보면 갈등은 불가피합니다. 부부는 팀 중에서도 가장 깊은 관계를 유지하며 가장 오랫동안 이어지는 팀입니다. 모든 팀이 그렇듯 가정이라는 팀에도 각자 짊어져야 할 여러 책임과 의무가 있습니다. 책임과 의무를 어떻게 분담할지, 그렇게 함으로써 어떻게 그리스도 안에서 동등한 존재로 같이 걸어갈지를 깊이 고민하고 기도하며 이야기 나누십시오.

예를 들어, 가사 분담으로 다투는 경우가 많은데, 어떤 부부는 한쪽이 수입을 책임지니까 다른 한쪽이 가사를 모두 맡아야 한다고 생각합니다. 주로 전통적 가정에서 일어나는 일입니다. 그런데 한쪽이 수입을 책임져도 양성평등이므로 가사를 반반으로 나누어 분담해야 한다는 사람도 있습니다. 최근 양성평등을 주장하는 이들의 생각일 수 있습니다. 둘 다 옳은 방법은 아닙니다. 수입을 책임지는 노동도, 가정을 돌보는 노동도 모두 정당한 노동입니다. 부부가 '함께' 자신의 노동량을 조정하고 분담하는 대화가 필요합니다. 양성평등을 주장하며 어떻게 반으로 나눌지 타협하기보다는, 서로에게 '돕는 자'가 되는 길이 무엇인지를 하나님 앞에서 묻고 서로 대화하며 함께 조정해 가며 살아가는 가정이 필요합니다.

자녀 양육도 마찬가지입니다. 딸과 아들을 차별하지 않기 위해 부부가 끊임없이 대화하고 기도해야 합니다. 과거의 남아 선호

사상을 위시하여 앞에서 언급한 잘못된 의식이 남아 있지 않도록 부모가 먼저 성숙한 권위 의식과 여성과 남성에 관한 건강한 생각을 갖는 것이 매우 중요합니다. 요즘은 한 아이만 낳아서 키우는 가정이 많아져서 자녀 간 차별 문제는 드물어진 것 같습니다. 그보다는 아이에게 건강한 성 정체성을 심어 주는 게 더 큰 숙제가 되었습니다. 이를테면 자녀를 무성적 존재로 자라게 하고 나중에 아이 스스로 성 정체성을 선택하도록 해야 한다는 사람도 있고, 남자아이에게 여성성을 심어 주는 것을 양성평등을 실현하는 것으로 생각하는 사람도 있습니다. 이와 관련해 무엇이 성경적인지는 심각하게 생각해 볼 문제입니다. "남자는 이래야 한다", "여자다워야 한다"처럼 잘못된 고정관념을 반영하는 표현은 당연히 지양해야 합니다. 하지만, 하나님이 인간을 남자와 여자로 창조했다면 신체 차이를 비롯해 성경적 남성성과 여성성은 분명히 존재합니다. 이에 관한 더 깊은 논의는 성경적 여성성과 남성성을 잘 다룬 래리 크랩의 《에덴남녀》(복있는사람)을 참조하셔도 좋습니다. 다 동의할 수는 없지만 상당한 통찰을 제공하므로 자녀가 있는 부부에게는 많은 도움이 될 것 같습니다.

교회 공동체에서

다음으로 교회에서 여성과 남성이 잘 동행하면 좋겠습니다. 안타깝게도 수많은 페미니스트가 "교회를 떠나야 여성이 산다"라고 합니다. 이와 같은 제목의 책도 있고, 실제로 교회를 떠난 페미

니스트도 많습니다. 남성 우월적이고 남성 중심적인 교회에서 양성평등을 주장하다가 마음에 상처를 받거나 실제로 불이익을 당한 '크리스천 페미'들이 이미 대거 교회를 이탈했습니다. 폭력적이고 구태의연한 교회에 굳이 속할 필요가 있냐고 질문하는 진보적 여성들이 적지 않습니다.

이미 2천 년 전에 하나님나라의 도래를 선언하며 남녀 차별을 혁파하고 그리스도 안에서는 여성과 남성이 하나라고 주장하며 실제로 그렇게 살려고 애썼던 게 기독교였는데, 오늘날 한국 기독교는 어쩌면 하나님을 모르는 사람보다 더 뒤떨어져 있습니다. 그러므로 성경에서 가르치는 양성평등을 그리스도인 공동체에서 어떻게 실현할지를 고민하고 실행에 옮겨야 합니다. 나들목교회 네트워크의 각 교회는 작은 교회들의 연합이라고 할 수 있습니다. 그 작은 교회들을 가정교회라고 부르고, 가정교회를 이끄는 성도 지도자를 목자라고 부릅니다. 나들목교회네트워크의 교회에서 가정교회 목자를 세울 때는 영적으로 성숙하고 부르심을 확인한 성도라면, 여성인지 남성인지, 싱글인지 기혼인지와 관계없이 목자로 세웁니다. 그리스도 안에서 모두 하나이므로 그런 것은 아무런 장애물이 안 됩니다. 또한 목자들의 목자로 마을지기를 세우는데, 그 중요한 역할을 여성이 맡기도 합니다. 나들목교회네트워크의 교회 중에는 성도 출신 여성이 목양사역자인 교회도 있으며, 운영위원장과 사역자 대표가 모두 여성인 교회도 있습니다. 일반 교회로 말하자면, 교구 담당 목사와 수석 장로, 당회장 목사 대행이 모두 여성인 셈입니다. 여성이 절대 과반을 차지하는 한국 교회이기에 지도자 그룹 성비 또한 이를 적극적으로 반영하면 좋겠습니다.

이런 이야기를 하면, 교회 내 남성중심주의 폐해와 여성의 불이익 문제를 왜 남성인 제가 꺼내냐며 불편해하는 여성도 있습니다. 처음에는 좀 심하다고 생각했지만, 수긍이 가는 점도 적지 않습니다. 남성인 제가 어찌 여성의 어려움을 모두 이해하고 공감할 수 있겠습니까. 이런 문제는 여성이 직접 나서는 게 더 좋을 것도 같습니다. 그런데 참 불행하게도 여성 사역자가 너무나 적습니다. 사역자는 적어도 10-20년에 걸쳐 키워지는데, 여성 사역자를 세우려 해도 하루아침에 쉽게 시행할 수가 없습니다. 나들목교회도 오래전부터 여성 사역자를 키우려 애를 많이 썼지만, 여전히 그 수는 남성과 비교해 상대적으로 적습니다.

교회에 여성 사역자가 더 많아져야 합니다. 교회에는 여성이 더 많으니까요. 나들목교회네트워크의 교회에는 여성 목자가 더 많습니다. 목자는 대개 부부이고, 싱글 목자는 여성이 대부분이기 때문입니다. 남성 사역자가 여성을 이해하고 섬긴다 해도 여성이 아니라서 공감할 수 없는 영역이 분명히 있고, 그 부분을 도울 때는 분명 한계를 경험하게 됩니다. 그러므로 교회 차원에서 여성 사역자가 더 많아지도록 격려하고 실제로 애써야 합니다. 그래야 교회가 더 건강해지고, 교회 안의 여성들이 자신의 잠재력을 더 발휘할 수 있습니다. 20년 정도 지나면 한국 교회의 남녀 사역자

비율이 거의 비슷해지는 때가 오리라 생각합니다.

　이와 함께 특히 교회가 신경 써야 할 여성은 출산과 육아를 책임지는 엄마들입니다. '독박육아' 문제가 사회적으로 계속 조명되어 남성의 육아휴직도 많이 언급되고 실행 범위도 꽤 넓어졌으나 여전히 미흡합니다. 육아를 일차적으로 또 전적으로 책임지는 엄마들을 향한 지지가 절대적으로 필요합니다. 이들을 향한 사회의 지원은 점점 더 늘어나는 데 반해, 많은 교회가 이들을 외면하는 현실이 안타깝습니다. 교회 공동체야말로 아이를 낳고 키우는 엄마들이 하나님나라 속에서 자기 정체성을 분명히 발견하고, 자녀들을 잠재적 하나님나라 백성으로 키워 내도록 지원해야 합니다.

　아내가 오랫동안 고민하면서《엄마들을 위한 풍성한 삶》, 줄여서 "풍삶맘"이라고 부르는 자료를 개발하고 있는 이유도 여기에 있습니다. 엄마들을 위한 성경 공부 자료 대부분이 가부장적 관점에서 쓰였습니다. 성경 구절을 인용하지만, 여성과 남성의 성경적 하나 됨과 동등함에 기초하지 않습니다. 대다수 자료가 현모양처를 가장 성경적 길이라고 가르쳐서 실제로 몇몇 여성들은 공부하다가 교회를 뛰쳐나갑니다. 정말 안타깝습니다. 성경적 의미에서 엄마가 된다는 것이 무엇인지를 제대로 배우고 가르치는, "그리스도 안에서 엄마도 아빠도 하나이다"라고 말하는 부모들이 필요합니다.

그리고 사회에서

가정과 교회에서 건강한 여성과 남성으로 살아 낸다면, 당연히 한 걸음 더 나아가 이미 시작된 하나님나라를 세상 속에서 살아 내는 일이 우리에게 남습니다. 여성 차별과 착취, 끔찍한 폭력이 일어나는 곳에서 우리는 살고 있습니다. 이를 당연하게 여기지 마십시오. 침묵하지 마십시오. 침묵하는 것은 수동적으로 동의하는 것입니다. 공적 자리에서 소리를 높일 상황이 아니거나 용기가 없다면, 사적 자리에서라도 "그렇게 하면 안 됩니다"라고 말해야 합니다. 직장에서 여성이 무시당하는 일은 여전히 비일비재합니다. 직종에 따라 다르지만, 자살 충동을 느낄 정도로 여성이 차별받는 직종과 직장이 여전히 남아 있습니다. 혹시라도 그런 직종에 종사하거나 그런 직장에서 일하는 남성이라면 여성들을 보호하기 위해 특히 더 애쓰십시오. 아주 가끔 반대 경우도 있는데, 그런 현장에 있는 여성이라면 남성들을 보호해 주십시오. 여성들끼리 연대하여, 또한 건전한 남성들과 연대하여 부조리와 불의를 함께 개선해 나가야 합니다.

'n번방' 사건에서 보았듯이 입에 담기에도 부끄러운 것들이 얼마나 거침없이 돌아다니는지 모릅니다. 그런 일에 참여하지 않는 것이 당연할뿐더러, 아예 그런 자리를 떠나십시오. 떠날 수 없는 곳이라면 이런 자료는 부적절하니까 올리지 말자고 제언하십시오. 거기서 따돌림을 당하신다면 "정신들 차립시다"라고 하고 탈퇴하십시오. 침묵으로 동조하지 마십시오. 그리스도인 남성만이라도 조금만 소리를 높여서 말해도 '이게 부끄러운 일이구나', 더 나아가 '범죄이구나'라고 깨닫는 남성이 많이 생길 것이고, 사회 분위기도 조금씩 바뀔 것입니다.

직장에서 여성과 남성이 어우러져 팀으로 일하는 경우가 많은데, 그때 한 팀으로 건강하게 일하도록 애쓰십시오. 여성과 남성 각각의 잠재력이 드러나고, 여성다움과 남성다움이 하나로 어우러진 건강한 팀이 만들어지도록 함께 노력하십시오. 여성의 경력 단절과 독박육아 문제에 대응하기 위해 사회 제도를 더 적극적으로 활용하는 일도 필요합니다. 사회는 양성평등적 가치를 구현하기 위해 빠른 속도로 발전하고 있습니다. 그런데 교회는 어떨까요? 사역자 가정에 아이가 태어났다고 사역자인 남편을 육아휴직 보내는 경우를 들어보신 적 있나요? 목회자와 배우자가 교회를 위해 희생하는 것을 당연하다는 듯이 요구하는 것은 교회로서는 하지 말아야 할 일입니다. 평균 임금도 받지 못하는 목회자가 허다한 상황에서 육아휴직은 언감생심이니, 한국 교회의 낙후성에 얼굴이 다 화끈거릴 지경입니다.

만약 당신이 회사에서 영향력이 있는 자리에 있다면 육아휴직이나 양성평등을 위한 다양한 정책을 적극적으로 활용해 건강한 문화가 제대로 발전하고 정착하도록 애쓰십시오. 가능하다면 여성 리더 양성을 위해서도 애쓰십시오. 대다수 남성 임원은 여성이 남성보다 못할 것으로 생각합니다. 그러나 실제로 신입사원을 리뷰한 여러 회사 채용담당자들은 여성이 남성보다 능력 면에서 더 탁월하다는 사실을 발견하고 있습니다. 여성에게는 결혼과 출산이 족쇄로 작용하고, 결국 결혼과 임신을 기피하게 만들고, 그래서 출산율이 세계 최저인 나라가 됩니다. 여성과 남성이 함께 살아가는 사회를 만드는 것은 우리 사회가 지속 가능하기 위해 절대적으로 필요한 부분입니다.

가정과 교회, 그리고 사회에서 여성과 남성이 함께 동등한 입장에서 일하며 서로의 장점을 100% 발휘해 서로 돕는 자가 되어 주도록 애씁시다. 하나님나라를 이미 경험하고 있는 사람들이라면 마땅히 해야 할 일입니다.

변화하고 있는 사회와 새로운 사명

/

한국 교회는 조선 후기 개화기에 많은 영향을 끼쳤는데, 그중 하나가 양성평등 영역입니다. 한국에 유독 여중·여고·여대가 많은 것도 당시 해외 선교사들이 여성을 위한 교육기관을 많이 세웠기 때문입니다. 대표적 여성 교육기관인 이화학당의 1886년 개교 당시 입학생이 몇 명이었는지 아시는지요? 단 한 명이었습니다. 여자를 교육하는 게 말도 안 되는 시대여서 당연한 결과였습니다. 이후 선교사들이 여성 교육의 중요성을 지속적으로 주장해서 입학생은 점차 늘었습니다. 우리가 잘 아는 유관순 열사는 3.1 운동 당시 이화학당 고등과 1학년이었습니다. 이런 학교들을 비롯해 YWCA 같은 단체들을 통해 한국 교회는 개화기 여성들을 깨우고 그들의 권익 신장에 크나큰 기여를 했습니다.

개화기 기독교가 여성 교육에 앞장서서 역사에 중요한 역할을 감당했다면, 오늘날 우리는 무엇을 해야 할까요? 믿음의 선조와 그 시대 교회를 본받아 먼저는 가정과 교회에서, 더 나아가 사회에서 하나님나라 회복을 실현해 가야 하지 않을까요? 너무나 오랫동안 억눌려 온 여성들이 어느 정도 상황이 무르익은 오늘날 그들의 권리를 되찾기 위해 애쓰고 있습니다. 반대로 남성들은 의식적으로든 무의식적으로든 기득권을 내주지 않으려 저항 아닌 저항을 하는 게 오늘의 현실입니다. 그 결과 여성과 남성 간에 반목이 심해지고, 젊은 세대에서는 여혐 현상이 일어나기도 합니다. 이런 상황에서는 여성을 보호하고 그들이 자신의 마땅한 권리를 찾도록 도울 뿐 아니라, 곳곳에서 일어나고 있는 반목과 혐오를 줄이는 일도 필요합니다. 특히 20대 남성 가운데 여혐 현상이 두드러지는데, 그들은 정당한 권리를 되찾으려는 여성들로 인해 남성의 권리가 무시되고 오히려 역차별을 당한다고 생각합니다. 부분적으로는 맞는 말입니다. 기울었던 시소가 평형을 찾으려면 흔들림이 몇 번 있어야 하겠지만, 당사자들은 그 과정이 늘 힘겹습니다. 그리스도인들은 젊은 남성들을 격려하고 보호하며 여성과 남성 간 대화가 일어나도록 도와야 합니다. 그리고 필요하다면 역사 속 여성 차별에 대해 함께 공부하면서, 종국에는 여성과 남성 모두가 서로 조금씩 양보하도록 이끌며 '평화를 만드는 자'로 살아야 합니다.

150년 전 여성의 인권 신장에 누구보다 앞장섰던 기독교가 오늘날 반목과 혐오로 가득한 한국 사회에서 감당해야 할 일입니다. 그 일을 할 때, 150년 전에 교회와 여학교를 먼발치에서 바라보던 여성들이 하나둘 교회로 들어와 사회와 교회와 가정에서 자기 몫을 하기 시작했듯이, 오늘날 교회의 가부장적이고 남성 중심적 행태에 진저리를 치고 교회를 떠나려던 여성들이 그리스도 안에서 여성과 남성의 비전을 발견하고 하나님나라를 드러내는 멋진 교회를 세우려 하지 않을까요? 그리하여 이미 떠났던 여성들도 양성평등을 제대로 이루고 세상에 드러낼 집단이 바로 교회라는 사실을 재발견하고 교회로 돌아오지 않을까요?

150년 전에는 남자 선생님이 수업하면 남녀칠세부동석 문화 때문에 선생님은 칠판만 보고 가르치고 여학생들은 선생님 뒤통수만 보면서 수업했다고 합니다. 그러다가 선생님이 기침하면 여학생들은 창문을 바라보고, 그때 남선생님이 교실을 나왔다고 합니다. 이런 이야기가 전설처럼 들리듯이 2000년대 여성들이 교회야말로 양성평등을 이야기만 하지 않고 실제로 살아 내는 곳이라며 교회 공동체로 대거 이입되었다는 이야기가 훗날 전설처럼 회자될 수 있을까요? "여자가 무슨 학교야?"라던 시대가 있었듯이 "교회에서 무슨 여자가?"라는 말이 한때 전설 같은 이야기가 되기를 기대합니다.

[시대와 동떨어진 남성우위에서 / 새로운 조화로]

1. 당신이 경험한 여성 차별에는 어떤 것들이 있었나요? 1) 가정에서 2) 사회에서 3) 교회에서

2. 우리(또는 당신) 안에 있는 여성 차별이 책에서 밝힌 세 가지 이유 중에서 무엇 때문인지 이야기 나누어 봅시다.

3. 성경적 여성관과 남성관에서 우리가(또는 당신이) 배우고 익히고 살아 내야 할 부분은 무엇인가요?

4. 어떻게 가정에서 건강한 여성과 남성으로 살아갈 수 있을까요?

5. 교회 공동체에서 성경적 여성과 남성으로 살아가기 위해 무엇을 할 수 있을까요?

6. 오늘날 한국 사회에서 경험하는 불평등과 차별 문제에 당신은 어떻게 대처할 수 있을까요?

7. 우리 사회의 근대화에 미친 기독교의 영향을 생각해 보고, 오늘날 '건강한 여성과 남성'들을 지지하고 지원하기 위해 교회가 어떤 역할을 감당해야 할지 이야기해 봅시다.

전도·암울하게 위협하고 무례하게 강요한다
헌금·결국은 돈 내라고 한다
이익집단·자기들끼리만 천국이다
교회 운영·교회가 세상보다 더 깜깜하다

비상식적인

암울하게 위협하고
무례하게 강요한다

"갑작스레 여기 명동에 나가라, 나가서 이 세상의 죽어가는 많은 영혼들을 위해서 생명의 말씀을 전하라고 해서 여기 나왔어요. 1년 365일 한 번도 빠지지 않고 나옵니다. 비가 오나 눈이 오나 나와서 계속 복음을 전하고 있습니다. 상인들과 경찰들과 많이 부딪쳤죠. 지나가다가 손 흔드는 사람도 있고, 진짜 감사히 인사하고 가고, 별사람이 다 있습니다. 복음에 대해서 부정적인 사람은 얼굴을 보면 다 보입니다. 그럼 그냥 사랑해 줘야지요. 예수 사랑밖에 없잖아요? 그것밖에 없는 것 아니에요? 내가 이거 죽을 때까지 해야지요."

"내가 이렇게 복음을 전하는 것이 결코 헛되지 않습니다. 이를 통해 사람들이 예수 이름에 무릎을 꿇고 하나님 앞에 나와서 예수를 믿고 구원을 받는 겁니다. 저는 그냥 말씀을 뿌리는 전도자입니다. 하나님 말씀을 많이 들으면 많이 자라날 수 있다고 확신하기 때문에 저는 많이 전하고, 영접 기도도 제가 임의로 일방적으로 해 드립니다. 저는 절대적으로 도움이 된다고 믿습니다. 왜냐하면 이사야 45장 23절에 "내가 나를 두고 맹세하기를 내 입에서 공의로운 말이 나갔은즉 돌아오지 아니하나니 내게 모든 무릎이 꿇겠고 모든 혀가 맹세하리라" 하는 말씀을 믿고요. 그래서 "결박과 환난이 나를 기다린다 하시나 내가 달려갈 길과 주 예수께 받은 사명 곧 은혜의 복음을 증언하는 일을 마치려 함에는 나의 생명조차 조금도 귀한 것으로 여기지 아니하노라"라는 그 말씀을 의지해서 전해야지, 우리가 전도하면 사람들이 반기는 것이 아닙니다. 왜냐하면 우리는 공중 권세 잡은 악한 사탄과 마귀의 세력과 싸우기 때문에 핍박과 환난도 겸하여 받아야 하는 겁니다. 그래서 전도를 하면 안 믿는 사람들이 굉장히 거세게 항의합니다. 저는 말씀으로 그들에게 가르치는 겁니다. 그래서 많은 사람이 듣고 돌아온다고 저는 하나님 말씀대로 믿고 있습니다."

무례한 확신

/

사람이 많이 오가는 번화가에는 이런 분이 계십니다. 어깨띠를 두르거나 손에 뭔가를 들고 "예수 천당 불신 지옥. 회개하라 천국이 왔다"라고 외칩니다. 저도 간혹 이런 분을 맞닥뜨립니다. 한번은 길에서 전도하는 분을 만났습니다. 제게 전도지를 주면서 "예수 믿고 구원받으세요"라고 하셨습니다. 얼떨결에 받으면서 "저는 목사인데요"라고 했더니 "그래도 믿으세요"라고 하셨습니다. 제 말을 잘 못 알아들으셨거나 별로 관심이 없으셨던 게 아닌가 합니다. 또 얼마 전에는 여러 문제 때문에 어두운 얼굴로 길을 가는데 누가 불쑥 전도지를 내밀고는 "예수 믿으세요. 그럼 마음이 편안해집니다"라고 했습니다. '나는 예수를 나름 잘 믿는데도 마음이 안 편할 때가 있는데…. 내 얼굴이 그렇게 어두워 보였나?' 하는 생각도 들었습니다.

거리에서 전도하는 분들이 당혹스럽고 불편했던 이유는 그분들을 만난 사람들 표정이 대체로 무관심하거나 때로는 아주 냉소적이었기 때문입니다. 사람들이 "저러니까 안 믿고 싶지"라면서 지나갈 때는 제 마음도 불편해집니다. 주변 지인들에게 기독교 신앙을 소개하면, 듣는 사람은 배려도 하지 않고 무례하게, 어떨 때는 강경하게 기독교를 전하는 사람들로 마음이 상했다는 이야기를 가끔 듣습니다. 대학 다닐 때 친구에게 "야, 너도 기독교에 대해 생각해 보고, 예수님에 대해 알아보면 어때?"라고 했더니, "너도

전철역에서 노방전도하는 그런 사람이야?"라는 대답이 돌아왔던 기억도 납니다.

하나님을 모르는 분들은 무례한 전도 때문에 기독교에 대한 부정적 생각이 더 강해졌다고 종종 이야기합니다. 이런 일은 거리만이 아니라 온라인 세계에서도 일어납니다. 인터넷 사용 초기부터 이런 일들이 있었습니다. 한때 왕성하게 활동하던 '안티기독교클럽'에서 펴낸 《우리는 왜 기독교를 반대하는가》라는 책을 보면 서문에 클럽이 왜 생겨났는지를 밝힙니다.

> 인터넷에서 안티기독교 활동이 시작된 건 인터넷 사용 초창기부터라고 말할 수 있다. 그러나 결코 안티기독교가 먼저 시작한 것은 아니다. 종교와는 아무 관련이 없는 천리안, 프리챌, 야후, 다음 등의 게시판에서부터 각종 동호회 게시판에도 무작정 전도 문구를 계속 띄우며 선교 활동을 한 자들은 기독교인들이다. 양식 있는 게시판 참여자들이 그들에게 중지할 것을 권유하기도 하고 적합한 종교 사이트를 알려 주어도 귀머거리인 양 전도만 일삼던 그 시발이 점점 커져서 여기까지 오게 되었다(7-8쪽).

이들은 꽤 두꺼운 책을 냈을 뿐만 아니라, 안티기독교 운동의 시민운동화를 꾀하고, 기독교는 사회악이므로 제거해야 한다는 주장까지 펼쳤습니다. 인터넷에서 일어난 일이지만 노방전도 때와 양상은 비슷합니다. 그리스도인은 듣는 사람은 안중에도 없고, 전하고 싶은 이야기만 일방적으로 주장하면서 게시판을 자기 글로 도배합니다. 그리스도인들은 경고를 받아도 무시했으며, 오히려 그런 시련을 핍박이라 여기며 반드시 해야 할 일을 하고 있다고 확신하며 멈추지 않습니다. 그렇지 않아도 문제가 많던 기독교가 이렇게까지 나오자, 일반인들은 기독교를 비난하는 글을 내다가 급기야 안티기독교클럽으로 발전했습니다. 이렇게 시작된 인터넷상의 '전쟁'이 요즘은 댓글 전쟁으로 이어지고 있습니다. 각종 인터넷 자료에 그리스도인을 자처하는 자들이 달아놓은 악성 댓글은 이제 일상이 되었습니다.

옛날에는 주로 길거리에서 만났는데 요즘은 온라인에서도 심심찮게 접하는 무례한 전도, '예수 천당 불신 지옥'으로 요약되는 이런 전도가 어떻습니까? 또한, 기독교를 옹호하는 입장에서 무례하게 쓰인 댓글들을 볼 때 어떤 마음이 드십니까? 당혹스러우십니까? 당신은 이런 일을 겪을 때 어떤 생각이 드십니까?

전도에 대한 세 가지 신화

/

이런 현상은 성경을 오해하거나 부분적으로 이해한 데서 비롯되었습니다. 무엇이 오해와 불통을 부추기며 그 이면에 자리하고 있는지 세 가지 신화로 알아보겠습니다. 그다음에 그것들이 과연 성경에서 가르치는 전도인지를 살펴보려 합니다.

첫째 신화는 '전도는 말로 선포하는 것이다'입니다. 전도는 씨를 뿌리듯이 말로 심는 것이라고 생각합니다. 제 삶이 어떠하든 일단 복음을 말로 전해서 사람들이 반응할 수 있도록 기회를 줘야 한다는 태도입니다. 특히 디모데후서 4장 2절 같은 성경 구절을 근거로 인용합니다.

> 그대는 말씀을 선포하십시오. 기회가 좋든지 나쁘든지 꾸준하게 힘쓰십시오. 끝까지 참고 가르치면서 책망하고, 경계하고 권면하십시오.

개역개정에서는 "너는 말씀을 전파하라. 때를 얻든지 못 얻든지 항상 힘쓰라"라고 합니다. 이 말씀을 듣는 순간 우리 머릿속에는 365일 비가 오나 눈이 오나 거리에 나가 복음을 전하는 이미지가 떠오를 수 있습니다. "때를 얻든지 못 얻든지 항상 힘쓰라"라는 말씀을 그렇게 하라는 뜻으로 이해하기 쉽습니다. 그래서 어떤 사람들은 전도지를 늘 가지고 다니면서 버스에서도 나눠 주고 주차한 차에도 끼워 넣고 모르는 집 우편함에도 넣습니다. 때를 얻든지 못 얻든지 순종하는 마음으로 항상 애를 씁니다. 이런 생각의 배후에는 말이나 글로 알리는 것이 전도라는 인식이 있습니다. 받을지 안 받을지 모르나 씨를 뿌리듯 전달하는 것입니다. 이것이 전도에 관한 첫째 신화입니다.

둘째 신화는 '상대가 듣든지 안 듣든지 전해야 한다'입니다. 상대방이 듣고 안 듣고는 내 문제가 아니고, 전하는 것만이 내 사명이라는 태도입니다. 이를 지지한다며 근거로 드는 성경 구절도 여럿 있습니다. 그중 고린도전서 9장 16절이 대표적입니다.

내가 복음을 전할지라도 그것이 나에게 자랑이 될 수 없습니다. 나는 어쩔 수 없이 그것을 해야만 합니다. 내가 복음을 전하지 않으면 나에게 화가 미칠 것입니다.

바울 사도는 복음을 전하는 일에 부름을 받았으므로 그 일을 해야만 한다고 합니다. 앞서 자신의 이야기를 나눠 주신 분도 "하나님이 명동에 나가서 외치라고 했기 때문에 나는 외친다. 이것은 하나님이 나에게 하라고 하신 일이다"라고 말합니다. 이런 분들은 "전하다 보면 반발이 많다. 그럴 수밖에 없다. 하지만 나는 이 일을 해야 한다. 그러면 어느 순간 사람들이 듣게 될 것이다"라고 생각합니다. 자신의 소명이 너무 확실하므로 사람들이 듣든지 말든지는 중요하지 않다는 것입니다. 상대가 어떤 상태인지는 중요하지 않고, 자신이 전하는 메시지가 너무나 중요하므로 무조건 전해야 한다는 입장입니다.

마지막 신화는 '하나님은 미련한 전도를 사용하신다'입니다. 전도가 미련해 보여도 그것을 사용하셔서 하나님께서 복음을 지금까지 이어오셨다고 생각합니다. 이러한 생각을 강화하는 내용이 고린도전서 1장 21절에 나옵니다.

> 이 세상은 그 지혜로 하나님을 알지 못하였습니다. 하나님의
> 지혜가 그렇게 되도록 한 것입니다. 하나님께서는 어리석게
> 들리는 설교를 통하여 믿는 사람들을 구원하기를 기뻐하신
> 것입니다.

하나님은 '어리석게 들리는 설교'를 통해서, 개역개정의 표현
으로는 '전도의 미련한 것'으로 믿는 사람들을 구원하기를 기뻐
하십니다. 그래서 사람들은 전도를 원래 미련한 방법이라고 여깁
니다. 미련하고 서툰 방법을 하나님께서 신비롭게 사용하셔서 구
원으로 이끄는 도구로 삼으신다고 생각합니다. 그래서 어차피 미
련한 방법이니 많이 생각하지 말고 담백하고 단순하게 전해야 한
다고 말합니다.

이 세 가지 신화가 엉키면 "그래, 나가서 외치자. 누군가는 듣
고 구원을 얻을 거야"라는 생각을 하게 됩니다. 거리에서 전도하
는 분들에게는 대단한 면도 있습니다. 적어도 그분들은 파편적이
지만 성경 말씀을 읽고 확신에 차서 움직였습니다. 확신을 행동
으로 옮겼다는 것은 생각해 볼 부분입니다. 전도에는 손 놓은 채,
말로만 "저렇게 하면 안 돼!"라고 해서는 곤란합니다. 그분들의
열정과 확신까지는 인정할 부분이 있습니다.

세 가지 신화 깨뜨리기

/

하지만 과연 이러한 신화들이 성경에서 가르치는 것일까요? 우리는 세 가지 신화가 옳은지 성경에 비추어 검토해 보아야 합니다. 그 결과 드러나는 세 가지 진실을 말씀드리고 싶습니다.

말보다는 삶

전도는 말로 하는 것이 맞지만 전제가 필요합니다. 이것이 전도에 관한 첫째 진실인 '변화된 삶과 인격으로 전해야 한다'입니다. 복음을 말로 전하기 전에 삶과 인격이 먼저 변화해야 합니다. 성경은 "때를 얻든지 못 얻든지 항상 [전도에] 힘쓰라"(딤후 4:2, 개역개정)라고 하지만, 그 구절만 뽑아내서 읽으면 안 됩니다. 성경을 읽을 때 특정한 구절만 뽑아서 진리로 삼는 일은 굉장히 위험하며 경계해야 합니다. 가령, 여자친구나 남자친구에게 이별 편지를 받았는데, "나는 우리의 만남을 너무 소중하게 여깁니다"라는 첫머리만 보고는 뒤에 나오는 거절의 말을 무시한 채 '이 사람은 여전히 나를 좋아해'라고 주장하면 곤란합니다. 성경도 마찬가지입니다. 자기가 원하는 구절만 뽑아내서 읽으면 안 됩니다. 디모데후서 4장 2절을 제대로 이해하려면 전후 맥락을 먼저 살펴야 합니다. 바울은 앞서서 디모데에게 '멋지게 살아라. 변화한 사람으로 살아라'라고 여러 차례 이야기합니다.

그러므로 누구든지 이러한 것들로부터 자신을 깨끗하게 하면, 그는 주인이 온갖 좋은 일에 요긴하게 쓰는 성별된 귀한 그릇이 될 것입니다. 그대는 젊음의 정욕을 피하고, 깨끗한 마음으로 주님을 찾는 사람들과 함께, 의와 믿음과 사랑과 평화를 좇으십시오(딤후 2:21-22).

바울은 "그대가 예수를 믿었다면, 하나님을 만났다면, 이제는 의롭게 살려고 애쓰십시오. 믿음에 기초해서 살아가세요. 평화를 추구하고, 사랑을 전하세요"라고 이야기합니다. 여기서 그리스도인의 삶의 표지를 네 단어로 요약합니다. 의와 믿음과 사랑과 평화입니다. 그리스도인은 이에 걸맞은 삶을 살아야 하고 또 추구해야 한다고 바울은 강조합니다. 다시 말해 "때를 얻든지 못 얻든지 항상 전도에 힘쓰라"라는 말에는 전제가 있는데, 의와 믿음과 사랑과 평화를 좇는 삶, 변화한 삶과 인격입니다.

또한 디모데후서 4장 2절의 "항상 힘쓰라"의 원어ἐφίστημι는 문자적으로는 '곁에 서다', 또는 '가깝다'라는 뜻인데, 이를 영어 성경은 "준비하고 있으십시오be ready"라고 옮깁니다. "말씀을 선포하십시오. 기회가 좋든지 나쁘든지 항상 준비하고 있으십시오"라고 번역했습니다. 모든 성경이 이렇게 옮기지는 않았지만, 이처럼 번역한 성경이 더 많습니다. 저도 "준비하고 있으십시오"라는 번역이 적절하다고 봅니다. 그러므로 "항상 복음을 전하라"보다는 "항상 준비하고 있으라"라는 말로 이해할 수 있습니다. 늘 나가서 씨를 뿌리듯이 말씀을 뿌리라는 말씀이 아닙니다.

예수의 가르침을 보면 이는 더 분명해집니다. 예수께서는 끊임없이 삶이 중요하다고 말씀합니다. 말하기 전에 삶과 인격이 먼저 드러나야 한다는 말씀을 여러 번 하셨는데, 마태복음 5장 16절이 대표적입니다.

> 이와 같이, 너희 빛을 사람들에게 비추어서, 그들이 너희의 착한 행실을 보고, 하늘에 계신 너희 아버지께 영광을 돌리게 하여라.

이 말씀에 앞서 예수께서는 "너희는 세상의 소금이다. 너희는 세상의 빛이다"라고 말씀했습니다. 그런 다음에 빛을 비추는 것은 바로 착한 행실을 보이는 것이라고 설명합니다. "착한 행실 good works"이란 무엇일까요? 다른 사람을 돕는 것 정도가 바로 떠오르지만, 이를 포함해 하나님을 믿어서 생겨난 변화된 삶의 열매 모두를 포괄합니다. 하나님을 믿음으로 말미암아 변화한 인격과 삶을 보이라는 말씀입니다. 그때 사람들이 하나님께 영광을 돌린다고 이 구절은 가르칩니다. 사람들이 하나님께 영광을 돌린다는 것은 그리스도인의 착한 행실을 보고 사람들이 "오, 하나님 영광 받으시옵소서"라고 말하는 것이 아닙니다. 그리스도인의 행실을 보고는 "어떻게 저렇게 살지? 하나님이 살아 있는지도 모르겠네. 나랑 별반 다르지 않은 사람이었는데, 어떻게 저렇게 변했대?"라는 생각이 들게끔 하는 것입니다. 그것이 하나님께 영광을 돌리는 것입니다.

그뿐만 아니라, 삶이 변하면 맺고 있는 관계가 변합니다. 실상 인생은 대부분 관계입니다. 그리고 기독교는 관계의 종교입니다. 그래서 산속으로 들어가지 말고 세속 사회 속에서 살라고 이야기합니다. 특히 요한복음 13장 34-35절은 그리스도를 믿은 이들의 관계가 어떻게 변화하는지 알려 줍니다.

이제 나는 너희에게 새 계명을 준다. 서로 사랑하여라. 내가 너희를 사랑한 것같이, 너희도 서로 사랑하여라. 너희가 서로 사랑하면, 모든 사람이 그것으로써 너희가 내 제자인 줄을 알게 될 것이다.

그리스도인들이 서로 사랑하는 모습을 보면서 사람들은 "어떻게 저렇게 서로 용서하고 용납할 수 있지? 어떻게 저렇게 희생할 수 있을까? 어떻게 저렇게 다른데도 하나로 엮일까? 저들이 예수의 제자구나. 예수를 믿고 따르면 저렇게 되는구나" 하고 생각하게 된다는 것입니다.

예수의 마지막 기도가 담긴 요한복음 17장을 보아도 "그들도 하나가 되어서…아버지께서 나를 보내셨다는 것을, 세상이 믿게 하여 주십시오"(21절)라는 구절이 나옵니다. 그리스도인이 서로 사랑하면 하나님께서 예수를 이 땅에 보내셨다는 사실을 세상 사람들이 믿게 된다는 말씀입니다. 그런데 교회에서 일어나는 온갖 부끄러운 일들이 여러 매체를 통해 폭로되면 어떤 일이 일어날까요? "하나님이 어디 있어? 하나님을 믿는다는 사람들이 왜 저래?"라는 반응이 당연하지 않을까요?

그래서 전도는 말로 하기 전에 변화한 삶과 인격이 필요합니다. 변화한 삶에 말이 더해질 때 효과적입니다. 개인의 삶이나 인격과 별개로 불특정 다수에게 마구 뿌리듯이 이야기하는 전도는 성경이 가르치는 전도와는 거리가 있어 보입니다.

한 사람이라도 더 얻으려면

전도에 관한 둘째 진실은 '듣는 사람에게 맞추어 전해야 한다'입니다. 이와 달리 앞서 살펴본 전도에 관한 둘째 신화는 '상대가 듣든지 듣지 않든지 복음을 전해야 한다'였습니다. 이 같은 태도는 "내가 복음을 전하지 않으면, 나에게 화가 미칠 것입니다"(고전 9:16)라는 말씀 때문에 힘을 얻습니다. 하지만 이 구절도 이어지는 부분과 함께 보아야 합니다. 고린도전서 9장 19-23절은 다음처럼 이야기합니다.

> 나는 어느 누구에게도 얽매이지 않은 자유로운 몸이지만, 많은 사람을 얻으려고, 스스로 모든 사람의 종이 되었습니다. 유대 사람에게는, 유대 사람을 얻으려고 유대 사람같이 되었습니다. 율법 아래 있는 사람들에게는, … 율법 아래에 있는

사람을 얻으려고 율법 아래 있는 사람같이 되었습니다. 율법이 없는 사람들에게는,…율법 없이 사는 사람들을 얻으려고 율법 없이 사는 사람같이 되었습니다. 믿음이 약한 사람들에게는, 약한 사람들을 얻으려고 약한 사람이 되었습니다. 나는 모든 종류의 사람에게 모든 것이 다 되었습니다. 그것은 내가 어떻게 해서든지, 그들 가운데서 몇 사람이라도 구원하려는 것입니다. 나는 복음을 위하여 이 모든 일을 하고 있습니다. 그것은 내가 복음의 복에 동참하기 위함입니다.

앞의 구절은 다음처럼 요약할 수 있습니다. 바울은 A에게는 A처럼 되었고, B에게는 B처럼 되었습니다. 물론 바울은 A도 아니고, B도 아니었으나, 때로는 A처럼, 때로는 B처럼 되었습니다. 철저하게 상대에게 맞추었습니다. 19절에서는 "나는 어느 누구에게도 얽매이지 않은 자유로운 몸이지만, 많은 사람을 얻으려고, 스스로 모든 사람의 종이 되었습니다"라고까지 말합니다. 22절에서는 "모든 종류의 사람에게 모든 것이 다 되었습니다"라고 합니다. 왜 그랬다고 합니까? 어떻게 해서든지 그들 가운데서 몇 사람이라도 구원하려고 그랬다는 겁니다.

바울은 하나님에 관한 소식이 너무나 놀랍고 자신도 그로 인해 극적으로 변했기 때문에, 그 소식을 전하기 위해 철저하게 상대에게 맞추는 방법을 택했습니다. 상대가 받아들일 수 있도록 자기 자신을 바꾸었습니다. 커뮤니케이션 이론에서도 커뮤니케이션은 '말하는 사람, 메시지, 듣는 사람', 이렇게 세 가지로 이루어진다고 이야기합니다. 말하는 사람 중심으로 메시지를 전할수록 비효율적입니다. 메시지를 제대로 전하려면 늘 듣는 사람 처지에서 전해야 합니다.

그렇다면 정말 소중한 소식을 전하려 할 때 우리는 어떻게 해야 할까요? 소식을 전하려는 상대를 반드시 사랑해야 합니다. 사랑하면 이해하게 됩니다. 그 사람이 어디에 서 있는지, 무엇이 문제인지, 무엇이 잘 풀리지 않는지 이해하게 됩니다. 그러고 나면 그가 이해할 수 있는 말과 방식으로 이야기할 수 있습니다.

성숙하지 않은 사람일수록 자기 방식으로 말합니다. 사랑을 모르는 사람일수록 자기에게 맞추라고 하고 자신의 주파수에 맞추어서 이야기합니다. 부부 사이이든, 부모와 자녀 사이이든, 교사와 학생 사이이든, 친구 사이이든, 성숙한 사람은 상대에 맞춰서 상대가 알아들을 수 있게 전달합니다. 이것이 사랑이며 수신자 중심의 커뮤니케이션입니다. 바울은 그렇게 했습니다. 왜 그렇게 했습니까? 어떻게 해서든지 한 사람이라도 더 얻기 위해서였습니다.

그러므로 바울이 "내가 복음을 전하지 않으면, 나에게 화가 미칠 것입니다. 나는 어쩔 수 없이 그것을 해야만 합니다"라고 한 맥락은, 복음 전도에 대한 자신의 소명을 피력한 것이지, 상대가 듣든지 안 듣든지 상관하지 않고 전한다는 뜻은 아닙니다. 바로 이어서 상대가 누구든지 그가 알아듣게 하려고 그 사람처럼 되어서 그 사람 말로 전한다고 했기 때문입니다. 따라서 전도에 관한 둘째 신화도 정당하지 않습니다. 듣는 사람이 이해하지 못하는 말로는 전하지 말아야 합니다. 상대방의 입장이 되어서 전해야 합니다. 이것이 성경이 가르치는 방법입니다.

정말 미련해야 하는 것

전도에 관한 셋째 진실은 '미련한 것은 전도 방식이 아니라, 전도 내용이어야 한다'입니다. 앞서 살펴본 대로 전도에 관한 셋째 신화는 고린도전서 1장을 근거로 한 '하나님은 미련한 전도를 사용하신다'였습니다. 그러면 그 성경 구절을 다시 한번 검토해 봅시다.

> 이 세상은 그 지혜로 하나님을 알지 못하였습니다. 하나님의 지혜가 그렇게 되도록 한 것입니다. 하나님께서는 어리석게 들리는 설교를 통하여("전도의 미련한 것으로", 개역개정) 믿는 사람들을 구원하시기를 기뻐하신 것입니다. 유대 사람은 기적을 요구하고, 그리스 사람은 지혜를 찾으나, 우리는 십자가에 달리신 그리스도를 전합니다. 그리스도가 십자가에 달리셨다는 것은 유대 사람에게는 거리낌이고, 이방 사람들에게는 어리석은 일입니다. 그러나 부르심을 입은 사람에게는, 유대 사람에게나 그리스 사람에게나, 이 그리스도는 하나님의 능력이요, 하나님의 지혜입니다(고전 1:21-24).

고린도전서 1장 21절은 많은 이들이 오해하는 성경 구절입니다. 특히 '전도의 미련한 것', '어리석게 들리는 설교'라는 표현이 오해를 부릅니다. 이 표현이 무슨 뜻인지 좀 더 자세히 살펴봅시다. 여기서 '전도'로 번역된 단어는 '케리그마κήρυγμα'라는 헬라어인데, 워낙 중요한 단어여서 영어 신학책에서는 헬라어를 그대로 음역해 '*kerygma*'라고도 합니다. '케리그마'란 복음 전도하는 행위가 아니라, 복음 전도의 내용, 곧 메시지를 가리킵니다. 다시 말해 선포되는 내용입니다. NIV 성경은 케리그마를 '선포된 것what is preached'으로 번역하고 있습니다.

　　다시 말해, 이 구절의 '전도의 미련한 것'은 전도 방법의 미련함이 아니라, 전도 메시지의 미련함입니다. 21절 이후를 보면, 좀 더 분명해집니다. 바울은 "유대 사람은 기적을 요구하고 그리스 사람은 지혜를 찾으나, 우리는 십자가에 달리신 그리스도를 전합니다"라고 말합니다. 여기 나오는 "십자가에 달리신 그리스도"가 바로 케리그마입니다. 그런데 이러한 전도의 내용, 곧 "그리스도가 십자가에 달리셨다는 것은 유대 사람에게는 거리낌이고, 이방 사람에게는 어리석은 일입니다." 이 부분을 잘 이해해야 합니다. 여기서 바울이 선택한 '그리스도'라는 단어는 '메시아'라는 히브리어를 헬라어로 바꾼 것인데, 메시아는 세상을 회복할 왕을 가리킵니다. 이스라엘 민족은 나라를 잃은 지 오래되었고 로마의 압제 아래 있었던 터라, 다윗의 자손 중에 메시아가 하루라도 빨리 나와서 자신들을 해방시켜 주기를 학수고대하고 있었습니다. 소위 백마를 탄 메시아가 오리라 기대하며 기다리고 있었습니다.

그런데 그 메시아가 십자가에서 죽었다는 것이 기독교의 메시지입니다. 메시아가 와서 십자가에 못 박혀 죽었다니, 유대인은 이 사실을 받아들일 수 없었습니다. 예수 그리스도는 백마는커녕 나귀를 타고 예루살렘성에 입성했습니다. 또한, 로마를 향해 쓴소리를 내지르면서 칼을 뽑으실 줄 알았고, 백성들 역시 그 말에 따라서 봉기할 준비가 되어 있었는데, 예수 그리스도는 아무 말도 못 하고 무기력하게 로마에 의해 처형됐습니다. 유대 사람들이 이런 내용을 받아들이지 못하는 것은 어쩌면 당연한 일입니다. '다윗의 후손인 메시아가 어떻게 저렇게 아무것도 못 해 보고 무력하게 죽을 수가 있는가?' 유대인은 과거에도 그랬고, 지금도 그 사실을 받아들이지 못합니다. 메시아가 그런 모습으로 온다는 것이 유대 사람에게는 거리끼는 일입니다.

한편, 그리스 사람은 지혜를 찾는 사람들입니다. 그리스는 오래전부터 철학의 나라였고, 그래서 메시아라면 세상을 평정할 지혜를 가지고 나타나리라 기대했습니다. 그런데 메시아가 왔다는데 십자가에서 죽었다고 합니다. 그리스 사람들이 보기에는 말도 안 되는 이야기였습니다.

그뿐만 아니라 이방 사람에게는 어리석은 이야기였습니다. 당시는 로마가 서방 세계를 쥐고 움직였습니다. 로마의 힘에 의한 평화, '팍스 로마나'의 시대였습니다. 그만큼 힘에 의해 세상이 움직이고 평화가 유지된다고 믿었습니다. 그런데 로마의 힘에 철저하게 굴복당한 예수 그리스도는 정말 하찮은 존재였습니다. 특히 그가 짊어진 십자가는 무엇이었습니까? 로마에 반대해 체제 전복을 꾀한 정치범을 죽이는 극형이었습니다. 그러니 십자가에서 죽은 예수를 믿고 따르자는 이야기는 어리석기 짝이 없는, 그야말로 실없는 소리였습니다. "무슨 메시아가 제국의 반란군을 처형하는 십자가에 죽어? 그런 사람이 무슨 메시아야!"라는 반응이 당연했습니다.

여기서 반복되는 내용이 무엇입니까? "어떤 사람이 십자가에서 죽었는데, 그가 세상을 구원할 왕이신 메시아였다"라는 이야기는 동서고금을 막론하고 어느 누구도 쉽게 받아들이기 어려운, 어리석기 짝이 없는 주장이라는 겁니다. 당신은 어떠신지 모르겠네요. 기독교의 중심 메시지가 무엇입니까? 기독교는 착하고 바른 사람이 되라고만 하는 종교가 아닙니다. 그것은 세상의 거의 모든 종교가 가르치는 바입니다. 기독교가 다른 종교와 다른 부분이 있다면, 그것은 하나님이 인간을 위해 이 땅에 오셔서 죽었다는 사실입니다. 신이 우리 한 사람 한 사람을 위해 예수 그리스도로 오셔서 십자가에서 죽으셨습니다. 신을 거절하고 인간 스스로 주인이 되면서 세상은 망가지기 시작했고 지금도 훼손되고 있습니다. 그 세상을 회복하기 위해 신이 인간이 되어 십자가에 죽었습니다. 이것이 기독교의 메시지입니다. 동서고금에 이런 사상은 없습니다. 신이 인간이 되었다는 사상도 없을뿐더러 인간이 되어 인간을 위해 죽었다는 사실도 없습니다. 그래서 바울은 다른 게 아니라 십자가에 못 박힌 그리스도를 전한다고 강조합니다.

오늘날 사람들도 이런 내용은 받아들이기 힘들어합니다. "나를 하나님이 그렇게 사랑한다고요? 나를요? 나를 사랑한다는 우리 아버지도 나를 얼마나 실망시키고 괴롭혔는데요. 눈에 보이는 아버지도 그런데, 눈에 보이지 않는 하나님 아버지가 나를 사랑한다고요? 그래서 죽었다고요? 날 위해서요?"라며 받아들이지 못합니다. 성경은 이 사실에 관해 뭐라고 합니까? 하나님께서 우리를 사랑하셔서 우리가 죽어야 할 자리에서 대신 죽으셨다고 합니다.

성경의 전체 주제는 대략 이러합니다. 전 세계와 전 우주, 우리 삶과 영혼의 주인은 하나님이셨습니다. 그런데 인간이 하나님을 제거하고 스스로 주인이 되었습니다. 그 대가를 치러야 한다고 하나님의 공의는 주장합니다. 어려운 이야기가 아닙니다. 나라의 기강을 흔들고 쿠데타를 일으켜 국가수반의 자리를 차지한 군인이 처벌을 받듯이, 하나님을 원래 자리에서 밀어내고 온 우주의 질서를 망가뜨린 인간도 그 대가를 치러야 합니다. 하나님의 공의라는 관점에서 볼 때 그 대가는 죽음입니다. 그런데 하나님께서는 인간을 죽게 내버려 둘 수가 없었습니다. 그들을 사랑하시기 때문입니다. 그래서 예수께서 인간을 대신해 죽으셨습니다. 저는 아직도 그 사랑을 다 이해하지 못합니다. 저 역시 아이들이 조금만 다쳐도 속이 얼마나 상하는지 모릅니다. 차라리 내가 아프면 좋겠다는 생각마저 듭니다. 하나님은 어떠셨을까요? 인간을 위해 자기 아들을 대신 죽게 했습니다. 우리는 그 사건에서 사랑의 원형을 발견합니다. 하나님이 인간을 한 사람 한 사람 그렇게 사랑한다는 내용이 성경의 메시지입니다.

이런 내용이 사람들에게는 어리석어 보입니다. '어떻게 천지를 지으신 하나님이 나같이 작은 인간을 위해 자기 아들의 죽음으로 대가를 치르셨을까?' '신이 죽는다고 망가진 세상이 좋아지나? 뭘 어떻게 회복한다는 거지?' 이런 내용을 두고 바울 사도는 '전도의 미련한 것'이라고 표현했습니다. '어리석어 보이는 설교'에 담긴 뜻은 바로 이것입니다. 십자가에 못 박혀 죽은 메시아! 이것이 기독교의 중심 메시지이며, 미련하고 어리석어 보이는 내용입니다. 그러므로 미련한 것이 있다면 그것은 전도의 내용입니다. 미련하게 전도해야 한다며 전도의 방법을 강조한 말이 절대 아니었습니다.

예수께서는 어떻게 하셨을까요

/

이 같은 전도의 최고 모범은 예수 그리스도입니다. 예수께서는 이 땅에 오셔서 말씀만 전하지 않았습니다. 사람들이 그에게 영향을 받은 이유는 그의 삶과 인격 때문이었습니다. 예수께서는 하나님께 받은 메시지를 녹음했다가 재생하듯이 기계적으로 전하지 않았습니다. 당시 말을 잘하고 잘 가르치는, 랍비나 서기관 같은 지도자들이 있었습니다. 그런데 성경은 그들의 말과 예수의 말이 달랐다고 증언합니다. 왜 달랐을까요? 예수는 삶과 인격이 메시지 그 자체였기 때문입니다. 그래서 말에 힘이 있었고, 사람들에게 심대한 영향을 끼쳤습니다.

예배 때 함께 볼 영상을 만들거나 연극을 준비하면서 같은 사실을 깨닫습니다. 사람들이 언제 감동하는지 아시나요? 그 이야기가 진실일 때 감동합니다. 꾸미지 않은 마음속 이야기일 때 감동합니다. 우리는 진실을 알아볼 줄 압니다. 진실에서 파생한 메시지에서 영향을 받습니다. 사람들이 예수의 전도를 뿌리치지 못했던 이유는 그가 삶과 인격을 바탕으로 말하고 전했기 때문입니다. 그러므로 우리 역시 복음을 전하려면 그 복음을 살아 내야 합니다. 자신이 먼저 살아 내야 합니다. 복음에 걸맞게 살아야 합니다. 하나님의 사랑을 받는 자답게 살아야 합니다. 이것이 전도에 관한 가장 중요한 첫째 진실입니다.

이 대목에 이르면 많은 분이 '나는 전도 못 하겠네'라고 생각합니다. 복음에 걸맞은 삶과 인격이 아니라서 어렵겠다고 여길지 모릅니다. 아닙니다! 여기서 중요한 것은 완벽하게 변화한 삶과 인격을 말하는 게 아니라는 점입니다. 완벽하게 변화한 사람은 없습니다. 저 역시 완벽과는 거리가 너무 멉니다. 예수를 믿고 따른 지 40년이 넘어가고 있지만 완벽이라는 기준에는 아직 너무나 못 미칩니다. 하지만, 한 가지 확실한 게 있습니다. 지난 세월 동안 저는 엄청나게 변했습니다. 저는 40년 전 제가 아닙니다. 교인 중에 일곱 살 때부터 알고 지낸 친구가 몇 있는데, 제가 설교할 때 가끔 웃습니다. 그래서 설교하는 동안 그쪽은 되도록 쳐다보지 않으려 합니다. 그 친구들끼리 모였을 때 이런 말을 했다고 합니다. "형국이 설교하는 거 들으면, 하나님은 살아 계신 게 분명해." 제가 어리고 젊을 때 어땠을까요? 그런 제가 변한 겁니다.

저의 가정생활을 봐도 알 수 있습니다. 물론 저희는 완벽한 부부가 아닙니다. 하지만 많이 변했고 지금도 변하고 있습니다. 하루는 코미디 영화를 보러 극장에 가다가 지하철에서 아내와 다퉜습니다. 사람도 많고 해서 저는 찌푸린 얼굴로 앞서가고 아내는 저만치 따라왔습니다. 누가 봐도 싸운 부부인 걸 금방 알 수 있을 정도였습니다. 그런데 그날은 마침 코미디 영화라서 웃지 않을 수도 없고 그렇다고 화를 풀기도 그렇고, 참 난감했습니다. 이렇게 저희도 다른 부부와 다르지 않습니다. 하지만 우리 가정에는 하나님이 계십니다. 그래서 다릅니다. 언젠가 젊은 친구들이 우리 부부를 가까이서 보고 경험하면서 결혼하고 싶은 마음이 생겼다고, 좋은 가정에서 자라지 못해 가정에 대한 소망이 없었는데 결혼하고 싶어졌다고 말했습니다. 당연히 과분한 말입니다. 하지만 우리 부부가 하나님을 알고 예수를 따르기 때문에 부부 관계가 다르고, 갈등이 풀리고, 아이를 키우는 방식도 달라집니다. 이런 다른 면들이 저와 아내가 남다르게 인격적 수양을 해서 나온 결과가 아님을 적어도 우리 두 사람은 잘 압니다. 다른 무엇이 아니라, 예수로 인해 우리 두 사람이 변하고 있습니다. 그리고 우리 가정이 더 좋아지리라 기대합니다. 시간이 지날수록 더욱 성숙하리라 기대합니다.

삶과 말로 복음을 전한다고 할 때, 먼저 완벽해진 다음에 전하라는 말이 아닙니다. 그리고 사람들도 그런 모습을 보려고 하지 않습니다. 완벽한 사람은 오히려 거부감이 듭니다. 그런 사람 곁에는 가지 않습니다. 반면, 변화하고 있는 사람한테서는 인간적 냄새가 납니다. 사람들은 변화 과정을 보고 싶은 것이지, 완벽한 사람을 찾는 것이 아닙니다. 결국 삶과 말로 복음을 전한다는 것은 우리가 변하고 있는가에 관한 문제입니다. 변할 수 없는 사람이 변하고 있는가? 예수 그리스도로 인해. 이것이 복음 전도에서 첫째로 중요한 사실입니다. 예수께서 그렇게 하셨습니다. 삶과 말로 보여 주셨습니다. 우리도 마땅히 그렇게 해야 합니다.

철저히 듣는 사람 위주로

/

예수께서는 철저하게 듣는 사람 관점에서 복음을 전하셨습니다. 하시려고만 했다면 초자연적 방법으로 말씀할 수도 있었습니다. 하지만 인간의 몸을 입고 이 땅에 오셨습니다. 인간에게 이야기하기 위해 인간과 같은 수준이 되셨습니다. 오셔서 어떻게 했나요? 철학자의 언어로, 종교적 언어로 말할 수도 있었습니다. 하지만 그렇게 하지 않았습니다. 철저하게 일반 백성의 언어로 이야기하셨습니다. 누구나 알아들을 수 있는 말, 모든 사람이 이해할 수 있는 이야기로 기쁜 소식을 전했습니다. 철저하게 듣는 사람의 처지에 서서 전했습니다.

그리스도인도 마찬가지로 듣는 사람의 관점에서 복음을 전해야 합니다. 듣는 사람이 준비가 안 되었다면 말하지 말아야 합니다. 많은 사람이 기독교를 불편해합니다. 상처도 많습니다. 교회와 그리스도인에게 받은 상처로 인해 쌓인 편견과 오해가 엄청납니다. 많은 분과 대화를 나누다 보면 기독교가 아닌 것을 기독교로 알고 계실 때가 많습니다. 상처로 인해 어그러진 시각은 기독교의 본모습을 가립니다. 이를 깨는 데는 아주 오랜 시간이 필요합니다. 이 사실이 저는 무척 고통스럽습니다. 얼마나 괴로운지 모릅니다. 그런데 그분들을 탓할 수도 없습니다. 그 모든 왜곡과 오해를 그리스도인들이 만들었기 때문입니다. 그러므로 그리스도인이 하나님에 관해 이야기하려면 듣는 사람 입장에서 기다리면서, 원래 가졌던 생각이 바뀔 때까지 그리스도인의 다른 삶을 보여 줘야 합니다. 그렇지 않으면 그리스도인이 전하는 이야기는 전달되지 않습니다. 예수께서 참고 기다리셨듯이, 시공간의 한계가 너무나 분명한 인간의 몸을 입고 이 땅에 오셔서 사셨듯이, 그리스도인도 그렇게 그들의 입장이 되어 듣는 사람이 되어야 합니다. 먼저 그들처럼 되어야 합니다.

대가를 기꺼이 치르는 사랑으로

/

예수께서는 여기서 한 걸음 더 나아가셨습니다. 앞서 이야기했던 미련해 보이는 그 일을 감행하셨습니다. 인간을 사랑하셨기 때문에 인간이 죽어야 할 자리에서 대신 죽으셨습니다. 사랑에는 대가가 따릅니다. 세상이 이야기하는 사랑은 이와 다릅니다. 하지만 사랑은 감정이 아닙니다. 사랑은 사랑하기로 한 상대를 위해 희생하겠다는 결단입니다. 자기희생이 빠진 사랑은 잠깐 있다가 사라지는 낭만적 감정일 뿐입니다. 그렇게 사랑하지 마시고, 그렇게 사랑하는 사람과 사랑에 빠지지 마십시오. 낭만적 감정은 언젠가 다 날아가 버립니다. 다 사라집니다. 사랑을 영원하게 만드는 것은 헌신입니다. "죽을 때까지 당신을 사랑하겠습니다. 어떠한 상황에서도"라고 말하고 실천하는 분들을 주변에서 볼 때 그들 속에서 진정한 사랑을 목격합니다. 사랑하기로 정했기 때문에 끝까지 한 사람을 귀하게 여기는 것. 그 사랑을 누구한테서 배울 수 있을까요. 예수 그리스도입니다. 예수께서는 인간을 사랑하기로 마음을 정하셨고, 그래서 인간을 위해 죽으셨습니다. 사랑에는 대가가 따릅니다. 대가 없는 사랑은, 희생 없는 사랑은 장난에 불과합니다. 그 순간에는 숭고해 보이고 심지어 깊어 보여도, 오래갈 수 없는 사랑입니다. 예수께서는 죽음으로 사랑을 가르쳐 주셨습니다. 사랑은 대가를 치릅니다.

우리도 누군가에게 복음을 전하려 한다면 대가를 치러야 합니다. 그를 사랑한다면 기다려야 합니다. 수고해야 합니다. 이야기를 들어야 합니다. 때로는 본질이 아닌 것으로 고집을 피워도 그에 관해 진실하게 대화를 나눠야 합니다. 그것이 사랑이기 때문입니다. 예수께서는 죽기까지 사랑하셨는데, 그 사랑을 전하는 사람이 5분, 10분, 아니 1시간, 2시간을 들이지 못할 까닭이 있을까요? 기다리며 사랑하는 수고가 있어야 합니다.

이 모두가 예수 그리스도가 보여 주신 전도의 모범입니다. 삶과 인격을 바탕으로 말을 통해 복음을 전하셨고, 듣는 사람의 관점에서 말씀하셨고, 사랑의 대가를 치르셨습니다. 이를 바울 사도가 그대로 따랐습니다. 때로는 투옥되고 죽을 정도로 맞고 쫓겨나면서까지 삶과 말을 일치시켰고, 이를 통해 곳곳의 유대인에게 복음을 전했습니다. 복음을 듣는 사람의 입장에 서기 위해 모든 사람의 종이 되었다고도 합니다. 그리고 마지막에는 복음을 위해 목숨으로 대가를 치릅니다.

절반의 진실

/

"예수 천당, 불신 지옥"이라는 표현은 맞습니다. 틀린 말은 아닙니다. 예수를 믿으면 하나님과의 관계가 회복됩니다. 그래서 완벽하지는 않아도 천국에 가까운 삶을 '지금 여기서' 살게 됩니다. 지금까지는 자신이 중심이 되어 자기 마음대로 사느라 좌충우돌하며 자기 소견에 옳은 대로 행동했으나, 이제부터는 하나님 중심으로 살기 시작하면서 삶이 정돈되고 지혜로워집니다. 통찰력을 갖기 시작합니다. 세상 사람들이 이게 옳다 저게 옳다 하며 복잡한 이야기를 쏟아내도 그에 휘말리지 않고 중심을 지닌 채 살 수 있습니다. 하나님을 알면 그로 말미암아 완전하지 않아도 천국을 닮은 삶을 누리게 됩니다. 그렇게 살다가 죽으면 그분과 영원히 지내게 됩니다. 그것이 '천당'입니다. 천당 하면 상다리 휘어지게 차려 놓고 먹고 마시는 곳으로 생각하는 분도 계십니다. 천당은 그런 곳이 아닙니다. 천국은 여기서 우리가 사랑했던 분과 영원히 같이 살아가는 새로운 사회입니다.

'불신 지옥'도 틀린 말은 아닙니다. 실제로 많은 사람이 "사는 게 지옥이야. 집안 꼴이 지옥 같아"라고 말합니다. 인생이 너무나 힘들어 차라리 죽고 싶다고도 합니다. 왜 우리는 이렇게 힘들까요? 자신이 주인이 되어 살기 때문입니다. 자기가 주인인 사람이 서넛만 모여도 난리가 납니다. 그곳은 힘이 지배합니다. 돈이 지배합니다. 그래서 관계가 어그러집니다. 남녀 사이가, 가정이, 사회가 힘들어집니다. '불신 지옥'은 하나님 없이 자기 소견에 옳은 대로 사는 삶을 잘 묘사합니다. 그런 삶이 괜찮다면 그대로 살아도 좋습니다. 그러나 자신 이상의 지혜와 통찰력, 사랑과 인내가 필요하다면 하나님에게 관심을 가져 보십시오. 그리스도인은 의자가 박약한 이들이 아닙니다. 능력이 없는 이들이 아닙니다. 열심히 살지 않는 이들이 아닙니다. 아무리 최선을 다해도 자기 힘으로 되지 않는 것이 무엇인지를 아는 이들입니다. 그래서 그 이상의 근원을 찾는 이들입니다. 따라서 '불신 지옥'이라는 말은 자기 한계를 모르고 무엇이든 돌파할 수 있다고 믿는 이들의 처지를 잘 보여 줍니다. 그러다가 죽으면 어떻게 될까요? 지옥은 하나님이 없다고 한 사람들이 하나님 없이 영원히 사는 곳입니다. 자신이 선택한 곳에서 영원히 사는 것입니다.

그러므로 '예수 천당, 불신 지옥'은 맞는 말입니다. 틀린 말은 아닙니다. 기독교의 본질을 원색적으로 담은 표현입니다. 하지만 '예수 천당, 불신 지옥'은 그리스도인이 믿는 내용이지, 외쳐야 할 구호는 아닙니다. 그것도 아직 예수를 모르는 이들에게 외칠 내용은 아닙니다. 그래서 '예수 천당, 불신 지옥'이라는 구호는 절반만 진실입니다.

혹시 지금 이 책을 읽는 분 중에 '예수 천당, 불신 지옥' 같은 문구로 무례하게 전도 당해 기독교와 예수에 더는 관심을 두지 않기로 한 분이 있다면, 그 같은 행태는 기독교의 본질에서 많이 이탈한 모습임을 다시 한번 이야기하고 싶습니다. 여러모로 부족한 그리스도인의 모습이기에 할 수 있다면 저라도 대신 사과하고 싶습니다. 우리가 모두 진실하게 직면해야 할 사실은 하나님 없이 사는 것, 자신의 소견에 따라 사는 것이 바른 결정인가 하는 것입니다.

또한 당신이 만약 하나님을 중심에 두고 살기로 결단한 사람이라면, '예수 천당, 불신 지옥'이 구호가 아니라 자신의 삶을 표현해주는 고백인지를 진지하게 성찰해야 합니다. 그리스도인의 삶이 어떤 이에게는 걸림돌이 될 수도 있고 디딤돌이 될 수도 있으므로 이 일은 매우 중대한 사안입니다. 자신이 믿는다고 고백하는 진리에 가까워지지 않고 오히려 그 반대로 가고 있다면, 자기 아들까지 희생시키신 하나님의 사랑을 제대로 전하는 역할을 못 할 뿐 아니라, 그 사랑과는 다른 무언가를 많은 사람에게 각인시키는 결과까지 낳게 됩니다.

반대로 그 진리를 알아가며 그 진리로 인해 삶과 인격이 변화하는 사람의 증언은 하나님을 알지 못하고 거절하던 사람이 하나님을 다시 발견하는 계기가 됩니다. 교회 안에서나 밖에서나 구호가 아닌 삶으로서 '예수 천당'이 절실한 오늘입니다. '예수 천당'을 원색적 구호로만 사용하지 말고, 고민하며 치열하게 삶으로 드러내기 바랍니다. 우리의 삶이 '예수 천당'을 누리고 있을 때, 구호가 아닌 삶으로 예수를 전할 수 있기 때문입니다.

[비상식적인 전도에서 / 거부할 수 없는 제안으로]

1. 거리에서 전도하는 사람을 보면 어떤 생각이 드시나요?

2. 전도에 대한 세 가지 신화 중에서 지금까지 당신에게 영향을 준 것이 있었나요?

3. 당신은 어떻게 복음을 전하고 있나요? 전도에 대한 성경적 가르침 중에서 새롭게 깨달은 것이 있다면 무엇인가요?

4. 당신에게 '십자가에 달린 메시아'를 전하는 일은 특권, 부담, 의무, 무관심 중에서 어느 쪽에 가깝나요? 그 이유는 무엇인가요?

5. "무슨 종교를 믿든지 마음만 편안해지면 되는 거야"라고 말하는 사람에게 당신은 어떤 이야기를 들려줄 수 있을까요?

6. 비신자가 기독교와 예수에 관해 관심을 가질 정도로 교회가 매력적인 곳이 되려면 무엇을 해야 할까요?

7. 앞으로 복음을 전할 때, 어떤 태도와 방식으로 해야겠다고 마음먹은 내용이 있나요?

결국은
돈 내라고 한다

"아버지는 평생 다니시던 교회에 요즘은 안 나가십니다. 아버지는 동네에서 칼국숫집을 운영하면서 우리 형제 셋을 대학에 보내셨습니다. 새벽마다 식당에 나가서 일하고 밤늦게 돌아오시는 아버지와 어머니 덕에 우리 세 형제는 건강하게 잘 자랐습니다. 어릴 때는 교회 생활도 재밌었습니다. 작은 교회가 성전 건축을 한다고 해서 아버지와 어머니가 한 달 수입을 헌금 작정하고 기쁘게 헌금하시던 모습이 다 이해가 되지는 않았지만 숙연하게 느껴지기까지 했습니다.

그런데 아버지가 안수집사가 되었을 때, 결코 적지 않은 헌금을 해야 한다고 해서 걱정하시는 모습을 보았습니다. 그때 맏아들인 저는 아버지의 고민이 단지 돈이 없어서가 아니라, 그런 식의 헌금이 불편해서라는 걸 알아챌 만큼은 자랐습니다. 그 일은 잘 지나갔고, 제가 직장 생활을 시작할 즈음에 아버지는 장로에 피택되셨습니다. 장로 피택 전부터 아버지 얼굴은 어두워졌고, 어머니와 말다툼도 하셨습니다. 더욱 커진 장로 피택 감사헌금과 관련한 것이었습니다.

평생 새벽부터 밤늦도록 일하며 살아오신 아버지는 물론이고 머리가 다 커 버린 우리 세 형제도 받아들이기 힘든 일이었습니다. 결국 아버지는 장로 피택을 포기하셨고, 우리 가족은 교회에서 매우 불편한 존재가 되었습니다. 그래서 아버지부터 시작해서 어머니도 교회 봉사에서 멀어졌고, 결국 주일 예배만 참석하고 쫓기듯 예배당을 떠나곤 했습니다.

그러던 즈음 둘째 동생의 교회 동창인, 당회장 목사님의 딸이 미국으로 유학을 갔고, 그 비용이 교회에서 나간다는 소문이 돌았습니다. 제직회에서 한 집사님이 그에 관해 질의했고, 교회는 시끄러워졌습니다. 그 집사님과 몇몇 교인이 교회를 떠나자, 교회는 다시 조용해졌습니다. 둘째 동생도 그때 교회를 떠났습니다. 둘째를 설득하던 아버지는 아르바이트하면서 대학을 다녔던 둘째의 눈물 어린 속사정을 듣고, 아버지조차 교회를 멀리하기 시작하셨습니다. 그리고 이제 나이 드신 아버지는 교회도 잘 안 나가십니다. 혼자 성경 읽고 기도하시는 모습을 보면 제 마음이 다 먹먹합니다. 저는 교회 친구와 결혼해서 교회에 남기는 했지만, 머지않아 저도 안수집사, 장로가 될지 모르는데…. 하나님을 기쁘시게 한다는 헌금이 우리 가족 모두에게는 깊은 상처만 남겼습니다."

금단의 영역

/

목사로서 설교하기 껄끄러운 주제 중 하나가 헌금입니다. 헌금이 불필요하다거나 헌금에 관해 가르칠 내용이 없어서가 아닙니다. 교회가 헌금을 오용하거나 남용하는 경우가 적지 않았고, 그로 인해 그리스도인이든 비그리스도인이든 헌금을 부정적으로 생각 하는 사람이 많기 때문입니다. 심한 상처를 입은 사람도 종종 만 납니다. 이런 부정적인 이유와 하나님을 제대로 알면 건강한 방 식으로 헌금할 거라는 다소 소극적인 자세로 교회 개척 후 십여 년간은 헌금에 대해 거의 설교하지 않았습니다. 그래서 어떤 성 도는 부드럽게 항의도 했습니다. "헌금에 관한 중요한 원리가 성 경에 나와 있으면 가르쳐 주셔야 하지 않나요?" 그러나 헌금에 대한 오해와 편견이 만연한 데다가 자본주의 사회에서 돈의 위치 가 과도하게 커져서 헌금에 대해서는 어떤 말이라도 껄끄럽고, 또 오해할 소지가 상당히 큽니다. 사실 교회가 그간 헌금을 지나 치게 강조했고, 물질주의에 가까운 태도를 보여 왔던 것도 사실 입니다. 교회를 처음 방문한 사람은 헌금 종류가 많아서 놀라기 도 합니다. 서른 가지가 넘는 교회도 있다고 합니다. 또한 몇몇 교 회는 교회 건물을 크게 짓느라고 지나친 헌금을 요구하고, 은행 에서 대규모 융자를 받아 매달 이자를 지불하기에 급급해합니다.

그렇다면 교인들은 일반적으로 헌금을 어떻게 생각하고 있을 까요? 헌금은 그리스도인의 의무라는 생각을 넘어서서, 세상에서 복을 받으려면 헌금을 해야 한다고 생각하는 사람도 많습니다. 헌금을 많이 할수록 하나님께서 크게 갚아 주신다고 생각하는 사람도 있습니다. 불행히도 그렇게 가르치는 목회자도 간혹 있습니다. 그런 사람들 이야기를 들으면 헌금을 일종의 투자나 보험으로 생각하는 것 같기도 합니다. 헌금을 하면서 그에 대한 보상을 기대하는 그리스도인도 실제로 있습니다.

비슷한 맥락에서 교인들이 목회자를 대접하기도 하고, 목회자가 대접을 요구하기도 합니다. 목회자를 존경하고 감사하는 마음에서 대접하는 분들이 대다수이겠지만, 대접을 하거나 받으면서 하나님의 축복과 연관 있다고 암암리에 생각하거나 그렇게 말할지도 모릅니다. 그래서 그런지 교인과 목회자가 식사를 함께하면 목회자는 거의 돈을 내지 않습니다. 저는 가능하면 제가 내려고 하는데, 그럴 때 "목사님한테 대접받는 거 처음입니다"라는 말을 종종 듣습니다.

헌금과 관련한 오해와 혼란이 하도 많아서 헌금이 교회를 떠나는 이유, 때로는 아예 신앙을 버리는 이유가 되기도 합니다. 도대체 어쩌다 이런 일들이 벌어지게 된 걸까요?

기독교 없이 자본주의 없었다?

/

헌금을 둘러싼 최근의 흐름을 살펴보면 한국 기독교가 물질주의에 많은 부분 물들어 있음을 발견하게 됩니다. 물질적 복을 무척 중요시하고 추구합니다. 원래부터 기독교가 이랬을까요? 아니라면, 언제부터 기독교가 이렇게 된 걸까요? 성경은 영적이고 정신적인 가치를 추구하라고 가르치는 것 같은데, 정작 기독교는 왜 이렇게 물질 중심이 됐을까요? 여기에는 역사적 배경이 있습니다. 우리는 지금 물질을 매우 중시하는 자본주의 사회에 살고 있습니다. 경제적 어려움이 세상의 그 어떤 어려움보다 더 크게 느껴지는 세상입니다. 이런 자본주의가 기독교의 영향을 받아 탄생했다고 주장하는 학자들이 있습니다. 그중 한 사람이 1900년대 초 사회학자인 막스 베버입니다. 그가 쓴《프로테스탄티즘의 윤리와 자본주의 정신》은 자본주의를 해석하는 데 있어서 아주 중요한 책입니다. 그는 이 책에서 자본주의가 왜 서구사회, 특히 북미와 북유럽에서 형성됐는지를 설명하면서 프로테스탄트 윤리를 주요한 이유로 듭니다. 그는 프로테스탄트 윤리에서 세 가지 정도를 중요하다고 봅니다. 먼저, '근면한 노동'입니다. 성경은 열심히 일하라고 가르치므로, 이를 따르다 보면 자연스레 자본이 축적됩니다. 베버는 이렇게 '돈을 모으는 것'이 가치 있는 일이며 중요하다고 봅니다. 이것이 둘째로 중요한 윤리입니다. 마지막은 축적한 자본을 소수에게만 집중시키지 않고 '사회 전반에 영향을 미치는 것'에 관심을 두는 것입니다. 이미 간파하셨겠지만 막스 베버가 말하는 자본주의는 우리가 지금 경험하는 닳고 닳은 자본주의와는 거리가 있습니다. 초기 형태의 순전한 자본주의, 아직

자본의 폐혜가 극단적 모습으로 나타나기 이전의 자본주의라고 할 수 있습니다.

막스 베버가 프로테스탄트 윤리를 이야기하면서 인용하는 중요한 인물이 있는데, 종교개혁가로 유명한 장 칼뱅입니다. 베버는 16세기 초에 칼뱅이 주장했던 내용을 분석하면서, 가톨릭을 밀어내고 프로테스탄트가 탄생한 자리에 자본주의가 꽃을 피운 이유는 프로테스탄트 윤리가 그 밑거름이 되었기 때문이라고 설명합니다. 그중 중요한 대목이 돈을 꿔 주는 것입니다. 그리스도인이라면 누구나 알듯이 성경은 고리대금업을 옳지 않다고 가르칩니다. 돈을 꿔 주고 터무니없이 큰 액수의 이자를 받아 돈을 버는 행위는 하나님의 뜻과 거리가 멀다고 구약성경의 율법은 가르칩니다. 칼뱅은 이에 관해 재미있는 해석과 적용을 합니다. 돈을 빌려준 대가로 상대를 착취하는 것은 문제이지만, 생산재를 빌려줘서 생산을 유도하는 것은 바람직하다는 것입니다. 가령 땅을 빌려줘서 경작하게 하거나, 나무를 빌려줘서 그 나무로 집을 짓게 하여 이윤을 남겨서 많은 사람이 나눠 가진다면 괜찮다는 것입니다. 당시로서는 아주 파격적인 이야기를 성경에 비추어 잘 설명했습니다. 그때까지는 돈을 빌려준다는 생각을 거의 못 했는데 칼뱅이 신학적 근거를 제공합니다. 정당한 이유와 방향을 가지고 돈을 빌려주는 것은 좋은 일이며, 이를 통해 더 많은 사람이 더 많이 생산하고 더 많이 나눠 가지는 것은 권장할 일이라고 설명합니다. 단, 이렇게 생성한 부는 사회적 성격을 지니므로 한 개인이 독차지해서는 안 되며 잘 나눠 써야 한다고 주장합니다. 실제로 칼뱅은 이 사상을 바탕으로 제네바에서 혁명적인 일을 많이 일으킵니다. 칼뱅의《기독교강요》에도 관련 내용이 일부 실려 있습니다.

거칠게 요약하자면, 근면한 노동을 강조하고 이를 통한 부의 축적을 중시하며 축적한 부는 개인이 아니라 더 많은 사람을 위해 쓰여야 한다는 프로테스탄트 정신을 바탕으로 자본주의가 형성됐다고 막스 베버는 파악했습니다. 자본주의가 돈을 중시하더라도 그 돈을 어떻게 벌어야 하는지, 그리고 어떻게 쓰여야 하는지에 관해서는 나름의 '이유'가 필요했는데, 프로테스탄트 '정신'이 이를 제공했다는 것입니다. 자본주의에 관한 막스 베버의 해석과 연구를 모두 받아들일 필요는 없으나 프로테스탄트 정신이 자본주의의 형성에 상당히 유효한 영향을 끼쳤다는 분석에는 많은 이들이 동의하고 저 역시 마찬가지입니다.

자본주의에 거꾸로 영향을 받는 기독교

/

그런데 문제는 자본주의가 거꾸로 기독교에 영향을 미치면서 생깁니다. 이때의 자본주의는 베버가 경고한 천민자본주의에 가깝습니다. 천민자본주의는 자본을 축적하되 사회로 환원하지 않습니다. 간단히 말해 돈만 많이 벌면 괜찮다는 겁니다. 돈 자체가 목적이 되는데, 이렇게 되면 근면한 노동보다는 땀 흘리지 않고 쉽게 많이 버는 쪽을 선호하며 그렇게 발전합니다. 오늘날 우리 사회를 지배하는 자본주의는 베버가 분석한 건강한 자본주의보다는 천민자본주의 성격이 강합니다.

어떻게 보면 병든 자본주의라 할 수 있습니다. 이런 식의 자본주의는 미국에서 형성되었고 절정에 다다르고 있습니다. 미국은 "개인의 성공은 하나님의 은총이다. 그러므로 부를 쌓는 것이 은총을 받은 표시이다"라는 인식이 자연스러운 사회입니다. 그 결과로 나타나는 현상은 과도한 빈부 격차입니다. 미국 기업의 일반 노동자와 CEO의 평균 임금 차이가 얼마나 될까요? 잘 아시듯 미국 노동자의 평균 임금 수준은 낮은 편이 아닙니다. 그런데도 CEO와 400배 정도 차이가 났습니다. 사람이 일한 대가가 10배, 20배 정도면 몰라도 400배까지 차이 난다는 사실은 무척 놀랍습니다. 미국인 1%가 미국의 부 38%를 차지하고 있을 정도입니다. 한국은 상위 1%가 25%를 차지하고 있다고 합니다. 미국이 복 받은 나라라고 생각하는 사람들은 그 복을 잘 들여다봐야 합니다. 극심한 양극화는 이미 칼뱅부터 비판하고 경계했던 현상입니다.

불행하게도 한국의 자본주의는 미국의 영향을 심대하게 받았습니다. 거기에다 한국 사회는 원래 개신교적 뿌리가 약하고 그 영향이 희미했으므로 프로테스탄트 윤리가 없는 채로 돈만 많이 벌면 만사 오케이가 되어 버렸습니다. 처음에는 민망했던 "부자 되세요"라는 말도 이제는 덕담 삼아 아무렇지 않게 합니다. 문제는 이런 천민자본주의가 역으로 기독교에 영향을 미친다는 것입니다. 그리스도인마저 돈이 세상에서 가장 중요하고, 그래야 헌금도 많이 하고 하나님께 더 큰 복도 받을 수 있다고 생각합니다. 교회 역시 안타깝게도 헌금한 돈을 어떻게 벌었는지에 관심을 두기보다 헌금만 많이 하면 괜찮다고 합니다. 하나님께서 받으실 수 없는 헌금마저도 묵과합니다. 교회는 돈을 어떻게 벌어야 하는지는 물론이고, 어떻게 써야 하는지, 특히 다른 사람보다 더 큰 부를 복으로 받은 사람이 어떻게 선한 영향을 끼쳐야 하는지는 잘 가르치지 않습니다. 더 큰 문제는 교회가 돈을 대하는 태도입니다. 세상 사람들이 돈이 있어야 행복해지고 무언가 선한 일도 할 수 있다고 생각하는 것은 자본주의 사회에서 당연합니다. 그런데 교회마저 그렇게 생각하기 시작합니다. 돈이 없어서 사역을 못 한다는 소리를 자주 듣습니다. 결국 교회가 돈을 추구한다는 이미지가 더욱 강해졌습니다.

개인이나 교회에서 비슷한 현상이 일어나고 있습니다. 개인은 자기가 벌 수 있는 최대한의 돈을 상정하고 가계를 운영합니다. 예를 들어, 한 달에 300만 원을 버는 사람이 있다면, 기본 식료품부터 각종 대출금까지 생활비로 299만 원 정도 지출합니다. 그러면 그에게 남는 돈은 1만 원뿐입니다. 그는 늘 빠듯하므로 자신이 가난하다고 느낍니다. 한 달에 500만 원, 1,000만 원을 벌어도 499만 원, 999만 원을 쓰거나 그 이상을 지출하니 돈이 늘 부족합니다. 교회도 마찬가지입니다. 교회가 덩치를 키우느라 은행에서 융자를 받아 건물을 크게 짓습니다. 그 건물을 유지하고 융자금을 갚는 데 헌금 대부분을 씁니다. 그러면서 외부로 나가서 해야 할 일을 못 합니다. 돈에 발목이 잡혀서 옴짝달싹도 못합니다.

우리는 많이 가지면 가질수록 좋다고 생각해서 자신이 경영할 수 있는 규모 이상을 추구하며 삽니다. 다른 누군가를 위해 돈을 쓰거나 사회적으로 의미 있는 지출 같은 건 생각할 틈이 없습니다. 자기보다 잘사는 사람이 늘 존재하고, 그에 비해 자신은 늘 가난하다고 생각합니다. 자신은 늘 경제적으로 문제가 있고, 경제적으로 더 나아지는 것이 삶의 1순위입니다. 물론 절대적으로 가난한 분도 있습니다. 하지만 이미 많은 것을 쥐고 있으면서도 늘 상대적으로 배고픈 분들이 있습니다. 그 허기를 미덕이라고까지 말합니다. 정말 가져도 가져도 만족하지 않고 더 가지는 것이 미덕일까요? 검소하게 살면서 자족하는 것이 더는 미덕이 아니며, 패자의 변명 정도로 여겨집니다.

이러한 천민자본주의가 기독교에 영향을 미쳐서 교회가 원래 강조했던 근면한 노동을 통한 자본 축적과 마땅한 사회 환원에 대한 가르침과 실천이 교회 안에서조차 희미해졌습니다. 교회마저 교세를 키우려면 자금이 필요하니 헌금을 많이 내라고 이야기합니다. 돈이면 해결된다는 생각을 암암리에 전파합니다. 교인들도 돈이 중요해져서 십일조를 할 때 '세전으로 해야 하나, 세후로 해야 하나? 보너스는?'하고 생각합니다. 그러자 교회에서는 '온전한' 십일조를 강조합니다. 그럼 온전하지 않은 십일조가 있다는 뜻일까요. 자본주의를 가능하게 했던 프로테스탄트 정신은 이제 교회에서조차 찾아보기가 어려워졌습니다.

성경은 물질세계를 중시한다

/

그렇다면 근면한 노동을 통한 자본 축적과 사회 환원에서 보듯이 기독교는 물질을 중시하는 종교일까요? 종교라고 하면 정신적이고 영적인 것을 추구하는 거 아니냐고 일반적으로 생각하는데, 조금 이상하게 들릴지도 모릅니다. 이를 위해서는 기독교가 물질 세계에 관해 어떻게 가르치는지를 먼저 살펴봐야 합니다. 대표적인 성경 구절이 창세기 1장 26-28절입니다. 유명한 성경 구절이지만 여러 각도에서 재조명할 필요가 있는 구절이기도 합니다.

> 하나님이 말씀하시기를 "우리가 우리의 형상을 따라서, 우리의 모양대로 사람을 만들자. 그리고 그가, 바다의 고기와 공중의 새와 땅 위에 사는 온갖 들짐승과 땅 위를 기어 다니는 모든 길짐승을 다스리게 하자" 하시고, 하나님이 당신의 형상대로 사람을 창조하셨으니, 곧 하나님의 형상대로 사람을 창조하셨다. 하나님이 그들을 남자와 여자로 창조하셨다. 하나님이 그들에게 복을 베푸셨다. 하나님이 그들에게 말씀하시기를 "생육하고 번성하여 땅에 충만하여라. 땅을 정복하여라.

바다의 고기와 공중의 새와 땅 위에서 살아 움직이는 모든 생물을 다스려라" 하셨다.

성경은 처음 시작하는 첫 번째 장에서 물질세계의 중요성을 보여 줍니다. 앞의 구절을 한 문장으로 요약하면 이렇습니다. 하나님이 창조하신 물질세계는 최선의 모습으로 경영돼야 한다. 이 점이 다른 종교와 사뭇 다른 부분입니다. 어느 종교가 낫고 못 하고가 아니라, 다릅니다. 가령 불교는 "인생은 고해이다"라는 깨달음에서 출발합니다. 고통은 온갖 집착에서 나오는데, 집착은 오욕칠정이라는 인간의 욕망에서 비롯합니다. 그런데 이 욕망을 일으키는 것이 세상, 곧 물질세계입니다. 물질세계가 오욕칠정을 자극하고 인간이 이에 집착하기 때문에 고통이 찾아온다고 설명합니다. 그래서 고통에서 벗어나려면 궁극적으로 물질세계에서 빠져나와야 합니다. 그래서 스님들은 적극적으로 탈속脫俗합니다. 불교에서 물질세계는 오욕칠정을 일으키는 근원입니다.

이와 달리 기독교는 물질세계가 인간의 욕망을 부추기는 곳이기 전에, 근본적으로는 하나님께서 만드신 곳이며 하나님께서 보시고 좋다고 한 곳으로 파악합니다. 그래서 성경은 세상을 잘 다스려야 한다고 이야기합니다. '다스린다'라는 단어를 부정적으로 느끼는 사람도 많은데, 이는 세상에서 누군가의 다스림을 받을 때 부정적인 경험을 많이 해서입니다. 하지만 기독교에서 인간이 세상을 다스린다고 할 때는 하나님의 다스림을 염두에 두고 있습니다. 하나님은 사랑과 공의로 다스리며, 그가 다스릴 때는 평화와 기쁨과 온전함이 넘칩니다. 다스린다는 단어에 붙은 부정적 어감을 피하려고 저는 '경영한다'라는 단어를 쓰기도 합니다. 물론 천민자본주의에서 경영은 이익을 극대화하는 행위로 볼 수 있겠지만, 경영이란 어떤 존재가 최선의 모습이 되도록 이끄는 것이라고 볼 수 있습니다. 하나님께서는 물질세계를 창조하셨고, 그 물질세계를 인간에게 최선을 다해 경영하라고 당부하셨습니다. 세상이 최고의 모습이 되도록 잘 관리하고 가꾸라고 말씀하셨습니다. 그러므로 그리스도인에게 물질세계는 최선의 모습이 되도록 경영해야 할 대상입니다.

여기서 잊지 말아야 할 게 있습니다. 바로 앞에서 말씀드렸듯이 물질세계는 하나님의 다스림 아래에 있어야 한다는 것입니다. 그러므로 그리스도인은 물질세계의 포로가 될 수 없습니다. 그리스도인이 물질세계를 관리하고 경영해야지, 물질세계가 그리스도인을 점령하고 휘둘러서는 안 됩니다. 경영의 대상인 물질세계가 사람을 조종해서는 안 됩니다. 성경에 따르면 인간이 물질세계보다 더 높은 가치를 지니고 있습니다. 인간의 존엄성이 여기서 나옵니다. 그런데 이보다 더 높은 가치가 있습니다. 바로 하나님입니다. 물질세계는 인간에게 아주 중요하며 최선을 다해 경영해야 할 대상이지만, 물질세계가 인간의 존엄성을 해치거나 인간의 가치를 떨어뜨리면 더는 선한 존재가 아닙니다. 더 나아가 하나님과의 관계를 망가뜨린다면 이는 심각한 문제입니다. 그래서 돈이 너무 많아서 하나님과의 관계가 깨지면, 쌓인 부를 오히려 해로 여겨야 합니다. 부자가 천국에 들어가는 것이 낙타가 바늘귀로 들어가는 것보다 어렵다라는 설명도 같은 맥락입니다. 돈이 많아지면 그것을 전부로 여기고 의지하면서 다른 사람도 우습게 여기고 나아가 하나님과의 관계도 가벼이 취급하기 쉽습니다. 그래서 성경은 가치와 우선순위의 역전을 끊임없이 경고합니다. 이처럼 물질세계는 하나님의 다스림 아래에 있을 때만 의미가 있지, 그 자체로 좋거나 많고 풍성할수록 더 좋은 것이 절대 아닙니다. 손에 쥔 것이 많으면 많을수록 그것을 조절할 영적·도덕적 능력을 갖추어야 합니다. 그렇지 않으면 오히려 큰 해를 입을 수 있습니다. 이것이 성경의 가르침입니다.

우리 사회에서 경제적으로 가장 가난한 사람은 아마 노숙인일 것입니다. 그들은 겨울 추위를 막아 줄 지붕은커녕 허기진 배를 채울 하루 양식도 보장받지 못합니다. 그런데 어떤 분들은 우리 사회에 아직도 노숙인이 존재하냐고 묻습니다. 자가용 타고 출퇴근하며 안전하고 부유한 주거지와 일터를 오가는 사람들은 노숙인을 볼 기회가 별로 없습니다. 노숙인 실태 조사는 정부조차 쉽지 않은 면이 있지만, 사회안전망 바깥에 있는 이들에 대한 정부 차원의 조사와 대책은 미미하기 그지없습니다. 2016년에 정부가 조사한 자료에 따르면 전체 노숙인은 11,340명이며, 거리 노숙인이 1,522명이고 일시보호시설과 생활시설에 있는 노숙인이 9,818명입니다. 이와 별도로 쪽방 주민이 6,192명이라고 발표했습니다. 이 수치는 실제 수치와 비교해 매우 낮은 것으로 보입니다. 2015년 통계청 자료에 따르면 156만여 가구가 전용 수세식 화장실과 하수도 시설을 갖춘 부엌이 없는, 최저 주거기준에 미달한 곳에서 살고 있다고 합니다.

도시 빈민 사역을 하는 바하밥집에 오시는 손님들 이야기를 들어보면 처참합니다. 대다수가 무료 급식소에서 배식하는 하루 한 끼로 식사를 해결합니다. 겨울에는 동사 위험을 피해 따뜻한 남쪽으로 이동하거나 집수구(하수를 모아 강으로 흘려보내는 곳)에서 겨울을 나고 거기서 아기를 낳기도 합니다. 놀랍게도 그들 중에는 거리에서 태어난 사람이 적지 않고, 주민등록증이 없는 사람도 많습니다. 이런저런 이유로 주민등록이 말소된 사람은 흔합니다. 그들은 우리 사회에 존재하지 않는 유령 같은 존재입니다.

화려한 도시에 가린 노숙자의 존재는 매우 극단적 예이지만, 참혹한 어려움을 겪는 이웃이 우리 사회에는, 지구촌에는 여전히 상존합니다. 물질세계가 하나님의 다스림 아래에 있고, 그 세계를 경영해야 할 책임이 우리에게 있다면 어떻게 해야 할까요? 자신이 가진 것을 나누어서 가난한 사람이나 소외된 사람, 고통 가운데 있는 이들을 줄여 나가는 게 하나님 뜻이고, 성경이 분명하게 가르치는 바입니다. 하지만 정작 이에 관한 가르침은 사회는 물론이고 교회 안에서도 자주 들리지 않는 게 참 안타깝습니다. 조금만 마음을 쓰면 만날 수 있는 이웃은 물론이고, 우리가 쉽게 만나지는 못해도 실제로 존재하는 노숙인, 독거노인, 소년소녀 가장, 외국인 노동자, 은둔형 외톨이 등 도시 빈민에 해당하는 그들을 위해 교회가 애쓰는 모습은 참으로 희귀합니다. 그러면서 우리는 자신의 경제생활이 풍성하지 않다고, 자신보다 잘사는 사람이 왜 이렇게 많냐며 상대적 박탈감을 느끼며 살아갑니다.

물질세계는 하나님의 다스림 아래 있을 때 의미가 있지, 그 세계에 속한 것들이 인간보다 상위에 위치하면 복이 아니라 오히려 화가 됩니다. 다른 사람을 돌아볼 시간을 없애고 자신만 들여다보게 하는 위험이 커집니다. 불행하게도 한국 교회가 너무 물질세계와 그에 속한 것들을 강조하면서 세상의 부를 우선시하는 모습을 그대로 내보이고 있는 건 아닌지 우려됩니다.

살펴본 대로 기독교는 물질세계를 가벼이 여기지 않고 중요하게 생각합니다. 하지만 물질세계와 그에 속한 것들이 전부라고 말하지는 않습니다. 때로는 과감하게 물질세계의 것들을 거부하고, 축적한 부를 나눌 줄 아는 것이 기독교입니다. 이것이 성경이 가르치는 기독교입니다.

물질세계를 중시하자, 어떻게?

이제 조금 더 구체적으로 생각해 봅시다. 어떻게 해야 성경이 가르치는 교회, 물질세계의 것들을 진정으로 중시하는 교회가 되고, 그리스도인이 될 수 있을까요.

모든 것이 하나님께 속했음을 인정한다

첫째는 모든 것이 하나님께 속한다는 사실을 인정해야 합니다. 거듭 말씀드리지만, 물질세계는 수단이지 목적이 아닙니다. 인간이 받은 삶의 목적은 하나님을 사랑하고 다른 사람을 사랑하는 것입니다. 물질세계는 이를 위한 수단일 뿐입니다. 물질은 하나님을 사랑하고 다른 사람을 사랑하기 위해 받은 것입니다. 그러므로 인간은 모든 것이 하나님께 속했음을 인정하고, 자신이 받은 것을 하나님과 이웃을 사랑하는 데 써야 합니다. 성경은 인간에게 자신을 학대하라고 가르치지 않으므로, 또한 자신을 사랑하는 만큼 타인을 사랑할 수 있다고 가르치므로, 자신을 위해 건전한 노동의 대가를 사용하는 것은 당연하고 또한 정당합니다. 자기가 받은 경제적 복 중에서 적절한 양을 자신과 자신이 부양하는 사람들을 위해서도 써야 합니다. 이것이 우리에게 주어지는 경제적 부의 1차 목적입니다. 그렇지만 이와 함께 상당 부분은 자기보다 어려운 다른 사람을 위해 쓰겠다는 삶의 자세가 필요합니다. 모든 것이 하나님께 속했고 그분 것이기 때문입니다.

교회에 처음 오신 분들은 가끔 이런 질문을 합니다. "어떻게 월급의 10분의 1을 교회에 헌금합니까?" 기독교 신앙은 우리의 벌이뿐 아니라 사는 집과 가진 모든 것을 하나님께서 주신 것으로 여깁니다. 비교적 최근에 자주 언급되는 토지공개념도 이미 오래전 구약성경의 율법에서 중요하게 언급하는 사상입니다. 토지는 소유할 수 없으며, 하나님께만 속한다는 생각입니다. 인간은 토지를 정해진 동안 이용할 수 있을 뿐 소유할 수 없으며, 그 기간을 넘어 점유할 수도 없습니다. 잠시 맡아서 사용하는 것일 뿐입니다. 이것이 물질세계와 그에 속한 것들을 바라보는 기독교의 시각입니다. 헌금을 하는 이유도 모든 것이 하나님께 속한 것이며, 우리는 잠시 그것들을 맡았을 뿐이라는 생각에서 나옵니다. 십일조는 벌이의 10분의 1을 하나님께 드림으로 자신의 부가 자기 것이 아니라 하나님 것임을 상징적으로 드러내는 행위입니다. 사실 전부가 하나님 것이나, 하나님께서는 그것들을 우리에게 맡기시면서 그것들로 우리가 사는 세상을 잘 경영하라고 말씀하십니다. 교회 공동체를 위해 10분의 1을 헌금하는 것은 하나님께서 물질의 주인이고 우리는 청지기임을 고백하는 것이며, 그 헌금으로 교회가 하나님을 예배하고 세상과 이웃을 섬기는 사람을 키워내도록 하기 위함입니다.

그러므로 헌금을 세전으로 해야 하느냐 세후로 해야 하느냐로 고민하지 마십시오. 보너스도 헌금을 해야 하는지로 너무 깊이 고민하지 마십시오. 그건 각자 알아서 할 일입니다. 하나님 앞에서 자신의 모든 것을 하나님 것으로 인정하는 태도가 훨씬 더 중요한 문제입니다. 그런 태도 없이 벌이의 10분의 1을 꼬박꼬박 헌금하면서 하나님이 뭔가 더 큰 것을 주실 것으로 기대한다거나, 10분의 1을 헌금했으니 10분의 9는 마음대로 쓸 수 있다고 생각한다면, 십일조를 완전히 오해한 것입니다. 그러므로 어느 정도의 헌금이 자신에게 적당한지, 어떻게 하는 것이 자신의 마음을 가장 기쁘게 하는지, 또한 하나님 앞에서 떳떳한지를 스스로 물어보면 됩니다.

10분의 1이라는 기준은 농경과 목축이 중심이어서 수입차가 크지 않던 고대 사회 때 마련된 비율이므로, 현대 자본주의 사회에 적용할 수 있는 비율인지, 더 나아가 그리스도께서 완성한 구약 시대의 율법을 그리스도 안에 있는 성도들에게 적용할 수 있는지, 더 고민하고 논의해야 합니다. 저는 개인적으로 '현대의 십일조'는 10분의 1이 아니라 소득에 따라 일종의 누진율을 적용해야 한다고 생각합니다. 그렇게 되면 소득 상위 1%는 아마도 수입의 90% 이상을 헌금해야 할 것입니다. 당신은 하나님의 청지기로서 당신이 얻은 경제적 이득 중에서 얼마를 당신과 당신이 직접 부양하는 가족을 위해 쓰고, 얼마를 어려운 이웃을 위해 써야 할까요? 각자 하나님 앞에서 결정해야 하지 않을까요? 당신이 받은 모든 경제적 복은 하나님께 속한 것으로, 하나님이 당신에게 청지기로 잘 관리하라고 맡기신 것입니다.

그러므로 누구의 기준에 맞춘 '온전한' 십일조가 아니라 '자신의' 십일조를 하면 됩니다. 아이들은 이렇게까지 물어봅니다. "부모님이 십일조를 하고 나에게 용돈을 줬으니까, 제 용돈에서는 따로 헌금을 안 해도 되는 것 아닌가요?" 원천 징수되었다는 것입니다. 이렇게 십일조를 어떤 규정으로 접근하면 헌금의 원래 취지는 완전히 사라집니다. 다시 한번 강조합니다. 기독교는 모든 것이 하나님 것이며, 내가 가진 모든 것도 하나님께서 주셨다고 여기는 것입니다. 그러므로 헌금은 나의 모든 것이 하나님 것이라고 늘 상기하며 잊지 않겠다는 표시입니다. 지금 손에 쥐고 있는 것에 집착하지 않겠다고 끊임없이 확인하는 것입니다. 이것이 첫째로 할 일입니다.

일하는 것을 소중히 여긴다

둘째는 노동을 소중히 여겨야 합니다. 성경은 생육하고 번성하고, 땅을 정복하고 모든 것을 다스리라고 합니다. 이런 표현들은 목축이나 농경 같은 인류의 오래된 문화에 근거하고 있습니다. 아마도 인공지능이 등장하는 4차산업혁명 시대였다면 조금 다르게 표현했을 겁니다. 그렇지만 시대를 불문하고 중요한 것은 노동의 가치입니다. 오늘날 우리는 노동의 가치가 점점 희미해지는 세상 속에서 살고 있습니다. 요즘은 일을 덜 하고 더 많이 버는 것을 미덕으로 여깁니다. 심지어 일을 안 하고 돈을 쉽게 번다며 '건물주'를 장래 희망으로 꼽기도 합니다. 한 일이 별로 없는데도 돈이 몰리면 '이 많은 걸 어떻게 청지기로 관리해야 하나' 하고 걱정해야 하는데, 최근 한국 사회는 그 같은 상황을 반기고 부추깁니다. 앞서 적었듯이 천민자본주의가 깊이 파고든 결과입니다. 성경은 거꾸로 이야기합니다. 정당하게 노동하고 정당한 대가를 받으라고 합니다. 하나님께서는 그러한 노동을 기뻐하시며, 그러한 노동을 통해 당신이 창조한 물질세계가 경영되기를 원하십니다.

성경의 가르침을 따르려고 하면 일할 때 자세도 달라지고, 주어진 시간과 자원을 허비하지 않고 성실하게 일하게 됩니다. 요즘은 많이 달라졌지만, 직장에서 딴 일 하는 사람이 많았던 때가 있었습니다. 사우나도 가고, 인터넷으로 주식 투자도 하고, 개인 용무로 전화도 수시로 했습니다. 그러면서 늘어진 업무를 처리하느라 퇴근은 늦게 합니다. 업무 효율은 지극히 낮지만, 일하는 시간은 절대 짧지 않았습니다. 외국에서 일하다 한국에 와서 일하고 있던 한 친구가 이해가 안 된다며 비슷한 이야기를 제게 한 적이 있습니다. 일할 때 업무에 집중하고, 일부러 업무 시간을 늘리기보다는 정해진 시간에 최선을 다하는 노동의 가치를 재발견해야 합니다. 오늘날 우리 사회는 노동의 가치를 환산되는 재화로만 평가하고, 퇴근 이후가 진정한 삶이라며 노동은 필요악 정도로 취급합니다. 이런 흐름을 거슬러 노동의 의미와 가치를 재발견하고 추구하는 것이야말로 그리스도인이 이 시대에 해야 할 일입니다.

세상은 쉽게 일하고 많이 벌자고 손을 내밀고, 투기에 가까운 투자로 현혹합니다. 그게 무슨 문제냐고 볼멘소리하는 사람부터 그렇게 해서 헌금 많이 하겠다는 사람까지, 노동의 가치보다 재화의 획득과 부의 증식을 중히 여기는 시대에 살고 있습니다. 이런 시대와 문화에서 어떻게 일하고 어떻게 재화를 지혜롭게 축적할지는 현대를 사는 그리스도인의 중요한 숙제입니다.

건강하게 축적한 부를 어떻게 나눌지 계획한다

셋째로, 정당하게 축적한 부를 어떻게 사용할지 구체적으로 꿈꾸어야 합니다. 열심히 일한 결과로 얼마간의 부가 쌓이면, 그것이 많든 적든 하나님과 이웃을 사랑하는 데 쓰려고 고민하는 분들이 있습니다. 참 귀한 일이라고 생각합니다. 처음부터 큰일을 할 수도 없고, 그럴 필요도 없습니다. 1990년대 초, 미국 유학 중에 10달러면 제3세계 어린이가 한 달을 먹고살 수 있다는 이야기에 충격을 받았던 기억이 납니다. 당시 10달러면 햄버거를 두 번 먹을 수 있는 돈이었습니다. 이런 상황은 여전해서 30년이 더 지난 현재에도 큰 변화가 없습니다. 우리는 여러 구호 단체를 통해 교육은커녕 기아 선상에서 생존 기회조차 박탈당한 아이에게 기부하는 일부터 할 수 있습니다. 일단 가장 가난한 자들을 섬기는 일부터 시작하는 것이 좋습니다. 나들목교회를 시작하자마자 도시 빈민 사역을 시작한 이유도 이 때문입니다. 컵라면 다섯 개로 시작한 노숙인 사역이 현재는 '바하밥집'으로 성장하였으나 여전히 더 많은 재원이 필요합니다[도시 빈민 사역에 관심 있으신 분은 www.bahameal.net와 《바하밥집》(김현일, 죠이북스)에서 더 자세한 소식을 확인하실 수 있습니다]. 그렇게 세상을 바라보는 시각이 자기보다 잘사는 사람이 아니라 우리 사회와 지구촌의 가장 낮은 곳으로 향하면, 우리 사회와 이웃들에게 작지만 소중한 나눔과 움직임이 너무나 많이 필요하다는 사실에 눈이 열리기 시작할 것입니다. 많든 적든 자신이 받거나 축적한 부를 어떻게 나눌지, 어떻게 하면 더 많은 사람을 사랑할 수 있을지를 자꾸 꿈꾸는 삶이 필요합니다.

이를 위해서는 세상의 필요가 무엇인지를 보는 눈을 길러야 합니다. 또한 자신의 생활에서 불필요한 소비가 무엇인지를 확인하고 줄이려 애써야 합니다. 우리가 이렇게 노력해야 하는 이유는 검소한 생활 자체가 목적이 아니라, 하나님과 이웃을 더 사랑하기 위해서입니다. 이를 위해 나눔이 습관이 되고 검소함이 일상이 되는 노력이 필요합니다. 적지 않은 교회에서 시행하는 '지정헌금'도 좋은 방법입니다. 지정헌금은 공동체 가족 가운데 어려운 사람이 있으면 그에게 익명으로 후원금을 전달하는 헌금입니다. 지정헌금을 하려면 다른 성도의 사정을 먼저 알아야 하고, 그를 위해 자기 소비를 줄이는 노력도 필요합니다. 축적이 아니라 나눔을 목표로 삼는 것이 셋째로 할 일입니다. 나눔은 내가 쓰고 남은 것으로 하는 것이 아니며, 자신의 경제를 계획하고 하나님과 이웃을 사랑하는 만큼 조금씩 더 낮아진 삶을 살 때만 가능하다는 사실을 기억하십시오.

나눔의 공동체를 이룬다

넷째로, 교회 공동체에서 서로 섬기는 수준에서 한 걸음 더 나아가야 합니다. 나눔의 공동체를 이루어야 합니다. 축적과 탐욕을 부추기는 교회가 아니라, 나눔을 격려하고 자극하는 공동체가 되어야 합니다. 교회는 자기 것을 덜어서 나누는 삶을 배우고 격려하는 곳입니다. 하나님께 기도하고 헌금했더니 큰 복을 주셨다는 간증을 자꾸 들으면 '나도 예수 잘 믿어서 복 받아야지' 하는 탐욕이 생깁니다. 교회는 그런 마음을 부추기는 곳이 아닙니다. 교회 공동체의 간증은 "큰 복을 받았습니다"에서 끝나면 안 됩니다. 큰 집으로 이사하게 되었습니다, 좋은 직장으로 옮겼습니다 등에서 머물면 반쪽짜리 간증입니다. 나머지 반쪽이 따라 나와야 합니다. 그 부분이 아직 이루어지지 않았다면 언제라도 이루어져야 합니다. 1부가 복을 받는 이야기라면 이어지는 2부가 있습니다. 받은 복을 다른 사람을 위해 썼다는 간증으로 이어져야 공동체에 탐욕이 일어나지 않습니다. 간증을 듣고 나서는 '나도 저렇게 살아 봤으면, 나도 저렇게 헌금 좀 많이 해 봤으면' 하는 탐욕이 아니라, '저렇게 나누면 되는구나, 나도 저렇게 나누며 돕고 싶다'라는 마음이 일어나야 합니다. 교회는 나누는 방법을 배우고 격려하는 곳이 되어야 합니다.

간증과 더불어 기도도 중요합니다. 그리스도인의 기도 중에 탐욕스러운 기도가 얼마나 많은지 모릅니다. 이러한 기도를 걸러 주는 기도가 주기도문입니다. 주기도문은 "오늘 우리에게 일용할 양식을 주시옵고"라고 기도합니다. "오늘 제게 저 혼자만 배불리 먹을 양식을 주시옵고"라고 기도하지 않습니다. 하루 먹을 양식을 달라고 기도할 때 자신만이 아니라 옆에 있는 형제까지 포함하여 우리에게 일용할 양식을 달라고 합니다. 기독교는 애초부터 개인의 탐욕과는 거리가 먼, 나눔의 정신을 기본으로 합니다. 그리스도인은 '우리'의 일용할 양식을 구하는 주기도문을 늘 염두에 두고 '자신'만의 탐욕에 물든 기도를 물리쳐야 합니다.

나들목교회에는 앞서 언급한 지정헌금 외에도 '바나바기금'이 있습니다. 바나바가 자기 재산의 일부를 팔아 사도들의 발 앞에 두었듯이(행 4:37), 잉여 재산이 있거나 생기면 교회에 맡겨서 교회 내 어려운 형제자매를 돕는데 사용하도록 하는 기금입니다. 지원 대상은 주로 생계나 의료, 주거 문제에 어려움을 겪는 이들 중에서 성도들의 추천을 받아 정합니다. 일단은 무기한 무이자로 빌려주되 상황이 호전되면 다시 바나바기금으로 갚게 해서 어려운 이들을 계속 이어서 돕는 방식입니다. 서로를 돕는 과정에서 기금 지원만이 아니라, 일자리를 소개하거나 좋은 의료진과 연결도 하고, 주거 관련 제안이 이루어지기도 합니다. 하나님나라를 살아내는 그리스도인 공동체는 나눔의 공동체입니다.

교회의 헌금 사용을 점검한다

마지막으로, 나눔의 공동체를 이루려면 교회가 헌금을 어떻게 쓰는지도 잘 살펴보아야 합니다. 안으로는 공동체 운영을 위해, 밖으로는 세상의 회복을 돕고 섬기는 데 쓰여야 합니다. 당신이 그리스도인이고 한 교회에 속해 있다면 헌금이 어떻게 사용되는지를 주의 깊게 볼 책임이 있습니다. 어떤 분은 헌금하는 것만이 내 책임이고, 어떻게 사용되는지는 믿음으로 교회에 맡겨야지 따지면 안 된다고 합니다. 교회가 아니라 자선 단체나 구호 기관에 기부했을 때도 기부금의 몇 퍼센트가 실제 기부 활동에 쓰이는지를 물어봅니다. 비대해진 조직 운영에 기부금 대부분을 사용하는 단체나 기관도 있는 것이 현실입니다. 헌금도 마찬가지입니다. 냈다고 끝나는 게 아니라 어떻게 쓰이고, 효과적으로 집행되는지를 두 눈 부릅뜨고 살펴야 합니다.

교회의 결산 자료는 언제든지 외부에 밝힐 수 있어야 합니다. 제게 건강한 교회의 기준을 물으면 이야기하는 것 중 하나가 결산 자료를 요청해서 상세한 자료를 볼 수 있는가입니다. 사소한 일에 불과한데도 이런 부분에서 선명하지 않은 교회가 아직도 적지 않습니다. 일반적인 결산 자료는 공개하지만, 상세 자료는 보여 주지 않거나 아예 없는 경우도 많습니다. 교회를 제대로 운영했다면 상세 자료가 없을 수도 없고, 공개하기도 어렵지도 않을 텐데 말입니다. 안타까운 현실입니다. 세상의 비영리단체도 재정 투명성을 확보해야 기부를 받을 수 있는데, 많은 교회가 세상을 선도하기는커녕 세상의 기준에도 미치지 못하고 있습니다. 재정 투명성 확보를 위해 정기적으로 내부 감사는 물론 외부 감사를 받는 것도 추천할 만한 일입니다.

예결산 내용을 꼼꼼히 보는 것에 더해서 총지출에서 어느 정도를 교회 경상 재정이 아닌 선교와 섬김과 교회 외부의 필요에 할애하는지 살펴봐야 합니다. 적지 않은 교회가 그렇게 하지만, 나들목교회는 전체 예산의 30% 정도를 교회 밖의 여러 필요를 돕는 데 쓰고 있습니다. 가능하면 교회 자체가 조금 더 검소하게 살면서 더 많이 나누었으면 좋겠다고 생각합니다. 저는 교회가 세상을 변화시키고 치유하며, 이웃을 실질적으로 사랑하는 공동체가 돼야 한다고 믿습니다. 개인도 그렇지만 교회 공동체도 성을 쌓듯이 자신만을 위해 부를 쌓는다면, 그 개인과 그 교회를 하나님께서는 도저히 기뻐하실 수가 없습니다. 하나님께서는 우리가 당신께 받은 것을 잘 경영해 필요한 곳으로 잘 흘려보낼 때 크게 기뻐하십니다. 그 사실을 그리스도인이라면 부인할 수 없습니다.

수많은 비영리단체의 모태

/

현대 사회에 들어서면서 비영리단체나 기관이 여러 영역에서 생겨났습니다. 정부가 하지 못하는 일, 신경 쓰지 못하는 영역을 이들 단체나 기관이 감당합니다. 그런데 이러한 역할 대부분이 교회에서 시작됐습니다. 한국에 기독교가 전해진 초기에도 교회가 나서서 보육원, 병원, 학교 등을 세웠습니다. 이때만 해도 사람들이 교회에 헌금하면 새로운 일이 일어났습니다. 그런데 불행히도 세월이 흐르면서 점점 한국 교회는 자기중심적이 되었고, 자기 건물을 짓거나 자신의 영토를 견고하게 만드는 데 치중하게 되었습니다. 그러자 사람들은 교회에 헌금하기보다는 비영리단체나 기관에 기부하기 시작합니다. 이 점이 개인적으로 무척 안타깝습니다. 비영리단체가 필요 없다거나 교회와 경쟁 상대라서가 아닙니다. 사람들이 눈치챈 겁니다. 교회에 헌금하면 교회가 자기 좋은 일만 한다는 사실을. 예전에는 그렇지 않았습니다. 교회에 헌금하면 사회의 필요한 곳으로 돈이 흘러 들어갔습니다.

그때의 정신을 회복해야 합니다. 돈을 가장 도덕적으로, 영적으로 쓸 수 있는 곳으로 교회가 꼽혀야 합니다. 그럴 때라야 많은 사람이 교회를 보며 소망을 얻고, '저렇게 살 수도 있군. 웬만하면 나도 저렇게 살아야지'라고 생각할 것입니다. "잉여 재산이 있거나 나누고 싶은 게 있으면 교회에 갖다줘. 거기가 제일 제대로 잘 써"라는 말을 듣는 날이 오기를 고대합니다.

지금 이 책을 읽는 그리스도인 가운데 경제적으로 어려운 분도 있을 겁니다. 경제 수준을 적절하게 조정하고 열심히 일하십시오. 주님께서 회복의 때를 계획하고 계십니다. 혹시 너무 부유한 분이 계십니까. 당신의 소유가 당신 것이 아님을 잊지 마십시오. 하나님께서 잠시 당신에게 맡기신 것들입니다. 그 사실을 인정하면 가난하든 부유하든, 어떤 상황에서도 자족할 수 있습니다.

헌금은 오래 믿은 성도들이 몸에 밴 습관에 따라 억지로 드리는 것이나, 이제 갓 믿기 시작한 성도들을 넘어뜨려 교회를 떠나게 하는 걸림돌이 되어서는 안 됩니다. 오히려 물질세계를 중시하되 결코 사람보다 위에 놓지 않는 사람들, 더 나아가 물질세계를 하나님의 다스림 아래에 두고 살아가는 사람들임을 고백하는 표지가 되어야 합니다. 그리스도인이 성경적으로 헌금하고 그 정신으로 살아간다면, 세상 사람들은 그리스도인 개인과 교회 공동체를 통해, 우리 시대 바알이라 해도 과장이 아닌, 자본주의에 무릎 꿇지 않는 대안적 공동체를 보게 될 것입니다. 그때 비로소 헌금은 하나님께 드리는 개인의 신앙 고백을 넘어서서 사람들을 하나님께로 돌아오게 만드는 디딤돌이 될 것입니다.

[비상식적인 헌금에서 / 서로를 보듬는 공유로]

1. 헌금으로 인해 마음이 힘들었거나 힘들어하는 사람을 만난 적 있나요?

2. 자본주의 정신의 형성에 영향을 끼친 개신교 윤리의 세 요소는 무엇인가요?

3. 위의 세 요소 중에서 오늘날 한국 사회에서 희미해진 것은 무엇인가요?

4. "물질세계를 중시하나 종속되지는 않는다"라는 의미를 창세기 1장 26-28절에 비추어 설명해 볼까요.

5. 재물을 성경적 방식으로 다루는 다섯 가지 방법은 무엇이며, 그중에서 가장 어렵고 당신에게 필요한 부분은 무엇인가요?

6. 당신과 당신이 속한 공동체가 성경의 가르침대로 '물질을 중시하는 교회'가 되려면 어떻게 해야 할까요?

7. 헌금으로 인해 사람들이 교회를 떠나거나 교회를 멀리하지 않고, 도리어 교회를 찾게 할 수 있을까요? 그런 예나 가능한 미래를 이야기해 봅시다.

자기들끼리만
천국이다

"저기 저 큰 교회에 우리 동네 사람들은 안 다닙니다. 저 교회가 작고 아담했을 때는 동네 사람들을 위해서 바자회도 열고, 아이들을 위한 좋은 프로그램도 했던 것 같아요. 그런데 옆집들을 사들이고, 결국 저렇게 교회를 크게 짓고서는 동네에 별 관심이 없는 것 같아요. 관심이 없어진 건 아무 문제도 아녜요. 우리 주민들도 특별히 관심 없으니까요. 그런데 외지 사람이 점점 늘어나는지 일요일에는 동네 교통도 복잡해지고, 골목마다 교인들이 주차하면서 분란이 생기기 시작했어요. 일요일에는 좀 쉬고 싶은데 제일 시끄러운 날이 됐습니다. 주차한 사람이 전화번호도 안 남겨서 얼굴을 붉힐 때도 있습니다. 거기다 평일에는 꽤 넓은 주차장을 텅텅 비워 놓고 동네 주민은 절대 사용하지 못하게 합니다. 최근에는 수요일에도 아침저녁으로 차들이 많이 들어오고, 토요일에도 무슨 행사가 있는지 자주 주차장이 가득 찹니다. 우리 동네에 저 교회가 없으면 좋겠어요. 교회가 잘 되면 우리가 더 힘들어지고, 교회 안 되기를 빌자니 벌 받을 것 같고. 참 답답합니다."

"코로나로 온 국민이 힘들어할 때, 교회의 민낯을 보았습니다. 집단 감염이 교회에서 일어나기 시작했을 때, 그 교회들은 좋은 교회가 아니라 이단이라고 해서 처음에는 그런 줄 알았습니다. 그런데 그 이후에도 계속해서 교회발 확진자가 나오고, 집단 감염이 일어나고…. 모든 시민이 불편을 감수하고 생활을 하는데, 교회는 예배가 생명이라면서 계속 모여야 한다고 주장하고, 그래서 또 집단 감염이 일어나고…. 그렇지 않아도 이기적이라고 생각했던 집단이 교회였는데, 이번 코로나로 그 민낯을 본 것 같습니다."

교회 안팎의 온도차

/

오늘날 교회는 종종 이익집단처럼 보입니다. 이웃의 필요나 그들에게 미칠 악영향을 고려하지 않고 자기 권리만 주장합니다. 교회가 그렇다는 것은 그 교회에 속한 이들이 그렇다는 말과 같습니다. 통계자료에서도 이 사실은 선명하게 나타납니다. 대한예수교장로회 합동총회가 2020년 9월에 '코로나19 시대 한국교회 신생태계 조성·미래전략 수립을 위한 설문조사'를 실시했습니다. 코로나19 이전과 현재의 종교별 신뢰도를 묻는 질문에 불교와 천주교는 비슷하다는 답변이 86.8%와 83%로 압도적이었습니다. 반면, 개신교는 응답자의 63.3%가 '더 나빠졌다'라고 답했습니다. 개신교는 '교회 모임/행사/식사 자제', '교회 방역과 감염 예방 수칙 준수', '교회를 향한 정부와 사회의 요구 대응'을 묻는 세 문항 모두에서 70% 이상 '잘못하고 있다'라는 평가를 받았습니다. 그런데 특이한 점은 개신교인 응답자는 세 문항에 대해 각각 53.2%, 67.9%, 53.3%가 '잘하고 있다'라고 응답해 일반 시민과 매우 큰 시각차를 보였습니다. 교회와 그 안에 있는 사람들은 잘하고 있다고 생각하지만, 외부의 시선은 정반대였습니다. 이런 현상을 코로나19에 막무가내식으로 대응한 일부 교회와 이를 집중보도한 언론, 그리고 과도하게 교회를 언급한 정부 탓으로만 돌리기에는 그 격차가 너무나 큽니다.

교회는 자기들끼리만 천국을 누리는 이익집단처럼 비치는 게 요즘 현실입니다. 이 같은 일반 사회의 인식은 다른 조사 결과에서도 똑같이 나타났습니다. 목회데이터연구소가 2020년 8월에 발표한 '종교(인) 및 종교인 과세 관련 인식조사'의 결과에 따르면, 천주교인과 불교인은 '온화한'(각 34.1%, 40.9%), '따뜻한'(29.7%, 27.6%) 같은 긍정적 이미지가 우세했으나, 개신교인은 '거리를 두고 싶은'(32.2%), '이중적인'(30.3%), '사기꾼 같은'(29.1%) 같은 부정적 이미지가 더 강했습니다.

이 때문인지 최근에 교회를 등지는 사람이 더 늘고 있습니다. 대한예수교장로회 합동 교단은 2020년 총회에서 2019년도 교인 수가 전년도보다 10만 명가량 줄었다고 보고했습니다. 이 같은 추세는 개신교가 근래 보여 준 행보로 인해 더욱 가속화할 것으로 보입니다. 이런 현상을 '기독교에 대한 외부의 모함이다, 악의적 여론몰이 때문이다'라고 간단히 넘길 수 없는 지경까지 왔습니다. 나들목교회도 건강한 교회를 추구하려 갖은 애를 쓰지만, 우리도 모르게 누군가가 교회 나오는 데 걸림돌이 되지는 않나 싶어 섬뜩하기도 합니다.

왜 이 지경이 되었나

/

그렇다면 도대체 왜 한국 교회는 이 지경이 되었을까요? 대표적으로 주택가에 교회가 들어오면 환영은커녕 반대하는 현상이 나타납니다. 그 소식을 듣고 많은 사람이 '그렇지, 그럴 만하지' 하면서 고개를 끄떡입니다. 어쩌다가 이렇게까지 되었을까요? 몇가지 이유가 있다고 봅니다.

첫째 이유는 기독교가 '일반적' 종교심에 의해 유지되고 있기 때문입니다. 사람들이 왜 종교를 가질까요? 일반적으로는 자기 필요를 채우기 위해서입니다. 위로를 얻고, 불안이 사라지고, 복을받고, 성공하고 싶어서, 대개는 이렇게 자기 필요를 채우기 위해종교 생활을 시작합니다. 문제는 그렇게 시작한 사람들이 처음동기를 그냥 지속하는 것입니다. 누구나 자기 필요로 시작하지만,신앙이 깊어지면 그 필요를 넘어서는 지점이 찾아옵니다. 그런데그 지점까지 나아가지 않고 처음 상태에서 머무릅니다.

종교학에서는 종교를 크게 저등종교와 고등종교로 나눕니다.저등종교는 신을 이용해서 자신과 자기 가족의 이익을 얻으려는신자의 마음을 부추깁니다. 개인의 욕망을 이루는 수단으로 종교를 사용하도록 종교적 언어와 상징을 제공하는 것이죠. 고등종교로 갈수록 자신의 욕망을 넘어서서 내면의 정화와 자신이 속한공동체의 변화를 추구하도록 요구합니다. 예수의 가르침은 분명고등종교의 특성을 강하게 나타내지만, 불행하게도 한국 개신교의 모습은 저등종교의 특성을 잘 보여 주고 있습니다. 어떻게 하면 복을 더 많이 받고, 자신의 욕망을 더 잘 이룰지에만 주로 관심을 두기 때문입니다.

물론 이 같은 특징은 한국의 샤머니즘에서 영향을 받았습니다.

샤머니즘은 신이나 신들을 기쁘게 하면, 그 신이 조상신이든 외래 신이든 그 어떤 절대자를 기쁘게 하면, 그가 나를 보호하고 잘되게 해 준다고 믿습니다. 이러한 종교성은 한국 문화에 수천 년간 흘러 내려오는 문화적 DNA와 같습니다. 우리나라에 들어온 불교이든 유교이든 결국은 샤머니즘적 불교, 샤머니즘적 유교가 되곤 했습니다. 기독교 역시 예외가 아니어서 기독교를 믿으면서도 자기 욕망을 채우려는 성향이 남아 있습니다. 교회들도 그 성향을 부추겨서 교세를 키우고 부흥합니다. 가령 40일간 특별 새벽기도회를 열면서 "이 땅의 정의와 평화를 위해 40일간 새벽에 모여 기도합시다!"라고 하면 사람들이 얼마나 모일까요? 하지만 "삼대三代의 축복을 위해" 기도하자고 하면 구름처럼 모입니다. 또한 교회에서 간증하거나 잘된 사례로 언급되는 사람은 경제적으로나 사회적으로 성공한 경우가 많습니다. 성경적 원리로 살아가다가 세상에서 고난을 당했다는 간증은 들어보기 힘들고, 사회에서 실패한 사람은 교회에서도 '패배자'로 취급됩니다. 이 같은 현상은 저등종교인 한국 개신교의 면면을 잘 보여 줍니다. 한국 개신교의 문제는 이기적인 자기 필요에 따라 신앙생활을 시작한 이들을 초기 상태에서 머무르도록 부추기고, 나아가 이를 이용해 교회를 살찌우는 데 있습니다.

둘째 이유는 신학적 또는 심리적 요인인데, '잘못된 우월의식' 때문입니다. 기독교의 핵심은 우리가 별로 잘한 게 없음에도 하나님의 은혜로 구원을 얻었다는 것입니다. 그 은총으로 구원을 받은 이들이 특별한 집단이 되었다는 것은 기독교의 감격스러운 핵심 진리입니다. 그런데 선택받았다는 데 지나치게 초점을 맞춥니다. 왜 은혜를 입었고 선택을 받았는지에 집중해야 하는데, 선택받았다는 것만 강조합니다. 그러면서 자신들이 우월하다고 느낍니다. 하나님의 은혜 바깥에 있는 사람들과 달리 자신들은 선택을 받아서 특별한 존재가 되었으며, 심지어 특별한 백성이 되었다고 집단적 우월의식을 갖기 시작합니다. 이는 유대인이 하나님의 뜻을 이루는 데 실패한 원인이기도 했습니다. 하나님이 만물의 찌끼 같고 별 볼 일 없었던 이스라엘 민족을 택하신 이유는 그들이 대단해서가 아니라 오히려 형편없어서였습니다. 그런데 유대인들은 이를 망각하고 선민의식과 그에 따른 우월의식에 젖어서 하나님께서 기대한 삶을 살지 않고 오히려 하나님의 영광을 땅에 떨어뜨립니다. 오늘날 한국 그리스도인들도 비슷합니다. 우월의식이 있습니다. 선택받은 과정과 목적은 간과하고 선택받았다는 사실에만 초점을 맞춥니다. 교회가 세상의 소금과 빛이 돼야 한다고 말할 때도 우월의식에 젖어서 자신들이 세상을 계도하고 선도해야 한다고 생각합니다. 소금과 빛에 담긴 핵심 개념은 소리소문 없는 희생과 섬김입니다. 그런데 자기희생과 섬김은 제쳐두고 "우리가 세상의 소금이야. 우리가 세상의 빛이야"라고 외치며 세상을 발아래 두는 태도는 우월적 존재가 되었다는 착각에서 비롯합니다. 한국 그리스도인이 가지고 있는 잘못된 우월의식입니다. 실제로는 너무 형편없어서, 아무런 자격도 없어서 하나님께서 부르시고 선택하신 것인데, 어느새 자신을 대단한 존재인 양 착각합니다. 자신이 저들과는 다르다고 생각합니다. 교회와 사회는 분리되고, 서로에 대한 인식차는 더욱 심해집니다.

셋째 이유는 사회학적으로 설명할 수 있는데, 시민사회에 대한 교회의 무지 때문입니다. 한국은 근현대사가 매우 압축적으로 진행되어서 시민사회가 무엇인지를 제대로 경험할 기회가 적었습니다. 이런 약점은 교회에서도 여실히 드러납니다. 자기 의견을 개진하고 설득하는 법을 배워 본 적이 별로 없습니다. 타인의 말을 잘 들은 다음에 적절하게 반응하고, 그 과정에서 좋은 것은 취하고 자신의 부족한 점은 보완하기도 해야 하는데, 이런 것들을 배우지 못했습니다. 토론하고 설득하는 법을 잘 모릅니다. 그리스도인은 특히 선포하는 데 익숙합니다. 누구나 설교를 하고 싶어합니다. 선포나 설교 모두 일방적 커뮤니케이션 방식입니다. 하지만 시민사회는 다양한 집단이 공존하는 곳입니다. 이들과 어떻게 소통하고 상생할 수 있을지를 한국 교회는 깊이 고민하지 못했습니다. 도리어 다른 종교나 다른 생각을 가진 조직과의 공생을 타협으로 생각하는 경향이 있습니다. 교회 밖에 있는 존재들을 일단 적으로 여깁니다. 시민사회나 우리가 사는 사회 전반에 관한 이해가 매우 부족할 뿐 아니라, 성경에서 가르치는 관용과 허용의 차이를 이해하지 못해서 일어나는 일입니다. 관용과 허용은 다릅니다. 관용은 차이를 인정하되 모든 것에 동의하지는 않는 것입니다. 허용은 모두 다르므로 다 맞는다고 하는 것입니다. 그리스도인이 취해야 할 태도는 관용인데도, 공생은 곧 허용이라고 생각하면서 둘 중 하나라는 유아적 상태를 벗어나지 못합니다.

한번은 아이들을 데리고 전시를 보러 서울시청에 갔는데 주변이 무척 시끌시끌했습니다. 왜 그런가 봤더니 "동성애 반대 예배"를 드리고 있었습니다. 아이들이 물었습니다. "왜 반대를 하는데 예배를 드려요?" 무언가를 반대하는 예배가 아이들 눈에도 뭔가 안 맞는다는 생각이 들었나 봅니다. 자기 생각과 의사는 예배가 아니라, 토론회나 집회를 통해 개진해야 합니다. 예배는 사람들에게 무엇인가를 주장하거나 보이기 위해서가 아니라, 하나님께 드리는 자신을 드리는 행위입니다. 동성애나 성 소수자 문제에 관해 신학적으로 토론하는 일이 먼저 필요합니다. 그리스도인 공동체 안에서 먼저 토론해야 하고, 그 후에 시민사회 안에서의 토론이 필요합니다. 그러나 이런 토론회는 거의 없고, 시도하더라도 무산되기 일쑤입니다. 어떤 쟁점에 관해 어떻게 생각하고 어떻게 토론할지를 고민하기보다는 일방적으로 선포하고 집회를 열어서 공세를 펼치는 데 익숙합니다. 그럴수록 교회는 자기 이야기만 하고 자기 이익만 주장하는 배타적인 집단, 자기 울타리에 갇힌 채 남의 목소리는 듣지 않는 집단, 시민사회의 일원이라고 보기 어려운 집단으로 여겨집니다.

예수가 가르친 삶의 방식

/

이런 모습이 기독교일까요? 성경에서 가르치는 바일까요? 예수
께서는 뭐라고 가르치셨고, 그 예수를 따랐던 초기 그리스도인은
어떤 식으로 살았을까요? 기독교라는 종교가 본래 자기주장만 배
타적으로 하도록 가르친다면 한국 사회의 많은 지식인이 지적하
듯이 기독교는 한국 사회의 발전을 저해하는 역기능 집단일 수
있습니다. 오늘날 한국 교회가 앞서 설명한 여러 이유로 부족한
모습을 보이는 것이 원래 기독교가 추구했던 바가 아니라면, 예
수의 가르침과 이를 따랐던 초기 그리스도인의 삶을 살펴볼 필요
가 있습니다. 그리고 그것이 오늘날 우리에게 어떤 의미가 있는
지 살펴봐야 합니다.

　성경 전체가 기독교의 가르침이 무엇인지를 알려 주지만, 신약
성경이 쓰였던 시기의 마지막 때에 기록된 글인 디도서의 한 구
절을 살펴봅시다.

> 그리스도께서는 우리를 위하여 자기 몸을 내주셨습니다. 그
> 것은 우리를 모든 불법에서 건져 내시고, 깨끗하게 하셔서,
> 선한 일에 열심을 내는 백성으로 삼으시려는 것입니다(딛
> 2:14).

　성경을 공부하다가 깜짝 놀라곤 하는데, 핵심 내용이 짧은 구

절에 함축적으로 들어가 있을 때입니다. 성경에는 그런 구절이 참 많습니다. 디도서 2장 14절도 그런 구절 중 하나입니다. 이 구절은 세 가지 중요한 요소를 담고 있습니다.

첫째는 "그리스도께서는 우리를 위하여 자기 몸을 내주셨습니다"입니다. 앞서 1장에서 존 스토트를 인용해 적었듯이 예수 그리스도는 기독교 그 자체입니다. 예수는 인간을 위해 자기 몸을 내주셨습니다. 인간은 하나님과의 관계가 깨져서 생명도, 진리도, 사랑도 그에게서 공급받지 못하는 상태였습니다. 기독교에서는 하나님과 인간 사이가 깨진 원인을 인간의 죄, 단순히 도덕적이고 사회적인 죄가 아니라 하나님을 없다고 여기고 무시한 죄 때문이라고 봅니다. 그 죄로 인해 인간과 하나님 사이는 이을 수 없는 상태로 멀어져 있었고, 인간은 죽음 아래 놓입니다. 이를 해결하기 위해 예수께서는 자기 몸을 내주셨습니다.

예수께서 몸을 내주신 목적이 바로 이어서 나옵니다. "우리를 모든 불법에서 건져 내시"기 위해서입니다. 이것이 둘째로 중요한 요소입니다. 여기 등장하는 불법이라는 단어는 헬라어로는 '아노미아'입니다. 사회학에서 아노미 현상이라고 할 때 바로 그 단어입니다. 아노미 현상은 사회적으로 중심이 없고 규범이 무너진 상태를 가리킵니다. '아노미아'에서 접두어 '아'는 부정어이고, '노미아'는 법이라는 뜻입니다. 곧 법이 없는 상태입니다. 세상에서 가장 중요한 법이 무엇일까요? 성경에서 말하는 불법은 거짓말하고 해코지하고 타인에게 위해를 가하는 것보다 더 본질적입니다.

세상에 법이 단 하나 있다면 무엇일까요? 그것은 하나님이 만물의 주인이라는 것입니다. 그러므로 가장 큰 불법은 우주의 주인인 하나님을 없다고 하거나 있어도 하나님으로 여기지 않고 무시하는 것입니다. 인간을 그 불법으로부터 건져 내기 위해 예수는 죽었습니다.

불법에서 건져진 사람은 하나님과의 관계를 회복합니다. 이전에는 스스로 주인이 되어 제 욕망을 채우기 위해 제 마음대로 살았습니다. 심지어 종교마저도 자신의 욕망을 위해 가졌습니다. 하지만 예수를 알고 '아노미아'에서 건져진 다음에는 "내 욕망을 채우려 사는 게 옳지 않은 거구나. 인생의 중심은 내가 아니고, 내 야망이나 욕망도 아니고, 하나님이 되셔야 하는구나"라고 고백합니다. 다시 말해, 삶을 하나님 중심으로 전환해 하나님께서 원하시는 방향으로 살아야겠다고 생각이 바뀝니다.

셋째로 중요한 요소는 "깨끗하게 하셔서, 선한 일에 열심을 내는 백성으로 삼으"셨다는 것입니다. 원어를 그대로 직역하면 "깨끗하게 해서 백성을 만들었는데, 그 백성은 선한 일에 아주 열정적인 사람이다"라고 옮길 수 있습니다. 그런데 깨끗하게 하셨다고 해서 완전히 변화시켰다는 뜻은 아닙니다. 하나님께서 우리를 보실 때 깨끗하게 된 존재로, 변화된 존재로 보신다는 뜻입니다. 다시 말해, 지위가 바뀌었다는 말입니다. 고아였던 우리를 하나님의 자녀로 삼으셨습니다. 고아였을 때의 더러운 모습과 나쁜 버릇 같은 것들이 여전히 남아 있음에도 깨끗하다고 인정하십니다.

아들로 입양되어 신분이 바뀌었다고 순식간에 과거 성품과 습관이 다 변하지는 않습니다. 목욕시키고 옷은 갈아입힐 수 있어도 고통스러웠던 기억과 안 좋은 습관까지 한 번에 없앨 수는 없습니다. 그런데도 하나님은 인간을 다른 존재로 받아들이셨습니다. 자기 백성으로 삼으셨습니다.

신분이 바뀌어 하나님의 백성이 된 사람은 무엇을 추구할까요? "열심을 내는"이라고 번역된 단어에는 '질투하다'라는 의미가 있습니다. 질투하듯이 강렬하게 원하는 게 생기는데, 그것이 바로 "선한 일"입니다. 선한 일을 질투하듯이 추구하는 백성으로 만드셨습니다. 이것이 기독교입니다. 자기밖에 모르던 사람을 위해 예수께서 자기 몸을 내주셨고, 불법에서 건져진 그 사람은 만물의 주인이 하나님이며 자신의 신분이 바뀌었음을 깨닫습니다. 그러고는 급기야 선한 일을 갈망하는 새로운 삶을 추구합니다. 이것이 기독교입니다.

두 겹의 선한 일

/

하나님께서 하신 이 일로 인해 초라하기 그지없었던 초대교회가 세상을 변화시키는 교회로 자라납니다. 초대교회가 세상을 변화시키는 촉매가 될 수밖에 없었던 이유가 여기에 있습니다. 예수께서 가르치셨던 본질적 가르침에 집중했기 때문입니다. 그가 행하신 일과 그 의미를 진실로 믿었습니다. 그런데 그리스도인들이 질투하듯 추구하게 되는 선한 일은 사실 하나님이 하고 계신 일이라고 성경은 말합니다.

> 선한 일을 여러분 가운데서 시작하신 분께서 그리스도 예수의 날까지 그 일을 완성하시리라고, 나는 확신합니다(빌 1:6).

하나님께서는 선한 일을 시작하셨고, 완성해 나가고 계십니다. 우리가 선한 일을 추구하는 이유는 우리의 주님이신 하나님이 그 선한 일을 행하시는 분이기 때문입니다. 하나님께서 하시는 선한 일은 무엇일까요? 첫째는 자기중심성에 빠져서 하나님을 만나지 못하는 사람들을 하나님께로 돌아오도록 이끄시는 것입니다. 둘째는 하나님께로 돌아온 사람들이 자기중심성에서 벗어나서 이웃을 사랑하고 모든 피조 세계를 섬기도록 이끄시는 것입니다. 이 두 가지가 하나님께서 하시는 선한 일입니다. 하나님께서 하신 선한 일 덕택에 우리 그리스도인들도 선한 일을 하는 사람으로 바뀌었습니다. 하나님께서는 자기만 아는 인간에게, 자기 욕심에 빠져 살 수밖에 없는 인간에게, 그들을 대신해 죽으셔서 사랑이 무엇인지 가르쳐 주셨습니다. 그 사랑으로 인해 자기중심성에서 빠져나온 인간은 불법에서 벗어나 하나님 중심의 삶을 추구하며 살아가려고 방향을 바꿉니다. 우리가 새로운 삶을 지속하며 완성할 수 있도록 하나님께서는 지금도 사람들 가운데서 일하고 계십니다. 그 힘으로 우리는 선한 일을 갈망하고 추구하며 살아갑니다. 이웃을 사랑하며 깨지고 아픈 세상을 돌보며 살아갑니다. 하나님께서 그 일을 지금도 하고 계시기 때문에, 그 일을 하도록 그리스도인들을 북돋우고 계시기 때문에, 우리는 선한 일을 하지 않을 수 없습니다.

개인 구원의 목적
/

그러므로 우리 개개인이 구원받은 목적은 선한 일을 하기 위해서입니다. 이에 관해서 에베소서 2장 10절보다 더 선명하게 알려 주는 구절은 없습니다.

우리는 하나님의 작품입니다. 선한 일을 하게 하시려고, 하나님께서 그리스도 예수 안에서 우리를 만드셨습니다. 하나님께서 이렇게 미리 준비하신 것은, 우리가 선한 일을 하며 살아가게 하시려는 것입니다.

바울 사도는 우리를 하나님의 작품이라고 말합니다. 하나님께서 이 작품을 만드신 궁극적 목적은 선한 일을 하면서 살아가게 하기 위해서입니다. 우리를 구원하신 목적을 성경이 분명하게 알려 주는 데도 많은 이들이 묻습니다. "하나님께서 나를 구원하셔서 천국 가게 해주신 것은 감사한데, 천국 가기 전까지는 뭐하며 살면 되나요?" "지금 그냥 천국 데려가시지, 왜 계속 살게 내버려 두시나요?" 우리를 구원하신 목적은 분명합니다. 구원받은 우리는 깨지고 상하고 아픈 세상에 살면서, 곁에 있는 사람부터 먼 이웃까지 세상 모든 사람을 사랑하고 선한 일을 하도록 부름받았습니다. 당신의 인생 목적은 무엇인가요? 선한 일인가요? 그리스도인일지라도 성경을 제대로 배우지 않으면, 세상에서 성공해서 편하게 살고 다른 사람들에게 좋은 평가를 받는 일에 관심을 둘 수밖에 없습니다. 반면, 구원의 목적을 선명히 받아들여서 선한 일에 관심을 두는 사람은, 이웃에 얼마나 유익을 끼치고 세상에 얼마나 변화를 일으킬지, 궁극적으로는 역사에 얼마나 가치 있는 유산을 남길지에 몰두합니다. 하나님을 믿고 예수를 따른다고 하면서도 여전히 자기만 위해 사는 인생은 기독교가 가르치는 바가 아닙니다.

그리고 "하나님께서 이렇게 미리 준비하신 것은"이라는 표현은 하나님의 구원 계획 전반을 가리킵니다. 하나님께서 인간을 회복하려는 계획을 세우셨다는 내용이 에베소서 2장 1절부터 9절까지 나옵니다. 그 모든 일을 하신 이유가 10절에서 비로소 밝혀집니다. 구원받은 이들이 선한 일을 하며 살게 하기 위해서입니다. 아주 강력한 표현입니다. 하나님께서 우리 개개인을 구원하신 목적은 선한 일 때문입니다. 우리는 살아 있는 동안 그분이 하시는 선한 일을 그분과 함께 이뤄 나가야 합니다.

기독교 공동체의 존재 목적

/

그렇다면 선한 일을 하는 사람들이 모인 기독교 공동체의 존재 목적은 무엇일까요? 당연히 선한 일을 하는 공동체입니다. 앞서 읽었던 성경 구절의 "우리는 하나님의 작품입니다"라는 문장은 각 사람이 하나님의 작품이라는 뜻이기도 하지만, 더 본질적 의미는 공동체가 하나로 하나님의 작품이라는 것입니다. 그래서 원문의 "작품"은 복수가 아니라 단수입니다. 우리말로 하면 "작품들"이 아니라 "작품"입니다. 우리가 한 작품이라는 뜻입니다. 그러므로 주일에 예배를 드리기 위해 모인 그리스도인들을 기독교 공동체라고 하기에는 조금 부족한 면이 있습니다. 기독교 공동체는 선한 일을 도모하기 위해 하나 된 사람들입니다. 하나님의 사랑을 받아서 새로운 삶에 눈을 뜨고, 그로 인해 하나님을 중심으로 새로운 삶을 추구하며 시도하는 사람들, 그들이 그리스도인입니다. 하나님은 그들을 통해 하나님의 뜻과 사랑이 세상에 드러나기를 바라고 계십니다.

그런 면에서 그리스도인이 제일 먼저 해야 할 일은 공동체 안에서 서로 사랑하는 것입니다. 그들끼리 먼저 사랑해야 합니다. 그다음에 공동체 밖에 있는 이웃들도 사랑해야 합니다. 세상에는 갈등이 가득합니다. 그럴 수밖에 없습니다. 자기중심성을 지닌 두 개체가 만나면 갈등은 필연적입니다. 피할 수가 없습니다. 반면, 자기중심성을 벗어나기 시작한 그리스도인은 자기중심성에서 기인한 파당성을 극복할 수 있습니다. 그래서 '피스메이커'가 될 수 있습니다. 자기중심성을 벗어난 사람만이 피스메이커가 될 수 있기 때문입니다.

그리스도인이 세상 속에서 갈등을 풀고 평화를 이루려면 먼저 교회 공동체 안에서 서로 사랑하는 일을 시작해야 하고, 거기서 역량을 쌓아야 합니다. 이를 바탕으로 공동체 밖에 있는 이들을 사랑하는 법도 배우고 익혀야 합니다. 더 나아가 세상의 여러 갈등 구조 안에 있는 사람들을 평화롭게 만드는 일까지 해야 합니다. 이것이 선한 일입니다. 초대교회는 자신의 공동체 안에서 먼저 변화를 일으켰습니다. 노예를 해방하는 제도 개혁에 나서기 전에, 자신의 공동체 안에 있는 노예를 한 인간으로 대접합니다. 노예를 형제로 대하기 시작합니다. 오늘날 얼마나 많은 그리스도인이 자신들 안에서는 변화를 일으키지 않고, 밖으로 나가서 자꾸 무언가를 하자고만 하는지 모릅니다. 초대교회는 구호를 외치기 전에 먼저 사랑했습니다. 노예를 형제로 대했습니다.

공동체 안에서 서로 사랑하고, 공동체 밖에 있는 이들을 사랑하고, 세상의 갈등 구조에까지 나아가 평화를 이루는 일에 관심을 둔다는 것은, 그리스도인이 하는 선한 일의 차원이 달라지는 것입니다. 개인을 넘어서서 사회구조와 문화에까지 선한 일의 영역이 확장됩니다. 물론 그럴수록 선한 일이 이루어지는 시간은 더뎌지기도 합니다. 그럴 때 공동체의 역할은 더욱 중요해집니다. 일례로 영국의 상원의원이었던 윌리엄 윌버포스는 당시 큰 사회 문제였던 노예 해방에 온 삶을 바칩니다. 그는 혼자 하지 않았습니다. 그의 뒤에는 '클래팜 공동체Clapham Sect'가 있었습니다. 윌버포스가 좋지 않은 건강과 살해 위협에도 불구하고 끝까지 노예 해방을 포기하지 않고 이뤄내도록 그리스도인 공동체인 클래팜에 속한 이들이 법률 제정으로, 대중 교육으로, 예술 작품으로, 밤샘 기도로 그를 도왔습니다.

교회는 바로 이런 곳입니다. 세상 속에서 선한 일을 하는 곳이며, 선한 일을 하도록 돕는 곳입니다. 선한 일의 폭은 굉장히 넓습니다. 어려움을 겪는 공동체 식구를 돕는 일부터 사회 제도와 문화를 바꾸는 일까지 모두 선한 일에 포함됩니다. 하지만 내부에서부터 역량을 키운 기독교 공동체와 그 속에서 준비된 그리스도인들이 그 폭넓은 일을 해낼 수 있습니다.

공동체 안에서 먼저

/

이제는 좀 더 구체적으로 내부적 역량을 키우는 일에 대해 생각해 봅시다. 무엇보다 먼저 할 일은 앞에서 말씀드렸듯이 공동체 안에서 먼저 선한 일을 해야 합니다. 갈라디아서 6장과 히브리서 10장이 이에 관해 정확히 알려 줍니다.

그러므로 기회가 있는 동안에, 모든 사람에게 선한 일을 합시다. 특히 믿음의 식구들에게는 더욱 그렇게 합시다(갈 6:10).

그리고 서로 마음을 써서 사랑과 선한 일을 하도록 격려합시
다(히 10:24).

신약성경에는 '선한 일'이라는 단어가 수없이 나옵니다. 그중
에서 일부 중요한 구절만 뽑아서 지금 이야기 나누고 있습니다.
그런데 왜 이렇게 성경은 선한 일을 강조할까요? 우리가 받은 구
원이 결코 우리 자신만을 위한 것이 아님을 끊임없이 가르치기
위해서입니다. 그래서 '선한 일'이라는 표현을 반복해서 사용합
니다. 선한 일이라는 단어는 신학적 용어도 아니고 눈에 띄는 화
려한 단어도 아닙니다. 그래서 그리스도인들조차 그냥 지나칠 때
가 많습니다. 하지만 인터넷 성경 검색 창에 '선한 일'을 넣어 보
세요. 수많은 선한 일들이 나올 겁니다.

그중에서 우리가 가장 먼저 해야 일은 무엇일까요? 무슨 선한
일이든지 공동체 내부에서 그 일을 해 보는 게 중요합니다. 물론
우리는 기회가 생길 때마다 선한 일을 해야 합니다. 그런데 성경
은 "믿음의 식구들에게 더욱 그렇게 합시다"라고 가르칩니다. 그
리스도인들이 이기적이라서 그럴까요? 아닙니다. 그리스도인은
공동체 안에서 사랑하는 법을 먼저 배워야 합니다. 한국인들은
사랑하는 법을 배우지 못했습니다. 경쟁하는 법에만 익숙합니다.
싸워서 이기는 법만 배웁니다. 맨 앞줄에 서는 법만 가르칩니다.

그래서 한국인들은 사랑하는 법을 잘 모릅니다. 늘 승패 논리에 사로잡혀 있습니다. 같이 '승승'하는 길이 있는 줄 거의 모릅니다. 모든 관계가 '승패'입니다. 부부도, 부모와 자녀 관계도 승패 관계입니다.

한번은 어떤 기업에서 강의하다가 질문을 받았습니다. 나이 드신 분이었는데, "자녀들이 이제 결혼할 때가 되었는데 저와 갈등이 너무 심합니다. 제 말은 듣지도 않고 분란만 생깁니다. 어떻게 해야 할지 모르겠습니다. 해결할 수 있는 지혜가 있을까요?"라고 물으셨습니다. 이렇게 대답을 드렸습니다. "답이 없습니다. 죄송한데 지금까지 승패 관계로 살아오셨습니다. 부모가 늘 이기고 자식은 늘 졌을 겁니다. 이제 아이들이 힘을 갖기 시작하니 승패가 바뀌기 시작하는 겁니다. 어릴 때부터 부모와 자녀가 함께 사는 법을 배워야 하는데, 한국의 부모들은 그 방법을 잘 모릅니다." 그렇습니다. 우리는 사랑하는 법을 배운 적이 없습니다. 함께 사는 법을 제대로 배운 적이 없습니다. 그 방법을 공동체 안에서 배워야 합니다. 그래서 교회 공동체가 수적으로 빠르게 성장하는 것은 바람직하지 않다고 할 수 있습니다. 자기중심적이고, 사랑할 줄 모르고, 경쟁하는 것만 배운 사람들이 모여서 공동체를 이루려 할 때 그게 쉬울까요? 그러므로 세상에 나가서 무언가를 바꾸려 하지 말고 교회 공동체 안에서 서로 사랑하는 법을 먼저 배워야 합니다. 서로 이해하고 서로 필요를 채우는 방법을 배워야 합니다. 서로 친구가 되어야 합니다. 마음을 같이 하고, 함께 울고,

같이 웃는 법을 배워야 합니다.

예수께서 그리스도인들에게 원하시는 게 바로 그것입니다. 그래서 성경은 끊임없이 "너희가 서로 사랑하면, 모든 사람이 그것으로써 너희가 내 제자인 줄 알게 될 것이다"(요 13:35)라고 말합니다. 이상하지 않으요? 그리스도인들이 뭔가 대단한 일을 해서 예수의 제자로 알려지는 게 아닙니다. 단지 서로 사랑할 때 세상이 알게 됩니다. 사랑은 하나님께 속한 속성이므로 하나님을 무시하는 세상에서 사랑의 공동체를 발견하기는 어렵습니다. 그런데 예수를 따르는 자들은 하나님의 사랑을 입었기에 사랑의 공동체가 되도록 부름을 받은 것입니다. 그래서 무엇보다 하나님의 새로운 공동체 안에서 서로 사랑하는 법을 연습해야 합니다. 상대의 말을 듣는 연습을 해야 합니다. 말하는 법도 배워야 합니다. 공감하는 법도 배워야 합니다. 함께 슬퍼하는 법도 배워야 합니다. 진정으로 함께 기뻐하는 법도 배워야 합니다. 바울 사도 역시 놀랍게도 같은 표현을 했습니다. "기뻐하는 사람들과 함께 기뻐하고, 우는 사람들과 함께 우십시오"(롬 12:15). 말은 쉬워도 누구나 할 수 있는 일이 아닙니다. 그리스도인은 먼저 공동체 안에서 서로 사랑하는 법을 배워야 합니다.

그런데 마음만 있다고 서로 사랑하는 일이 가능할까요? 정말 마음이 있으면 자신이 가진 것들도 함께 움직입니다. 건강하고 살아 있는 교회는 경제적 어려움이나 전염병, 전쟁 같은 위기를 겪을 때, 자기가 가진 것으로 자기보다 더 필요한 가족들을 섬김니다. 2020년에 불어닥친 코로나19로 인해 대다수 교회가 헌금이 줄었다고 염려하는 중에 오히려 헌금이 증가한 교회들도 있습니다. 서로의 사정을 잘 알아서 서로 돕기 위해 헌금하는 교회들입니다. 성장하는 그리스도인들은 당연히 평상시에도 검소하게 살며 자기보다 어려운 성도와 이웃을 섬기지만, 위기의 시기에도 움츠러들거나 우울증에 빠지지 않고 힘들고 지친 형제자매와 이웃들을 섬기며 평소보다 더 바쁘게 지냅니다.

이처럼 사랑은 구체적으로, 실질적으로 할 수 있습니다. 그럴 때라야 정말 서로 사랑한다고 말할 수 있습니다. 우리는 공동체 안에서 말로만이 아니라 우리가 가진 소중한 것들로 서로 사랑하는 법을 배워야 합니다. 교회는 사랑의 훈련장입니다. 사랑을 연습하는 곳이 교회입니다. 사랑을 연습하는 교회 안에서는 속한 이들의 역량도 강화됩니다. 사랑하는 역량이 강해져야 세상에 나가서 다른 이들도 사랑하고, 갈등 구조 안에서 평화도 이뤄 내고, 마침내 세상의 제도와 문화까지도 바꿀 수 있습니다. 세상이 교회를 향해 던지는 "자기들끼리만 천국이야"라는 말이 꼭 틀린 건 아닙니다. 교회가 천국과 유사한 무언가를 경험한 다음에야 세상에 나가서도 전할 수 있기 때문입니다. 문제는 자기들만 누리는 데서 멈추는 것이고 더 큰 문제는 교회 안에서조차 예수께서 가르치신 사랑의 삶을 추구하지 않는 것입니다. 그리스도를 주님으로 모시는 공동체로서 천국을 경험하는 일은 오히려 꼭 필요합니다.

세상의 필요에 함께 응답하며

/

선한 일을 추구하는 사람이 그다음 해야 할 일은 세상의 필요에 응답하는 사람이 되어 주변 사람들에게 선한 일을 시도하는 것입니다. 당신의 직장이나 학교에서 시작해 보면 어떨까요? 당신이 시간을 많이 보내는 곳의 동료나 상사 또는 후배를 떠올려 보세요. 당신은 그들을 누구라고 생각하세요? 대개 동료는 경쟁자, 윗사람은 갑, 아랫사람은 을입니다. 자신이 선한 일을 위해 부름받은 존재임을 안 그리스도인은 그들을 경쟁자나 갑이나 을이 아니라, 선한 일의 대상으로 여길 수 있습니다. '내가 매일 만나는 사람이 선한 일을 할 대상이라니, 어휴 끔찍해'라는 생각이 절로 드시나요? 당신의 동료나 선배나 후배를 위해 기도를 시작해 보십시오. 자신이 할 수 있는 선한 일이 무엇인지, 아주 작은 일부터 찾아보십시오. 하나님께서 기뻐하십니다. 왜냐하면 그 일을 위해 하나님께서 당신을 친히 구해 내셨기 때문입니다. 혹시 육아에 지친 전업주부가 이웃이라면 그를 위해 무언가 할 수 있지 않을까요? 우리가 가까이에서 할 만한 선한 일은 쌓이고 쌓여 있습니다.

하루를 마칠 때 이런 시간을 가끔 갖는 것도 좋습니다. '나는 오늘 선한 일을 했나? 내 이웃과 주변 사람을 위해 선한 일을 했나?' 약간 촌스럽지만 '하루에 한 건은 하자'라고 다짐해 봐도 좋습니다. 선한 일을 하는 것이 생활 방식이 되고 인격이 되기 전까지는 촌스러워도 의지적으로 실천할 필요도 있습니다. 저는 하루를 마감하려고 누웠을 때, 그날 만났던 사람과 했던 일을 처음부터 하나씩 떠올리는 습관이 있습니다. 그때 선한 일을 시도했는지 돌아보고, 관련한 사람과 일을 위해 기도를 드립니다. 그러다가 잠이 드는 날이 많습니다. 그러면 또 다른 선한 일을 기대하며 아침에 일어나게 됩니다.

시야를 좀 더 넓혀서 우리 사회와 지구촌은 어떤가요? 도시 빈민을 어떻게 도와야 할까요? 홀로 생활하시는 독거노인부터 고립된 1인 가구, 소년소녀 가장까지, 그들의 삶은 어떻게 해야 나아질까요? 이러면 조금 복잡해지기 시작합니다. 하지만 저는 도시 빈민이나 불우한 이웃의 팍팍한 삶을 고민하며 작더라도 선한 일을 시도하는 이들이 그리스도인들 가운데 적지 않다고 믿습니다. 여러 비극적 사고가 우리 사회에는 끊이지 않습니다. 하지만 쉬이 잊히기도 합니다. 여전히 고통 가운데 있으나 시야에서 사라진 이웃들을 어떻게 보살펴야 할까요? 그들을 위한 선한 일은 무엇일까요? 그리스도인이라면 생각해 봐야 합니다. 베드로전서에는 다음 같은 구절이 나옵니다.

> 그러므로 여러분이 열심으로 선한 일을 하면, 누가 여러분을 해치겠습니까?(벧전 3:13)

이 편지를 쓸 때의 상황은 그리스도인들이 아주 몹쓸 사람들이라는 오해를 받을 때였습니다. 성찬식 때문에 인육을 먹는다는 소문마저 퍼져 있었습니다. 모여서 예수의 살과 피를 기념하는 예배를 드리고 성찬에 참여해서 오해를 받았습니다. 그리고 노예를 형제처럼 대하고 풀어 주자, 사회의 근간을 흔드는 집단이라는 부정적 평판마저 따라붙었습니다. 남편이 아내를 인격적으로 존중하자, 아내를 재산 목록처럼 여기던 세상의 웃음거리가 되기도 했습니다. 그렇지만 "세상 속에서 선한 일을 하면 누가 여러분을 해치겠습니까?"라고 베드로 사도는 되묻습니다. 세상의 필요를 찾아 그에 응답하는 일을 할 때 세상은 그리스도인들이 누군지 비로소 알게 됩니다.

선한 일을 하면 반드시 따라오는 것들

/

그런데 실제로 이렇게 살기란 절대 쉽지 않습니다. 세상의 아픔과 필요를 이야기하면 교회에서 그런 이야기는 하지 말라는 사람도 있습니다. 교회는 세상의 복잡한 이야기를 들으러 오는 곳이 아니라, 마음의 위로를 받는 곳이라고 생각합니다. 자신의 필요를 채우러 왔는데 어렵게 사는 사람들의, 해결해 줄 수도 없는 이야기를 교회에 와서까지 왜 들어야 하냐고 묻습니다. 더 나아가서 사회주의자나 공산주의자가 아니냐고 의심스러운 눈초리로 대하는 사람도 있습니다. 선한 일을 한다고 해서 늘 좋은 반응이 돌아오지는 않는다는 사실을 기억해야 합니다. 하나님 뜻을 따라 이웃을 섬기려 하면 반드시 누군가와의 갈등이 불거진다는 사실을 잊지 말아야 합니다. 앞서 "누가 여러분을 해치겠습니까?"라고 한 베드로 사도가 이어서 다음 같은 이야기를 남깁니다.

> 그러므로 하나님의 뜻을 따라 고난을 받는 사람은, 선한 일을 하면서 자기의 영혼을 신실하신 조물주께 맡기십시오(벧전 4:19).

선한 일을 할 때는 반드시 하나님의 뜻을 따르게 되며, 늘 그렇지는 않으나 많은 경우에는 갈등과 오해와 불이익과 고난을 받게 됩니다. 그런데도 하나님께 우리 영혼을 맡기고 선한 일을 하며 살아가라고 합니다. 어떻게 그 일이 가능할까요? 갈라디아서 6장에서는 이렇게 이야기합니다.

> 선한 일을 하다가, 낙심하지 맙시다. 지쳐서 넘어지지 아니하면, 때가 이를 때에 거두게 될 것입니다(갈 6:9).

선한 일을 한다고 해서 순진하게 착한 일을 한다는 게 아닙니다. 고통을 겪고 손해를 입을 수 있습니다. 윌리엄 윌버포스도 노예 해방을 실현하기까지 여러 번 살해 위협을 받았습니다. 선한 일을 할 때는 발생할 피해를 당연하게 여기고, 낙심할 상황을 예상하여 그럴 때마다 낙심하지 않도록 단단히 마음을 먹어야 합니다. 하나님께서 때가 이르면 선한 일의 열매를 거두게 하실 것입니다. 때로는 짧은 시간에 열매를 보기도 하지만, 어떨 때는 자신의 당대에 모든 것을 다 이루려는 욕심을 내려놓아야 합니다. 그저 낙심하지 않고 선한 일을 시도하는 것입니다. 이를 바울 사도는 고린도후서에서 다음과 같이 이야기합니다.

우리는 모두 그리스도의 심판대 앞에 나타나야 합니다. 그리하여 각 사람은 선한 일이든지 악한 일이든지, 몸으로 행한 모든 일에 따라, 마땅한 보응을 받아야 합니다(고후 5:10).

기독교의 마지막 메시지는 이것입니다. 인간은 누구나 인생을 다 산 다음에 하나님 앞에 서게 됩니다. 하나님은 자신 앞에 선 사람이 선한 일을 하고 살았는지, 악한 일을 하고 살았는지를 평가하십니다. 악한 일은 무엇일까요? 자기중심적으로 살아가는 것입니다. 자기중심적으로 살아도 남에게 별 피해 안 주며 살 수 있다고요? 한 사회의 일원으로 남에게 피해를 안 주는 인생은 있을 수 없습니다. 우리는 이런저런 모양으로 다 연결돼 있습니다. 그 안에서 단지 악한 일을 하지 않았다며 하나님의 평가를 피할 수는 없습니다. 우리는 선한 일을 추구하며 살 것인지, 악한 일을 추구하며 살 것인지를 결정해야 합니다. 그 모두를 모아서 회계장부 정리하듯이 하나님 앞에서 정산하는 날이 올 것입니다.

그 교회 이사 가면 어떡해?

/

예수를 믿고 따른다는 것은 자기만을 위해 살던 인생이 하나님 중심의 삶으로 바뀌는 것입니다. 그런데도 자신의 욕망을 추구하도록 부추기는 교회가 오늘날 한국 사회에서는 드물지 않습니다. 이런 교회에 물들어 자기중심적 탐욕을 그대로 드러내는 목회자와 성도가 있고, 이런 모습을 보고 적지 않은 사람이 걸려 넘어져 교회를 떠나기도 합니다. 그래서 교회의 평판은 안팎으로 전에 없이 추락하고 있습니다. 하지만 성경은 전혀 다른 이야기를 들려줍니다. 오히려 정반대 이야기를 합니다. 하나님께서 인간을 구원하신 이유는 자기 욕망의 실현이 아니라 선한 일을 하게 하기 위해서였습니다. 개인 차원에서, 공동체 안에서, 세상 속에서, 제도와 문화를 바꾸는 일까지, 그리스도인이 해야 할 선한 일은 너무나 많습니다. 이런 일은 절대 쉽지 않습니다. 하다가 낙심하기 십상입니다. 고난도 찾아옵니다. 하지만 부질없어 보이는 일을 계속할 수 있는 이유는 작은 수고들이 모여 결국에는 열매가 맺히며, 마지막에는 하나님 앞에서 정산될 것이기 때문입니다.

자기들끼리만 천국인 교회, 교회 밖의 다른 사람은 돌아보지 않는 교회는 뭔가 크게 잘못된 교회입니다. 성경은 전혀 다른 교회를 이야기합니다. 불행하게도 인간의 이기심에 기초한 종교 행위, 기독교 신앙에 대한 오해, 일반 사회에 대한 무지 등으로 교회가 일종의 이익집단이 되었다 할지라도, 오히려 그 가운데서 성경이 가르치는 교회를 일궈 내는 사람들이 있다면 어떨까요? 세상은 그들에게 어떤 반응을 보일까요?

직장에서 어떤 그리스도인이 퇴사할 때, 동료나 상사나 후배가 "당신이 나가면 어떡해? 우리는 어떡하라고"라는 소리를 듣는다면 얼마나 자랑스러운 일일까요? 교회가 다른 곳으로 이사 가야 할 때, 주변 이웃들이 "교회 이전 결사반대"라는 현수막을 내걸고 시위를 한다면요. 그 교회가 있어서 동네에 좋은 일이 많았고 도움도 받았는데, 하루아침에 교회가 사라진다는 소식에 너무 놀라서 "그 교회 없으면 어떡해?"라는 말을 한다면요. 이런 꿈을 꿀 수 있을까요? 진짜 기독교는 바로 이런 교회를 이야기합니다. 그리스도인들이 꿈꾸며 바라는 교회는, 세상을 위해 끊임없이 선한 일을 하는, 질투하듯이 선한 일을 뺏기지 않으려 움켜쥐는, 하나님나라 백성의 공동체입니다.

[비상식적인 이익집단에서 / 선한 영향력으로]

1. 교회가 이익집단으로 비치고, 그리스도인이 이기적으로 보이는 경우를 이야기해 봅시다.

2. '교회가 이 지경이 될 수밖에 없었던 이유'에 동의하시나요? 왜 그렇게 생각하게 되었나요?

3. 개인과 공동체를 향한 구원의 목적에 대해 새로 깨달은 바가 있나요?

4. 어떻게 하면 당신이 속한 공동체 속에서 '선한 일'을 할 수 있을까요?

5. "선한 일을 하면 칭찬이 아니라 핍박이 따라올 수도 있다"라는 말에 동의하시나요? 그런 일을 경험하거나 가까이에서 본 적이 있나요?

6. 세상과 이웃을 위해 당신과 당신이 속한 공동체가 할 수 있는 '선한 일'은 무엇이며, 어떻게 그 일을 할 수 있을까요?

7. 이웃들이 나서서 이전을 반대하고 동네에 남아 주기를 요구하는 교회가 되기 위해 우리가 할 수 있는 것은 무엇일까요?

교회가 세상보다
더 깜깜하다

"어느 날 밤 아버지가 제게 조심스럽게 운을 떼셨습니다. '우리 담임 목사님이 재정을 전횡하시는 게 드러났는데 이를 어쩌면 좋겠니?' 목회자인 저도 조심스럽게 '당회에서 문제를 제기하셔야 하지 않을까요?'라고 대답했습니다. 고민에 고민을 거듭하시던 아버지는 결국 당회에서 재정의 투명성을 요구하셨습니다. 재정 보고가 다시 이루어졌지만 여러 부분이 투명하지 않아서 내부 감사를 하자고 제안하셨고, 이로 인해 당회는 둘로 나누어졌습니다. 주님의 종인 담임 목사님을 믿어야지 어떻게 세상에서나 하는 감사를 교회에서 하냐는 담임목사 옹호파와 이번 기회에 교회 재정을 투명하게 관리해야 한다는 개혁파로 쪼개졌습니다. 결국 이 문제는 당회에서 해결되지 않았습니다. 예배 때는 주님의 종을 대적했던 자들에게 임했던 저주에 관한 설교가 이어지고, 교회에서 덕을 세워야지 인간의 합리성과 지식으로 행하면 교만해진다는 말씀이 반복되곤 했습니다. 결국 당회의 갈등은 온 교회에 소문으로 퍼졌고, 서로를 비난하는 분위기가 생기면서 제직회에서 몇 번 고함이 오고 갔습니다.

그렇게 몇 해를 보내신 아버지는 제게 수척해진 얼굴로 물으셨습니다. '장로인 내가 교회의 문제를 바로잡기는커녕, 오히려 교회를 혼란스럽게 하고 분열시키는 것 같아 안타깝구나. 세상보다 훨씬 투명해야 할 교회가 내가 매일 부딪히고 고민하는 세속 사회보다 나을 게 없는데, 이 교회에서 장로로 계속 남아 있어야 할지 고민이다.' 그 이후로도 아버님은 오랫동안 숙면을 하지 못하셨고, 새벽이면 일어나 드리던 기도 시간은 기쁨 대신 한숨과 답답함, 무기력으로 채워졌습니다. 얼마 후 미국 유학 중이던 제게 아버지가 편지를 보내셨습니다. '더 이상 교회에 남는 것은 아무 유익이 없는 것 같다. 나에게도, 성도들에게도, 목사님에게도 도움이 되지 않을뿐더러, 모두가 더 나빠지기만 한다. 나는 평생 섬긴 교회를 네 어머니와 함께 떠나기로 결단했다. 기도해다오.' 이렇게 부모님은 할아버지 할머니 때부터 섬기던 교회를 떠나셨습니다."

인간은 불투명을 선호한다

/

투명성 문제는 개인의 부의 대물림부터 기업과 산업 단위의 부정에 이르기까지 우리 사회에 아주 광범위하게 펴져 있습니다. 인류가 역사를 기록하기 시작한 때부터 지금까지 투명성 문제는 해결되지 않고 있습니다. 어떤 사회든 투명성을 제대로 확보하고 운용해 본 적이 거의 없습니다. 늘 어느 부분은 불투명했습니다. 인간은 누구나 투명한 사회를 원합니다. 공정하기를 바라고 모든 것이 정정당당하게 돌아가기를 소망합니다. 그런데도 왜 인류 문명은 투명성을 확보하지 못하는 걸까요?

원인을 찾는 것이 그렇게 어려운 문제는 아닙니다. 간단히 말해 개인과 집단의 이기주의 때문입니다. 한번 생각해 볼까요? 당신이 아파트에 사는데, 1층에 노인요양원이 들어온다고 하면 어떻게 하시겠습니까? 2000년 중후반부터 정부는 노령화 사회에 대응하기 위해 가정형 요양원을 지원하기 시작했습니다. 민간업자가 주택가에 시설을 만들면 정부가 노인 장기요양 보험료를 지급해 주는 방식입니다. 노인요양원을 멀리 떨어진 곳에 짓지 않고 자녀들 근처에 가정집을 마련해서 나이 든 부모를 머물게 한다는 장점 때문에 선진국형 노인 시설로 호응이 컸습니다. 그런데 뜻밖에도 사회적 갈등이 많이 발생했습니다. 결국 이 정책은 주민 반대로 지지부진해지다가 실패했습니다. 당신은 어떠세요? 가족이 단란하게 사는 아파트 1층에 노인요양원이 생겨서 노인들 대여섯 분이 집단 거주한다는 소식이 들려옵니다. 고민되지 않으세요? 집값이 떨어진다며 실제로 많은 아파트 주민들이 반대했습니다. 그 노인이 우리 부모면 몰라도 남이라면? 아파트 1층에 있던 한 노인요양원 앞에 이렇게 써 붙이기도 했답니다. "당신은 이웃이 싫다는 데도 부모님을 여기에 꼭 모시고 싶은가?" 그곳에 부모를 모신 자녀들 마음이 어땠을까요? 하지만 주민들의 반대는 완강했습니다. 한 방송국 기자가 "노인 인구가 점점 늘어나는데 이런 시설이 주민 삶 속에 들어와야 편하지 않을까요?"라고 질문하자 다음처럼 답했습니다. "그러면 화장터 멀리 갈 거 뭐가 있어? 가까이 동마다 한 개씩 간단하게 소각 시설 만들어 놓으면 되지. 돼지고기 먹지? 동네에 움막 짓고 돼지 키워서 잡아먹으면 되지." 노인 요양시설을 혐오시설로 못을 박고 다소 엉뚱한 논리를 내세웠습니다. 집값 하락이 작은 문제는 아닙니다. 한 블로거는 이 기사를 소개하면서 이렇게 덧붙였습니다. "주민을 이해할 측면도 있습니다. 왜냐하면 대출이자 갚아 가며 마련한 아파트가 노인 요양시설 입주로 하루아침에 몇천만 원, 몇억 원이 떨어진다면 주인 입장에선 억울하고 속 터질 일이지요. 경우에 따라선 하우스 푸어가 될 수도 있는 거죠. 반대로 말하자면 저런 시설 하나 입주한다고 해서 집값이 떨어지는 한국 사회 자체가 심각한 문제를 가지고 있다고 생각합니다." 서로의 이해가 상충하는 겁니다. 이 같은 일들이 한국 사회에서는 끊임없이 일어납니다. 우리 사회 곳곳에서 볼 수 있는 일입니다.

우리는 모두 다 자기 이익에 관심이 있습니다. 그래서 한국 사회에는 갈등이 만연합니다. 자기 이익을 확보하기 위해 결전을 불사합니다. 힘을 키우려 이익이 같은 사람끼리 모입니다. 집단 이기주의의 탄생입니다. 한국인의 갈등 지수는 굉장히 높습니다. 한 사회학자의 보고서에 따르면 한국 사회에 갈등이 심각하다고 보는 사람이 91.9%로 나타났습니다. 갈등의 영역은 다양했습니다. 계층 갈등, 지역 갈등, 노사 갈등, 이념 갈등, 세대 갈등 등 수많은 곳에서 갈등이 일어나고 있었습니다. 그런데 갈등의 이유는 의외로 간단했습니다. 개인과 집단의 이기주의. 인간은 매우 이기적입니다. 개인으로, 또는 이익이 맞는 사람들이 결탁해서 갈등을 일으킵니다.

인간은 자기 이익에 관심이 많고 어떻게서든 더 많이 확보하려고 합니다. 이를 위해 정당하지 않은 방법을 써야 할 때는 그 과정을 불투명하게 만들려는 유혹에 빠집니다. 불투명할수록 더 많이 조작할 수 있고, 자기가 원하는 것을 더 많이 얻어 낼 수 있으므로, 불투명을 선호할 수밖에 없습니다. 이 때문에 사회는 불투명해집니다. 투명하게 한다는 것은 공정하게 나눈다는 것인데, 그렇게 하면 더 가질 수 있는 것을 포기해야 하고, 때로는 자기가 가질 수 있는 것들을 내놓아야 합니다. 더 가질 수 있는 권리를 포기하면서까지 투명성을 추구하거나 공정성에 목매는 사람은 흔치 않습니다. 반대로 자기 이익과 권리를 보호하기 위해 유사한 이해관계를 가진 이들과 연합해 집단을 형성하고, 함께 실력을 행사하여 이익의 분배 과정을 불투명하게 만듭니다. 한 사회학자는 이렇게 표현했습니다. "압축적 근대화를 겪으면서 전통적 연고주의와 온정주의는 유지하되 보편적 시민 의식을 내재화하지는 못했다." 압축적 근대화란 다른 나라가 몇백 년에 걸쳐 이뤄낸 근대화를 한국이 30-40년 만에 이루어 낸 데서 만들어진 말입니다. 근대화는 급속도로 이루어졌으나 함께 사는 시민 의식을 갖추지 못했고, 이런 상태에서 전통적 연고주의와 온정주의, 다시 말해 우리끼리 잘 살고, 우리 집과 가문이 잘 되면 된다는 생각은 계속 끌어안고 있다고 그 사회학자는 일침을 가했습니다. 그래서 한국 사회에서는 다른 사회에 비해 집단 이기주의가 더 강하게 나타나고 수많은 갈등이 표출하는지도 모릅니다. 그렇다면 개인적이고 때로 집단적으로 표출되는 이기주의의 뿌리는 어디서부터 시작된 것일까요?

이기주의의 뿌리

/

성경은 그 원인을 인간의 본성에서 찾습니다. 인간의 자기중심성이라고 할 수 있습니다. 바울 사도는 로마서에서 인간의 자기중심성 문제를 거의 두 장에 걸쳐 논의한 다음에, 결론적으로 다음처럼 이야기합니다. 구약성경에서 인간의 자기중심성 문제를 언급하는 구절을 모아놓은 부분입니다.

10성경에 이렇게 기록되어 있습니다. "의인은 없다. 한 사람도 없다. 11깨닫는 사람도 없고, 하나님을 찾는 사람도 없다. 12모두가 곁길로 빠져서, 쓸모가 없게 되었다. 선한 일을 하는 사람은 없다. 한 사람도 없다." 13"그들의 목구멍은 열린 무덤이다. 혀는 사람을 속인다." "입술에는 독사의 독이 있다." 14"입에는 저주와 독설이 가득 찼다." 15"발은 피를 흘리는 일에 빠르며, 16그들이 가는 길에는 파멸과 비참함이 있다. 17그들은 평화의 길을 알지 못한다." 18"그들의 눈에는 하나님을 두려워하는 빛이 없다"(롬 3:10-18).

바울 사도가 열거한 인간의 자기중심성 문제를 신학적으로는 죄성이라고 합니다. 인간의 죄성에 관한 부정적 평가들을 순서 없이 나열한 듯 보입니다. 번역 과정을 거치면서 어쩔 수 없이 다소 흐트러지기는 했으나 잘 뜯어보면 문장 구조가 정교하게 짜여 있습니다. 일단 주제는 "의인은 없다, 한 사람도 없다"입니다. 그러고서 바울은 A-B-C-B′-A′의 구조로 구약성경에 언급된 죄성과 관련된 구절들을 배치합니다. 다음과 같이 펼쳐 볼 수 있습니다.

10성경에 이렇게 기록되어 있습니다. "의인은 없다. 한 사람도 없다.

A 11깨닫는 사람도 없고, 하나님을 찾는 사람도 없다.

B ¹²모두가 곁길로 빠져서, 쓸모가 없게 되었다. 선한 일을 하는 사람은 없다. 한 사람도 없다.”

　　C ¹³“그들의 목구멍은 열린 무덤이다. 혀는 사람을 속인다.” “입술에는 독사의 독이 있다.” ¹⁴“입에는 저주와 독설이 가득 찼다.”

　B′ ¹⁵“발은 피를 흘리는 일에 빠르며, ¹⁶그들이 가는 길에는 파멸과 비참함이 있다. ¹⁷그들은 평화의 길을 알지 못한다.”

A′ ¹⁸“그들의 눈에는 하나님을 두려워하는 빛이 없다.”

　주제 문장인 10절에 등장하는 ‘의인’은 하나님을 자기 인생과 세계의 중심에 놓고 사는 사람입니다. 이러한 의인은 하나도 없다고 선언합니다. 성경이 이야기하는 죄인은 도덕적으로 결함이 있는 사람이기보다는 더 본질적 결함이 있는 사람으로, 하나님 대신 자신을 중심에 놓고 사는 사람입니다. 곧 자기중심적 인간입니다. 그러므로 성경이 모든 사람을 죄인이라고 하는 것은, 모든 사람이 다 자기중심적이며, 다 자신을 주인이자 왕으로 생각하며, 다 자기 이익을 위해 산다는 말입니다. 이것이 인간에 대한 성경의 대전제입니다. 이를 설명하기 위해 바울은 구약의 여러 성경 구절을 인용하는데, 맨 바깥을 싸고 있는 구절들(A, A′)입니다. 햄버거로 이야기하면 빵에 해당합니다. 그들은 하나님을 모르고, 하나님을 두려워하지 않고, 하나님을 찾지 않습니다. 한 겹 안으로 들어가면 그런 사람들의 행동(B. B′)이 나옵니다. 그들 중에 선한 일을 하는 사람은 하나도 없으며, 모두 곁길로 빠져서 딴 데로 가며, 발은 피를 흘리는 데 빠르며, 다른 사람에게 손해를 끼치며, 결국에는 파멸과 비참함만을 남깁니다. 그들이 지나간 곳을 보니 다 망가지고 무너지고 깨졌더라는 이야기입니다. 마지막으로 한가운데 부분(C)에서는 그들이 말로 악한 일을 한다고 적습니다. 그들은 혀로 사람을 속이고, 입에는 독이 있어 저주와 독설을 쏟아내고, 그 목구멍은 흡사 열린 무덤 같습니다.

문학적으로 상당히 인상적인 구조입니다. 인간이 자기중심성에 함몰되어 있을 때 어떤 일이 일어나는지를 잘 보여 줍니다. 먼저, 말로 사람을 죽이고 피해를 줍니다. 독을 내뿜듯이 말하는 사람들이 실제로 있습니다. 상대를 무시하고 깔보고 기분 상하게 만듭니다. 주변 사람들은 그 말에 다치고 쓰러집니다(C). 그다음은 행동입니다. 선한 일을 하지 않고, 화평하는 법을 모르며, 자기 이익만을 추구합니다. 주변을 다 무너뜨리고 부서뜨립니다(B, B′). 맨 바깥이 제일 중요합니다. 죽이고 파괴하는 말과 행동의 원인이 여기서 비롯하기 때문입니다. 그 원인은 하나님을 찾는 사람이 없기 때문이며, 사람들 눈에 하나님을 두려워하는 빛이 없기 때문입니다(A, A′). 모호하게나마 신의 개념이 있고, "그래도 하늘이 보고 있는데 이렇게까지 하면 안 되지"라고 생각하는 사람은 타인에게 함부로 해를 끼치지 못합니다. 뭔가 두려운 존재가 있다고 막연하게나마 의식하면 그래도 조심하게 됩니다. 하지만 그

위조된 각인

런 생각조차 없는 사람은 말로 다른 사람을 죽이고, 자기 이익을 위해 다른 사람을 무너뜨리는 행동을 서슴지 않습니다. 인간은 자신의 언행과 마음까지 다 알고 있는 어떤 존재를 인식하지 않는 한, 자기 이익을 위해 뭐든지 할 수 있는 존재입니다.

인간의 이런 특성에 선뜻 동의하기 어려운 분도 계실 겁니다. "왜 이러세요. 전 누구를 해코지하거나 그런 적 없는 평범한 시민입니다. 솔직히 저 같은 사람만 있으면 우리 사회에 큰 문제는 없을 거예요"라고 말씀하시는 분도 있습니다. 사실 인간은 삶의 여건이 괜찮고 마음에 여유가 있을 때는 보통 착합니다. 그러나 여건이 나빠지고 여유가 사라질 때, 무시당하거나 더 나아가 자신의 권리를 빼앗길 때, 우리는 가만있지 못합니다. 자기를 지키기 위해서라면 다른 사람의 이해관계는 중요하지 않습니다. 여기서 더 나아가 좀 더 많이 가지고 싶을 때, 자기가 가질 수 없는 것을 가지려 할 때 다른 얼굴이 나옵니다. 인간은 자신을 진실하게 성찰할 수 있는 존재입니다. 자기성찰을 깊이 하면 할수록 '나는 상태가 꽤 좋을 때만 착하고 의롭구나' 하고 인정하게 됩니다. 상황이 나빠지고 궁지에 몰릴 때면, 살기 위해 비겁하고 때로 비정하고 잔인한 짓도 서슴지 않는 자신에 고개를 숙이게 됩니다. 이 같은 인간의 특성을 비종교적 언어로는 자기중심성, 신학적으로는 죄성이라고 합니다. 인간은 누구나 그것을 가지고 있습니다.

최소 필요조건, 법과 제도의 개선

/

그래서 건강한 사회를 이루려면, 인간의 야수적 이기주의를 막고 극복할 수 있는 법과 제도가 필요합니다. 그마저 없다면 그야말로 무정부 상태로 치닫고, 정글보다 못한 세상이 될지 모릅니다. 권력과 부, 그리고 요즘 들어 무척 중요해진 정보를 소수가 독점하지 못하도록 제어하고 관리하는 법과 제도가 필요합니다. 물론 법과 제도를 아무리 정교하게 만들어도 이를 무력화하는 전문가들이 등장합니다. 많은 교육을 받고 사회 지도층에 있는 법률가, 교수, 과학자들이 오히려 이러한 법과 제도를 무력화하는 일에 앞장서기도 합니다. 그럴수록 법과 제도가 발전하는 기회가 되기도 합니다만, 한국의 법과 제도에는 여전히 부족한 점이 있습니다. 개인이나 기관이 잘 할 수 있도록 도와주기보다는 제어하고 통제하는 쪽으로 법과 제도가 곧잘 작동합니다. 제도의 적실성, 실행 가능성, 강제성 등에 관해 아직은 아쉬운 모습이 눈에 많이 띕니다. 또한 법과 제도가 중요하나 모든 해결책이 되지는 못합니다.

한국 사회의 문제는 너무나 빨리 발전해 온 탓에 법과 제도의 내용을 제대로 구비하지 못하고 형식만 갖춘 채 오늘날에 이른 데 있습니다. 그래서 부실한 부분이 한두 군데가 아닙니다. 일례로 '부패지수'를 살펴봅시다. 정확하게는 '부패인식지수Corruption Perception Index, CPI'입니다. 공무원이나 정치인 같은 공권력이 부패했다고 느끼는 정도를 수치화해서 보여 주는 지표입니다. 지수가 높을수록 청렴하다고, 낮을수록 부패가 심하다고 느끼는 것입니다. 2011년까지는 10점이 최고점이었다가 2012년부터는 100점으로 기준이 바뀌었습니다. 지수가 가장 높은 나라는 뉴질랜드로 2018년과 2019년에 87점이었습니다. 아시아 국가 중에는 싱가포르가 두 해 모두 85점을 기록해 가장 앞섰습니다. 한국은 57점과 59점이었고, 180개 나라 중에 45위와 39위였습니다. 2010년과 2011년에 5.4점이었고, 2012년부터 50점대 중반에 머물렀습니다. 그러다가 2020년에 이르러서야 처음으로 60점대를 넘어서 61점을 기록했고, 전세계 33위로 역대 최고 순위를 기록합니다. 20-39점이 매우 부패, 40-59점이 상당히 부패, 60-79점이 상당히 청렴이니, 61점은 상당히 부패에서 상당히 청렴으로 넘어가는 길목에 있다고 해석할 수 있는 수치입니다. 그러나 국가 경제 규모나 교육 수준 등 다른 위상에 비해 턱없이 부족한 것은 분명합니다. 한국 사회의 투명성은 여전히 가야 할 길이 멀고 험합니다. 이를 위해 개선하고 바꾸어야 할 법과 제도 역시 산적합니다.

한국 교회가 불투명한 이유

/

한국 사회의 '충실한' 일원

한국 사회에 관한 이야기를 이렇게 장황하게 하는 이유는 불행하게도 한국 교회가 한국 사회의 충실한 일원이기 때문입니다. 한국 교회는 한국 사회의 고질적 문제들을 그대로 반영하고 있습니다. 오히려 한국 사회는 부족하나마 투명성을 확보하려고 노력하는데, 한국 교회는 자신에게 투명성 문제가 있다는 것조차 제대로 감지하지 못하는 듯해서 두렵기까지 합니다. 정말 안타까운 사실은 원래 교회는 어둠 가운데서 불러내어져서 하나님의 사랑하는 아들의 나라로 옮겨진 사람들이라는 점입니다(골 1:14). 어둠이 무엇인가요? 너무 불투명해서 아무것도 보이지 않는 상태입니다. 하나님이 없는 세상은 불투명할 수밖에 없습니다. 투명하면 할수록 자신의 비리가 드러나므로 덮거나 감출 수밖에 없습니다. 그래서 세상은 불투명과 어둠에 암묵적으로 동의하고, 때로는 적극적으로 추구합니다. 그리스도인들도 그 어둠 가운데서 살았습니다. 그런 사람들을 하나님께서 불러내어 자신의 사랑하는 아들의 나라로 옮기셨습니다. 그리스도인이야말로 불투명하고 깜깜한 세상을 떠난 사람들입니다. 그런데 그들이 "한국 사회가 불투명하고 후진적이라서 한국 교회도 그럴 수밖에 없어요"라고 말하는 것은 부끄럽기 그지없는 일입니다. 그리스도인은 어두운 세상을 떠나 빛 가운데 거해야 합니다. 하지만 한국 교회가 한국 사회에서 부정적 영향을 받고 있다는 사실을 부인할 수는 없습니다. 교회가 사회에 영향을 주어야 하지만, 실제로는 거꾸로 영향을 받고 있습니다. 이것이 오늘날 한국 교회가 처한 상황입니다.

소통 불능 종교적 권위주의

한국 교회가 불투명한 둘째 이유는 잘못된 종교적 권위주의 때문입니다. 한국의 기독교는 전해진 초기부터 유교와 샤머니즘의 영향을 많이 받았습니다. 그 결과, 일종의 혼합이 이루어집니다. 잘 아시다시피 유교는 수직적 권위주의 체계가 강한 종교입니다. 기독교에 원래 있던 건강한 권위 개념은 유교의 가부장적 권위와 뒤섞이면서 상당 부분 퇴색합니다. 그리고 샤머니즘의 영향을 받아서 교회 성직자들이 샤먼처럼 변했습니다. 샤머니즘은 샤먼이라는 존재가 신과 인간을 매개한다고 믿습니다. 그 영향으로 기독교의 성직자도 신과 인간을 매개하는 중간자로 여기기 시작합니다. 교회 성도 중에는 목회자인 저를 지나치게 거룩하게 대하는 분도 계십니다. 제가 하나님을 닮으려 노력하고 그래서 그분의 거룩함이 조금이라도 묻어나서 존경을 받는 것은 자랑스럽고 감사한 일입니다. 그러나 그 때문이 아니라 제가 목사라서 '주의 종'이라서, 목사님이 기도하면 더 빨리 더 많이 응답되고 복을 빌어 주면 복을 받을 테니까 존경하고 따르는 건 잘못돼도 크게 잘못된 일입니다. 목사이든 그 누구이든 하나님을 더 사랑하고 하나님께 자신의 인생을 더 많이 드리고 하나님의 뜻을 더 깊이 따르므로 특별한 일이 일어나는 것이지, 단지 목사라서 그런 일이 일어나는 것은 아닙니다. 만약 당신이 기독교의 성직자를 그런 식으로 생각하고 있다면 그를 샤먼으로 여긴다는 증거입니다. 이처럼 한국 교회에는 유교의 가부장적 권위 체계와 샤머니즘에서 비롯한 신과 인간 사이의 중계자 개념이 이미 들어와 있습니다. 앞서 한국 사회의 불투명성을 교회가 받아들였다고 했는데, 한국 문화의 이러한 여러 특징도 교회에서 발견됩니다.

잘못된 권위주의가 교회에 들어오면 토론과 논의가 사라집니다. 한국 사회에서는 안 그래도 토론과 논의가 희귀한데, 여기에 종교적 권위까지 더해지면서 목사에게 순종하고 교회에 순종하는 것이 곧 하나님께 순종하는 것으로 탈바꿈합니다. 질문할 필요도 없고, '위'에서 다 알아서 하시게 됩니다. 이런 경향과 태도가 교회에 가득 차게 됩니다. 그 결과, 한국 교회에는 상명하달의 소통만 남고, 아래에서 위로 올라가는 소통은 사라집니다. 물론 교회에는 건강한 권위 구조가 있어야 합니다. 모든 구성원이 동일하게 수평적이지는 않습니다. 영적 성숙도에 따라 영적 아이가 있고, 영적 청년이 있고, 영적 부모가 있습니다. 헌신도에 따라 중심 그룹과 손님에 가까운 사람도 있을 수 있습니다. 그러므로 건강한 공동체를 위해서는 건강한 권위 구조가 있는 것이 마땅하고 당연합니다. 그런데 문제는 건강하지 않은, 일방적 권위 구조입니다. 많은 교회에서는 지시가 위에서 아래로만 내려옵니다. 어떨 때는 군사 조직보다 더 놀라울 정도로 일사불란하게 움직입니다. 효율적일지는 몰라도 건강하다고 볼 수는 없습니다. 어떤 상황에서는 수평적으로 토론이 일어나야 하고, 어떤 상황에서는 주변부에서 중심부로 소통이 일어나야 하고, 어떤 상황에서는 리더들이 결정한 내용이 필요한 구성원들에게 잘 전달돼야 합니다. 이러한 상호작용이 다층적으로 일어나야 건강하다고 말할 수 있습니다. 그런데 잘못된 권위주의 때문에 일방적 소통, 왜곡된 소통, 강요된 소통이 만연하고, 그로 인해 한국 교회의 불투명성은 더욱 심해집니다.

종교 권력화와 승리주의

그런데 한국 교회가 불투명한 데에는 이보다 더 크고 근본적인 이유가 있습니다. 한국 교회가 종교 권력으로 전락했기 때문입니다. 권력은 불가피하며, 언제나 나쁜 것은 아닙니다. 권력은 어디에나 존재합니다. 가정에도, 학교에도, 회사에도 권력은 있습니다. 문제는 어떤 권력이든 권력화할 때 생깁니다. '권력화했다'라는 말은 '견제 기능과 정화 기능이 사라졌다'라는 뜻입니다. 한국 교회들이 권력화하자 교회 내에 건강한 토론이 사라집니다. 일방적 목소리에 문제를 제기하는 기능도 사라집니다. 그 결과 나타나는 현상이 무엇일까요? '권력 남용'입니다. 토론이 사라지고 아무도 문제를 제기하지 않으므로 권력을 쥔 사람은 당연히 그 권력을 남용합니다. 권력 남용으로 나타나는 가장 큰 해악은 재정 비리입니다. 일부에 의해 교회가 마음대로 운영되기 시작합니다. 그리고 남성 목회자나 직분자들의 성추행 사건도 일어납니다. 그러고는 흐지부지 묻힙니다. 이 모두는 교회가 권력화하고, 그로 인해 일부의 권한이 제어되지 않으면서 생긴 필연적 결과입니다.

교회의 권력화와 더불어 또 하나 심각한 문제는 승리주의입니다. 기독교는 궁극적 승리주의를 이야기합니다. "결국 하나님께서 이기실 것입니다. 예수께서 마지막 날에 다시 오셔서 어둠에 갇힌 세상을 구하실 것입니다." 하지만 그 길에는 고난과 희생과 섬김이 반드시 따릅니다. 이것이 기독교적 승리주의입니다. 반면, 세속적 승리주의는 고난과 희생 없이 승리를 얻을 수 있다고 말합니다. 승리 자체가 목적이므로 승리만 할 수 있다면 어떤 수단이든 괜찮다고 생각합니다. 잘못된 승리주의입니다. 그런데 교회가 이를 받아들여서 고난과 희생과 섬김은 빼 버리고, "결국 우리는 승리할 것이다"라고만 강조합니다. 그러면서 "우리가 세상에서 승리할 때, 하나님의 영광이 드러난다"라는 생각만 거듭 내세우며 잘못된 수단을 합리화하기까지 합니다.

그래서 어떤 현상이 나타날까요? 제가 목사이므로 일부 목회자들 이야기를 하겠습니다. 죄송하게도 목회자 중에 승리주의에 빠진 일부는 박사학위에 목을 맵니다. 그래서 목회학 박사학위를 받습니다. 그것도 부족해서 유학을 떠납니다. 그래야 자신이 받은 학위가 더 인정받으니까 갖은 고생을 마다하지 않습니다. 주님의 교회를 잘 섬기기 위해서 공부를 더 하는 것이야 얼마나 아름다운 일이겠습니까. 그러나 부끄럽게도, 일반 사회에서 스펙을 쌓듯이 학위를 얻으려는 풍조가 있는 것도 사실입니다. 이런 사람들은 학위를 받기 위해 논문 표절도 서슴지 않습니다. 박사학위를 받고 이름난 교회에서 목회하면 그 과정 중에 있었던 일들은 모두 정당화됩니다. 심지어 설교로 성도들이 은혜를 받으면 괜찮다는 생각에 설교를 표절합니다. 다른 목회자의 설교를 가져다가 제 것처럼 그대로 씁니다. 이 모든 일이 승리주의 때문에 일어나는 현상입니다. 목적만 달성해서 하나님께 영광을 돌릴 수 있다면 무슨 방법이든 괜찮다고 생각합니다. 목회자 전부에서 일어나는 일은 아니지만, 일부에서 나타나고 있음을 부인하기 힘듭니다. 하지만 이것이 비단 목회자에게만 나타나는 일일까요?

교회의 권력화와 세속적 승리주의가 만나면 어떤 일이 벌어질까요? 끔찍한 일이 일어나기 시작합니다. 권력화한 교회를 유지하기 위해 교회를 세습합니다. 교회를 세습하는 이유는 권력화한 교회 내 권력을 보존하고, 이를 흔들림 없이 이어 나가기 위해서입니다. 그렇게 해야 하나님께 영광을 돌린다고 생각합니다. 단지 담임목사만이 아니라 권력화에 동참한 장로들과 일부 제직까지도 같은 생각을 하므로 세습은 무리 없이 이루어집니다. 이것이 오늘날 한국 교회의 현실입니다.

제 몸에 칼을 대듯이 분석하면서 참 아픈 이야기를 했습니다. 일부에서 지적하듯 "교회가 더 도둑 같아. 교회 안에서 무슨 일이 일어나는지 누가 알겠어? 재정이 어떻게 집행되는지, 소통은 하는지, 완전 깜깜이야"라는 말에 교회가 어떤 답을 할 수 있을까요? 하나님께서 어둠 가운데서 불러내어서 자신의 사랑하는 아들의 나라로 옮기셨다는 사람들이 더 짙은 어둠처럼 보이는 상황입니다. 그런 교회에 누가 발을 들여놓으려 할까요? 교회에 속해 있던 사람들마저 교회를 떠나지 않을까요?

투명한 교회를 현실화하려면

/

제도 수립과 시행

예수께서 가르치시고 초대교회가 보여 주었던, 빛 가운데 있는 교회가 가능하려면 무엇을 해야 할까요? 먼저, 투명한 교회에 걸맞은 제도를 만들고 시행해야 합니다. 가장 쉬운 일로는 예결산을 공개하고 감사제도를 도입하는 것입니다. 교회가 돈을 어디에 어떻게 쓰는지, 예산은 어떻게 세웠는지, 결산은 제대로 했는지를 공개해야 합니다. 심지어 일반 기업도 다 공개하는 내용입니다. 국세청 자료로 확인할 수 있습니다. 물론 기업마다 전략 사업이 있고, 투자처를 낱낱이 공개하면 기업의 장기 계획이 노출될 수 있으므로 회계 계정을 적절한 선에서 적법하게 공개합니다. 하지만 교회에 숨겨야 하는 영업 전략이나 비밀이 있을까요? 교회를 잘 꾸려 가는 방식을 알았다면 더 적극적으로 나눠서 더 많은 교회가 활용할 수 있어야 합니다. 교회가 재정 명세를 공개하지 않을 이유는 없습니다. 예결산 내역을 투명하게 공개하고, 내부 감사는 물론이고 가능하면 외부 감사까지 받는 것이 좋습니다.

다음으로 교회 정관이 필요합니다. 단, 제한적으로 사용하는 게 좋습니다. 정관은 교회의 정체성을 지키는 방향으로 사용해야 합니다. 일부의 독재를 방지하기 위해 정관을 만들었더니 그게 규정집이 돼서 교회에서 무슨 일을 하려고만 하면 정관을 들추는 경우가 있습니다. "정관에 따르면…"하고 헌법처럼 교회의 최종 권위의 근거로 삼는 경우가 있습니다. 율법에서 해방된 사람들의 모임인 교회를 지키기 위해 새로운 율법 덩어리를 만드는 셈입니다. 교회는 사랑의 공동체이지, 정관 공동체가 아닙니다. 정관을 잘못 사용하면 큰 해를 입습니다. 소위 민주적 정관을 만들었다가 교회가 무너지기도 합니다. 밤낮 정관 해석하며 다투고, 법대로 하라고 목소리를 높입니다. 법이 우리를 지켜 주지 않습니다. 법은 우리를 표현할 뿐입니다. 교회 정관은 교회가 문제를 사랑으로 풀어내지 못할 때, 교회를 지키는 최후 수단으로 존재하는 것이 좋습니다. 우리를 지켜 주는 것은 사랑이기 때문입니다. 서로 간의 사랑이 분명할 때라야 정관이 교회의 정체성을 지키는 방향으로 작동할 가능성이 커집니다. 이를 위해 넓은 의미의 정관, 위기 상황에 사용할 수 있는 정관을 만들어 놓는 것은 필요합니다.

더불어 유기적 소통을 위한 시스템도 매우 중요합니다. 교회 안에서 어떻게 소통할지, 어떻게 듣고 말할지는 아주 중요합니다. 소통을 배워야 함은 물론이고, 소통을 위한 좋은 통로도 마련해 놓아야 합니다. 나들목교회가 취하는 방법은 두 가지입니다. 첫째, 모든 소통의 기본단위는 '가정교회'입니다. 주일 예배 때도 소통하지만, 대개는 일방적 소통입니다. 상하좌우의 소통은 가정교회라는 작은 공동체에서 일어납니다. 거기서 나온 의견이나 제안, 제기된 문제를 가정교회가 모여 있는 마을에서 소통하고, 다시 마을 지도자와 교회 전체 지도자 그룹에서 소통합니다. 이렇게 소통한 내용이나 교회 지도자들이 논의한 내용을 교회 전체 차원에서 소통하게 됩니다. 사안에 따라 관련한 구성원들과 공유하고 소통하므로, 전체 가족(일반 성도, 나들목교회에서는 '하늘가족'이라고 부릅니다), 중간 리더에 해당하는 가족(임직자, 나들목에서는 '언약가족'이라고 부릅니다), 중심 리더(중직자, 나들목에서는 '헌신가족'이라고 부릅니다)와 소통하는 내용의 주제와 깊이와 빈도수가 다를 수밖에 없습니다. 교회에는 의사결정이 필요한 일들이 수도 없이 발생합니다. 사안별로 책임 있는 사람이 더 많은 시간을 투자해 결정하게 됩니다. 교회는 이들의 건강한 권위를 존중해야 합니다. 다만, 문제가 불거질 때는 건강하게 의견을 제시하면 됩니다. "이번 건은 교회 전체의 이야기를 들어야 하지 않을까요?"라고 문제 제기하면 됩니다. 이런 이야기가 어디서 이뤄지면 좋을까요? 이런 이야기를 언제든 개진할 수 있는 기초단위가 있을수록 교회는 건강합니다. 구역이든, 가정교회이든 교회 안에서 늘 소통이 가능한 기초단위가 있어야 합니다. 그러면 모든 의견을 소통하고 필요에 따라 공유할 수 있습니다.

나들목교회가 소통을 위해 취하는 또 한 가지 방법은 '가족소리함'입니다. 성도 간에 문제가 생기거나 소통이 안 될 때는 영적 리더가 중재하고 도울 수 있습니다. 보통은 가정교회를 맡은 목자들이 이 역할을 합니다. 그런데 제일 어려운 문제는 성도와 영적 리더 사이에 갈등이 생겼을 때입니다. 당연히 리더보다는 일반 성도가 피해를 볼 가능성이 큽니다. 왜냐하면 리더는 다른 리더들과도 연결되어 있어서, 그럴 일이 없기를 바라지만 교회 내 여론을 자신에게 유리한 쪽으로 주도할 수 있습니다. 그래서 가족소리함을 만들었습니다. 나들목교회 성도 누구든지 자신의 영적 리더와 문제가 생겼을 때, 그 문제가 풀리지 않고 중재되지 않을 때, 최고 리더인 상임위원(일반 교회의 당회)에게 사안을 직접 전달하고 도와 달라고 가족소리함을 통해 요청할 수 있습니다. 갈등의 대상이 대표목사(일반 교회의 담임목사)일 수도 있습니다. 그때도 상임위원 중 한 명에게 도움을 요청하면 됩니다. 다소 복잡하지만 이런 시스템을 만든 이유가 무엇일까요? 건강한 소통이 일어나기를 바라는 마음과 쉽게 무시되는 작은 자를 보호하여 소통의 길을 열기 위해서입니다. 이러한 시도를 통해 나들목교회도 조금씩 성장하고 있습니다. 건강한 교회를 위한 제도 수립과 시행은 꼭 필요합니다.

그리스도인의 성숙

제도를 제아무리 촘촘히 마련해도 그것만으로는 투명한 교회를 절대 이룰 수 없습니다. 정말 중요한 것은 그리스도인의 성숙입니다. 그리스도를 따르는 것은 그리스도를 닮아 가는 것이며, 더 많이 닮아 갈수록 그리스도인의 성숙은 깊어집니다. 이것이 그리스도인의 삶의 목적입니다. 그런데 그리스도가 어떤 분인가요? 그가 누군지를 알아야 닮으려고 해도 닮을 수 있습니다. 그리스도는 히브리어로 하면 메시아입니다. 메시아의 특징을 알려 주는 성경 구절이 많지만, 예레미야에서 몇 구절을 뽑았습니다.

> 보아라, 나 주의 분노가 폭풍처럼 터져 나온다. 회오리바람처럼 밀려와서 악인들의 머리를 후려칠 것이다. 나 주는 나의 마음속에 뜻한 바를 시행하고 이룰 때까지, 분노를 풀지 않을 것이다. 마지막 날이 오면, 너희가 이것을 분명히 깨달을 것이다(렘 23:10-11).

'마지막 날'이라는 단어가 중요합니다. 마지막 날에 메시아가 오십니다. 그가 오셔서 하시는 일은 불의에 대한 심판입니다. 머리를 후려친다는 표현이 그 심판을 가리킵니다. 다른 구절을 하나 더 볼까요.

> 주님께서 만민을 신문하실 것이니, 그 우렁찬 소리가 땅 끝에까지 퍼질 것이다. 모든 사람을 심판하실 것이니, 악인들을 칼로 쳐서 죽게 하실 것이다. 나 주의 말이다(렘 25:31).

하나님은 악을 절대 가벼이 여기지 않습니다. 여기 나오는 악인은 누굴까요? 자기 이익을 위해 정의를 굽게 만들고, 약자를 이용하고, 힘없는 사람들을 압제하는 자들입니다. 성경은 그런 사람들을 악인이라고 합니다. 메시아께서 깨지고 상한 이 세상에 오셔서 하시는 일이 이들을 심판하는 것입니다. 자신의 권력과 부를 남용하여 약하고 힘없는 사람들을 고통에 빠뜨리는 악인을 심판하는 것입니다. 그 심판자가 바로 메시아, 그리스도입니다. 그러므로 그리스도인이 된다는 것은 그분의 성품을 닮아 가는 것이며, 그것은 곧 불의를 더는 인정하지 않는 것입니다. 문제는 그리스도인들도 과거에 악인이었고, 지금도 때때로 악인의 습관이 나타난다는 점입니다. 자신도 심판대에 올라야 하는 입장임을 기억해야 합니다. 그런데 메시아는 세상을 심판하시는 분인 동시에, 그 심판을 스스로 당하시는 분입니다.

> 하나님께서는 죄를 모르시는 분에게 우리 대신으로 죄를 씌우셨습니다. 그것은 우리가 그리스도 안에서 하나님의 의가 되게 하시려는 것입니다(고후 5:21).

그리스도인도 원래는 하나님 없이 자기가 주인이 되어 살았는데 예수께서 그들을 대신해 죄를 뒤집어쓰셨습니다. 예수께서 심판을 받았습니다. 예수는 심판하시는 메시아인 동시에, 그 심판을 받는 메시아입니다. 그래서 고난받는 메시아라고 합니다. 이것이 기독교의 기본 메시지입니다. 악인으로 살면서 약자를 괴롭혔던 모든 사람(사실 우리 모두가 누군가에게는 강자입니다)을 심판하시는 메시아가 그 악인을 살리기 위해 심판을 대신 받았습니다. 그렇게 살려 낸 사람들이 그리스도인들입니다.

그렇다면 그리스도로 인해 살아난 사람들은 다시 악행을 저지르며 살아도 괜찮을까요? 이미 구원받았으니 스스로 주인이 되어서 약자와 부족한 자들을 괴롭히며 살아도 무방할까요? 아닙니다! 메시아를 받아들이고 그분의 사랑을 입은 사람은 다시 그렇게 살고 싶어도 살 수 없습니다! 그 대신 자신보다 힘든 이들을 돕고 섬기며 살게 됩니다. 이것이 그리스도인의 삶입니다. 그러므로 그리스도인이 되었다는 것은 더는 세상의 불의가 자기 속으로 침투하지 못하도록 하면서 성숙하려고 애쓰는 것입니다. 이에 관해 예수께서 하신 유명한 말씀이 있습니다. "마음이 깨끗한 사람은 복이 있다. 그들이 하나님을 볼 것이다"(마 5:8). 그리스도를 따르는 삶, 그를 닮아 가는 삶은 불의를 씻어 내는 삶입니다. 불의를 거부하는 삶입니다. 어둠에서 벗어나 빛 가운데 거하는 삶입니다. 그러면 어떤 일이 벌어지나요? 하나님을 볼 것이라고 예수께서는 말씀하십니다. 마음을 깨끗이 하고 삶이 투명해질수록 하나님을 보는 삶, 곧 성숙한 삶으로 나아갑니다.

하나님 경외와 사랑

그렇다면 어떻게 해야 성숙한 삶, 마음이 깨끗하고 투명한 삶으로 나아갈 수 있을까요? 성경에는 중요한 개념 두 가지가 나옵니다. 하나는 하나님을 경외하는 것이며, 또 하나는 하나님을 사

랑하는 것입니다. 하나씩 살펴봅시다. 먼저, 하나님을 경외하는
것입니다.

> 주님을 경외하는 것은 악을 미워하는 것이다. 나는 교만과 오
> 만, 악한 행실과 거짓된 입을 미워한다(잠 8:13).

하나님을 경외하는 것, 하나님을 두려워하는 것은 악을 미워하
는 것입니다. 하나님께서 미워하는 악은 교만, 오만, 악한 행실,
거짓된 말입니다. 여기서 질문을 하나 드리고 싶습니다. 우리가
정말 하나님을 두려워할까요? 그렇다면 교회가 불투명하게 여러
일을 진행해도 왜 아무도 나서지 않을까요? 하나님보다 눈에 보
이는 권력이 더 무서운 겁니다. "목사님, 교회가 그렇게 하면 안
되는 거잖아요", "장로님, 그리스도인 공동체가 이러면 안 되는
거잖아요"라며 눈물로 호소하는 사람이 없습니다. '어휴, 그거 말
했다가는 왕따당할 텐데…. 교회에서 쫓겨날지도 몰라' 하면서
물러섭니다. "교회에서는 덕을 세워야지"라며 모른 척합니다. 사
람을 두려워하고 하나님을 두려워하지 않습니다. 앞서 말씀드렸
듯이, 하나님을 두려워하는 것은 악에서 떠나는 것입니다. 교만,
오만, 악한 행실, 거짓된 말을 버리는 것입니다. 거기에서 벗어나
는 것입니다. 그리스도인이 도덕적으로 훌륭하고 정의감이 뛰어
나서 그럴 수 있는 걸까요? 아닙니다. 하나님이 두렵기 때문입니
다. 악을 심판하는 하나님을 알기에 악을 미워하고 거기서 벗어

나는 것입니다.

물론 하나님은 사랑이십니다. 좋은 분이십니다. 하지만 그렇게만 알고 달콤하게만 속삭여서는 안 됩니다. 하나님께서 그 사랑을 하기 위해서 무엇을 하셨나요. 악을 심판하기 위해 하나뿐인 아들을 죽이셨습니다. 하나님께는 정의가 그렇게 소중합니다. 하나님의 사랑은 정의 없이는 존재할 수 없습니다. 정의를 빼고 사랑만 이야기하면 하나님의 사랑이 아닙니다. 대가를 치르지 않아도 되는, 정의가 빠진 사랑이 됩니다. 우리가 어떻게 투명해질 수 있을까요? 하나님을 두려워하는 법을 배워야 합니다. 하나님은 모두 알고 계십니다. 우리가 말하는 것, 우리 마음속에 있는 것, 다 아십니다. 그런 분 앞에서 두려움을 갖는 것, 그것이 우리 마음과 우리 교회를 투명하게 만드는 첫째 비결입니다. 스스로 질문해 보세요. "나는 하나님을 두려워하는가?"

하나님이 두려워서 악을 멀리하는 것이 약간 부정적 접근이라면, 둘째 이유는 그와 반대로 긍정적입니다.

사랑하는 여러분, 이제 우리는 하나님의 자녀입니다. 앞으로 우리가 어떻게 될지는 아직 밝혀지지 않았습니다만, 그리스도께서 나타나시면, 우리도 그와 같이 될 것임을 압니다. 그때에 우리가 그를 참모습대로 뵙게 될 것이기 때문입니다. 그에게 이런 소망을 두는 사람은 누구나, 그가 깨끗하신 것과 같이 자기를 깨끗하게 합니다(요일 3:2-3).

그리스도인은 훗날 예수 그리스도를 계신 그대로 만난다는 소망을 가진 사람들입니다. 그분을 사랑하니까 그분을 간절히 바랍니다. 성령님이 오셔서 그들 가운데 거하시지만, 아직 부활하신 예수 그리스도를 만나진 못했습니다. 예수께서는 하나님 우편에 계십니다. 주님이 다시 오실 때, 드디어 그분을 뵙게 됩니다. 그 소망을 품은 사람들, 예수 그리스도를 사랑하는 사람들은 무엇을 할까요? 만남을 준비하면서, 마치 신부가 결혼 전에 신랑을 만나기 위해 단장하고 깨끗하게 준비하듯이 자신을 정결하게 합니다. 그분을 자신의 참모습 그대로 만날 것이기에, '그분이 깨끗하듯이 나도 깨끗해야지' 하는 마음으로 준비합니다. 그분을 향한 사랑과 소망이 그리스도인을 투명하게 만듭니다. 그 사랑과 소망이 그리스도인이 속한 공동체 또한 깨끗하게 만듭니다.

투명하지 않다면 교회가 아니다

/

투명한 교회가 가능할까요? 아닙니다. 이것은 가능성의 문제가 아니라 당위의 문제입니다. 투명하지 않은 교회는 교회이기를 거부하는 종교 집단일 뿐입니다. 하나님은 불의를 용납하지 않는 분이시기 때문입니다. 그분을 따른다는 것은 그의 그러한 성품을 배워서 시간이 갈수록 따르는 이의 마음도 청결해지는 것입니다. 그리스도인에게 스스로 마음을 깨끗하게 할 능력은 없습니다. 하나님이 두려워 악을 멀리하기 시작하면 그분을 볼 것이며, 예수 그리스도와의 만남을 소망하면 그분이 내 앞에 계시는 듯이 자기 자신을 깨끗이 하며 준비하게 됩니다. 이렇듯 그리스도인이라면, 기독교 공동체라면 투명함을 향해 나아가지 않을 수 없습니다. 그러므로 투명하지 않은 교회는, 투명함을 거부하는 교회는, 교회이기를 거부하는 종교 집단일 뿐입니다.

우리가 속한 교회 공동체가 투명성을 확보하지 못했을 수도 있습니다. 아직 성도도 미성숙하고, 교회 제도도 미비하다면 그럴 수 있습니다. 이럴 때는 우리 각 개인이 "거짓을 버리고…참된 말을"(엡 4:25) 할 수 있는 수준으로 성숙해야 합니다. 우리 교회의 구조와 제도가 그리스도의 몸을 드러낼 수 있도록 유기적으로 성장해야 합니다. 우리 모두와 모든 공동체는 이러한 과정을 겪으면서 성장하고 성숙해 나갑니다.

그러나 우리의 문제가 미성숙 때문이 아니라 불투명을 고집해서라면 어떻게 해야 할까요? 온유한 심령으로 바로 잡으려고 (갈 6:1) 애를 써야 합니다. 성경에 자주 나오고 성도들도 자주 쓰는 "덕을 세운다"라는 표현은 좋게 좋게 지나간다는 말이 아니라, 말 그대로 "세우다"라는 뜻입니다. 그러므로 우리는 먼저 개인과 공동체를 투명하게 세우려고 애를 써야 합니다. 이를 위해 기도하고 문제도 제기하고 토론도 하고 건설적 제안도 해야 합니다. 그러나 문제 제기와 제안을 받아들이지 않고 성도 개인이든 교회 지도자(들)이든 불투명을 계속 고집한다면, 이는 어둠을 지속하는 것입니다. 빛 되신 주님을 부인하는 것입니다. 자신이 속한 사랑하는 공동체가 불투명성을 고집하는 것은 무엇보다 고통스러운 일입니다. 이럴 때는 어찌해야 할까요?

비슷한 경험을 하셨던 돌아가신 아버님이 떠오릅니다. 결국 잠 못 이루는 밤을 수없이 보내며 눈물로 기도하며 여러 번 문제를 제기하셨지만, 표적 설교를 당하셨습니다. 이런 일을 몇 년 겪으시고 장로님이셨던 아버님은 결국 교회를 떠나셨습니다. 교회를 떠나는 일은 결코 쉽지도, 쉽게 결정할 일도 아니었으나, 옆에서 함께 기도하며 지켜보던 저도 아버님의 결정을 응원할 수밖에 없었습니다. 한국 교회에 이런 일들이 사라지길 간절히 원합니다. 더는 교회의 불투명함과 그로 인한 여러 문제로 잠 못 이루다 결국은 교회를 떠나야 하는 성도들이 없어지길 기도할 뿐입니다. 세상의 어둠을 꾸짖는, 빛을 드러내는 교회들이 많아지기를 바랍니다.

[비상식적인 교회 운영에서 / 투명하고 성숙한 연대로]

1. 불투명함은 하나님이 없다고 생각하는 데서 기인한다는 말에 대해 로마서 3장을 기억하면서 이야기 나눠 봅시다.

2. 투명하지 않은 사회 집단으로 인해 겪었던 어려움을 나눠 봅시다. 불투명함과 개인적·집단적 이기주의가 어떻게 연관되는지도 그때 경험에 비추어 생각해 봅시다.

3. 이해하거나 수용하기 어려웠던, 투명하지 않은 교회 모습에는 어떤 것이 있었나요?

4. 종교적 권위주의, 권력화, 승리주의가 은연중에 우리 공동체와 나 자신에 어떻게 스며들었는지 성찰하고 이야기해 봅시다.

5. 당신이 속한 교회 공동체에서 원활한 소통이 일어나게 하려면 당신이 배워야 할 것은 무엇이며, 공동체에 필요한 것은 무엇일까요?

6. 교회 공동체에 불투명함이나 어둠과 관련한 일이 있다고 판단되면, 어떻게 기도하고, 문제를 제기하고, 제안해야 할까요?

위조된 각인

7. 자신이 속한 공동체를 떠나야 한다면, 어떤 기준에서 어떻게 분별해야 할까요? "자기를 속이지 마십시오. 하나님은 조롱을 받으실 분이 아니십니다. 사람은 무엇을 심든지, 심은 대로 거둘 것입니다"(갈 6:7)라는 말씀을 마음에 품고 생각해 봅시다.

새로운 각인!

부족하고 왜곡된 진리로 인해 형성된 부족하고 왜곡된 모습….
긴 기간 반복해 왔으며, 특정한 시기에 더욱 강력하게 각인된 모
습을 12가지나 다루었습니다. 부끄럽고 고통스럽습니다.

아침에 일어나 거울을 보지 않고 외출하는 사람은 없습니다.
헝클어진 머리와 눈곱도 안 떨어진 얼굴로 돌아다닐 수는 없는
노릇입니다. 정돈되지 않은 민낯을 마주하는 일도, 그 민낯을 들
키는 일도 모두 불쾌한 경험입니다. 많이 흐트러졌을수록, 원래
모습에서 많이 이탈했을수록 더욱 불쾌하고 때로는 수치스럽기
까지 합니다. 그래서 무엇보다도 직면과 성찰이 필요합니다.

하룻밤 새 헝클어진 모습을 매만지기란 그나마 손쉬운 일이지
만, 수십 년간 각인된 모습을 원래 모습으로 복원하기란 여간 고

통스러운 일이 아닙니다. 이미 견고하게 위조된 각인을 깎아 내고, 서툴러도 원래 모습을 찬찬히 조심스럽게 새겨넣어야 하기 때문입니다. 위조된 세월만큼의 세월이 필요할지도 모릅니다.

불쾌하고 수치스럽고 고통스럽겠지만, 위조된 각인을 제거하고 새로운 각인을 새겨 넣는 일을 미루거나 회피할 수는 없습니다. 이대로라면 한국 교회와 그리스도인은 세상의 소금과 빛은커녕 사회의 경멸과 무시를 피하지 못할 것입니다. 바다 건너 '열방'은 고사하고 자신의 다음 세대에조차 믿음을 전수하지 못하고 있는 현실을 타개하지 못할 것입니다. 자기 자식들조차 설득하지 못하는 집단이 미래를 꿈꾸는 일은 사치입니다.

그러나, 언제나 그러했듯이, 겨자씨를 심는 심정으로 나 자신부터 위조된 각인들을 진실하게 벗겨내고 원래 모습을 정성껏 각인해 나간다면, 자신이 속한 공동체에서 책임자와 희생양을 찾는 대신 다 함께 건설적이고 실제적인 대안을 찾아 나간다면, 새롭게 각인된 모습이 위조된 각인 위로 서서히 서서히 드러날 것입니다.

다시, 새롭게 각인된 교회 모습을 보고 사람들이 "혹시 그들이 믿는 하나님이라면…?"이라는 거룩한 호기심을 갖는 날이 올지도 모릅니다.

2021년 이른 봄에
이제 막 봉오리를 터뜨릴 준비를 마친 청매靑梅를 바라보며…

위조된 각인

우리가 교회라고 오인하는 12가지 모습

김형국 지음

2021년 4월 30일 초판 1쇄 발행
2021년 9월 19일 초판 2쇄 발행

펴낸이 김도완
등록번호 제2021-000048호
    (2017년 2월 1일)
전화 02-929-1732
전자우편 viator@homoviator.co.kr

편집 박동욱
제작 제이오
제본 (주)정문바인텍

ISBN 979-11-88255-91-7 03230

펴낸곳 비아토르
주소 서울시 종로구 삼일대로 428, 500-26호
    (우편번호 03140)
팩스 02-928-4229

디자인 임현주
인쇄 (주)민언프린텍

저작권자 © 김형국 지음, 2021